南方传媒研究

NANFANG MEDIA RESEARCH

南方报业传媒集团新闻研究所 主编

001
南方传媒研究
第十八辑

南方日报出版社
NANFANG DAILY PRESS

前台的后台上场的下场

观众坐在台下看戏，大小角色上台表演，苦情戏也好荒诞剧也罢，喝彩可以喝倒彩也行，台上台下各得其所。不知什么时候开始，光看台前表演不过瘾了，有观众溜到后台边上，掀开幕布非要往里瞅，有钱有势的票友更牛，偏要请出名角陪吃陪玩。后台跟前台一样，变得多彩多姿，甚至分不清前台后台。

新闻也是这样吧，光看消息不够了，要挖幕后新闻，新闻背后的新闻，辅以网络“人肉搜索”，要让“深喉”和“后台”浮出水面。这不是媒体一厢情愿的冲动，是观众逼出来的，用专业术语说，这是市场需求，或者叫公众知情权的需要。要闻与花边，严肃与娱乐，国际与本土，新闻与传闻，同样吃香，甚至分不清新闻旧闻。

信息时代，没有了前台后台之分。9·11 奠定了一个全球通识：战场不分前方后方，武器不分军用民用，结果不分你死我活。底线没有了，规则没有了，边界没有了。强的未必立住了，弱的未必倒下了；赢的未必成功了，输的未必失败了；占有的未必得到了，放弃的未必失去了。

人生如戏，没有了上场下场之分。上场前就得预备下场，有些人有些事，从上场就注定了某种下场。后台迟早得走到前台，有些人有些事，在后台就看透了前台的彩排。

苦难，到苦难的呈现，无奈的回放到有意的展示，身不由已间就站到了台上，半推半就间就成了演员，虚虚实实间就成了表演。9·11 太远不说了，512 太近说不了，就说广州海珠桥上的一串串跳桥事件吧，从早年的震惊同情，到质疑做秀，到新闻标题直呼“又上演跳桥秀”，在读者或观众眼里，最大的舞台绝不是鸟巢。如此说来，再好的演出也不如新闻，再猛的新闻也只是谈资，再大的灾难也可以忘却。

后台想上场的排着队呢，观众大可坦然。唯一要当心的是，观众与演员，也快分不清了。

目录 Contents
NO.18

21世纪经济报道
找寻因爱之诺
灾后重建周年 成渝综改方案打开新空间
中国慈善要有经得起考验的信息公开机制

021

The Times
'We're hurting'
NEW ORLEANS EVACUATION PICKS UP STEAM
HELP COMES TOO LATE FOR MANY

062

专题「孕妇之死再调查」089

学者视窗 121

博士传媒眼 127

采写编 133

新媒体 181

南方周末
会否重蹈1918疫灾？
猪流感悬念
为社保案「贪官」辩护的律师们
谁杀死了李丽云？
“丈夫拒签手术致孕妇死亡”案再调查

091

南方周末
艰难时世：大学毕业生的“生死”抉择
本报记者现场直击
“世界最大监狱”加沙

154

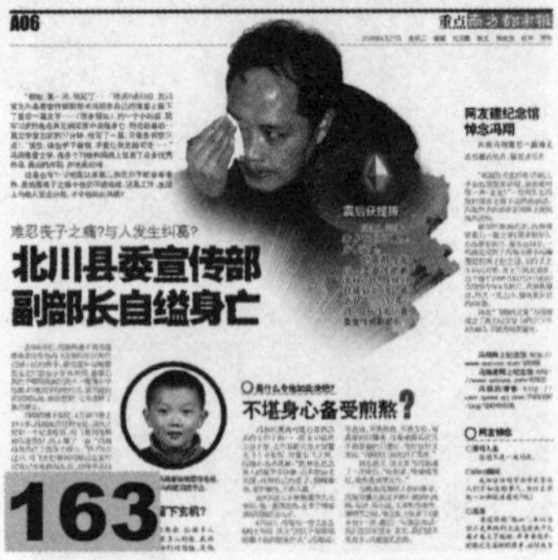
A06
网友建纪念馆悼念冯翔
难忍丧子之痛？与人发生纠葛？
北川县委宣传部副部长自缢身亡
不堪身心备受煎熬？

163

地 址 广州市广州大道中289号

电 话 020-87373998-3364

传 真 020-87363753

邮政编码 510601

电子邮箱 nfcmyj@vip.163.com

nfcmyj@nanfangdaily.com.cn

网 址 http://media.nfdaily.cn

传媒人语

WISDOM

对于大多数美国的报纸，我们不会以任何价格收购它们。这些报纸的亏损几乎没有尽头。我看不到这种亏损有任何即将结束的迹象。

巴菲特在5月3日举行的Berkshire年会上说，随着读者人数的下降，报纸对广告商和出版报纸的公司的投资者的吸引力也将随着下降。

我们这些仅仅是一个开始，还会有更多更好的方式供我们接收新闻，所以我们的新闻会以不同的形式呈现。

央视4月24日播出白岩松专访新闻集团主席默多克的节目，默多克表示，新闻的功能是不会变的，可能发生的是，更多通过网络和移动媒体、新的阅读工具，比如亚马逊的Kindle(电子书阅读器)来阅读。

互联网告诉我们，是接受的终端决定我们传播的价值体系，如果没有终端有效地接受，我们所有的传播是没有价值的。

中国记协副主席、解放日报报业集团社长尹明华5月15日接受媒体采访时表示，过去传统媒体的传播模式已经不能适应现在的读者需求，报业必须要改变自己，改变原有的传播方式。

出版单位过去实行“事业性质、企业化管理”，实际上是非事非企的怪胎，结果人往事业靠、钱按企业拿，一些出版单位公司牌子挂上了，但思维定式、管理体制和运行模式并没有根本转变。

新闻出版总署署长柳斌杰4月25日在中国出版发展论坛上表示，中国出版业早改早受益，晚改就被动，不改没出路。

真正的品评，还是来自全国观众的声音。

4月20日，央视第一代播音员赵忠祥对广电总局建议中央电视台建立《新闻联播》评价体系一事向媒体表示，新闻联播的作用，就像历史上当年“书同文、车同轨”的作用一样，起到了统一认识、在党的带领下共同前进的作用。

传媒人语

WISDOM

纽约时报净债务与运营利润之比过高，鉴于这种债务负担，我们认为该公司股价可能下跌至零。

巴克莱资本分析师克雷格·胡伯4月15日称，纽约时报公司的债务负担超过其盈利能力，其长期生存能力危如累卵。过去52周，纽约时报最高价为21.14美元，最低价为3.44美元。

Twitter明白一件事情，那就是如果它需要赚钱，就可以通过广告来实现，但它还是继续试验各种广告战略，为的是找到最合适的一种模式。

Twitter联合创始人比兹·斯通(Biz Stone)在5月20日发表的一篇博客文章中称，公司更喜欢不过分依赖广告赚钱。

如果企业靠自己的聪明才智取得了垄断地位，这是“美国之道”。

美国联邦贸易委员会主席乔恩·雷布维茨5月8日在接受CSPAN电视台采访时表示，谷歌在搜索广告领域占有主导地位并不违法，目前尚未发现谷歌滥用其垄断地位的迹象，谷歌使许多消费者受益。

一个文人，如果在这样大压力的社会里不能够衣食无忧，我认为，他就不太可能有独立的人格和文格。

5月1日，韩寒在博客中表示将新创办一份杂志并开始征稿，稿酬标准将是国内行业标准的10到40倍，为了防止盗版，这本由他主编的新杂志名称暂时保密，但他公布了三个接收投稿的邮箱地址。据悉，消息一出，半天时间投稿量达到三位数。

Google做出的努力就是为新闻网站带去流量，帮助他们通过广告盈利，并为他们提供能有效连接起数百万用户的工具和平台。

Google副总裁玛丽莎·梅耶尔在出席美国联邦参议院召开的名为“新闻业的未来”的听证会时在证词中表示，把沿袭传统已久的新闻业迁移至互联网的过程中，肯定会面临着种种挑战。

向新闻的本原求助
——关于南方周末地震周年特刊

□曹筠武

曹筠武

一年之前，我是南方周末驻成都站的记者。5·12当天，地震发生的时候，我正躺在成都站公寓里睡觉。强烈的摇晃使我惊醒，窗户和墙体互相挤压发出的尖利声音在那一刻让我觉得命不久矣。

后来我光着脚逃下楼，跟着一群东倒西歪乱哄哄的人群跑出院子。我和所有的人一样觉得这就是世界末日，但完全不了解到底发生了什么。那个下午在我的意识里只有一个念头是始终清晰的：那就是我逃出来了，我还活着。

在这一年中有无数的人无数次问起过我在地震中的经历，无一例外我的回答都是从床上惊醒开始。那短短几分钟内我从觉得命不久矣到庆幸自己还活着的记忆那么深刻，甚至甚于之后我作为记者穿行灾区的观察所得。

或者换一种说法，之后我对这场灾难的全部理解的基础，即来自于那几分钟内我自己的切身感受。而每一个人对地震的记忆，我认为本质上都是在记住地震中的自己。

正是基于这样的原因，在编辑部策划地震周年特刊的时候，我和同事们提出了一个“奢侈”的操作方法：作为编辑我们同样需要再回震区，在时隔一年后重新观察和感受之前，我们无法凭空提供一个“创意”。和我一起提出这个要求的包括现在同为编辑的傅剑锋，朱红军和郭力，其中前两位同样是去年参与现场报道的记者。

南方周末

活着

震后重建调研报告

这一年你没被击垮，就永远不会被击垮

迎战 H1N1：布控，追踪，检测，隔离

240 小时全国总动员：

南方周末

大地震现场报告

汶川震痛，痛出一个新中国

我们在三天时间中去了成都，都江堰，映秀，北川和都汶公路沿线的一些村庄。一个新的都江堰已经在规划建设之中；到映秀的公路差不多修好了，一年前的那些巨石和土方早已清除；在映秀镇，废墟已清理干净，板房区里的小饭馆生意火爆，甚至还有带无线上网环境的茶馆。

在感叹震区重焕生机之勃勃的同时，我们同样发现地震深植于此的痛苦还远未到说再见的时候。我记得在成都的时候，同事朱红军拿着手机告诉我们，他曾经采访过的死亡学生家长又打来电话，这已经是这一年中的第 N 次了；而在北川吉娜羌寨，那里的居民即将被迫从家中迁走——当地政府并不准备让他们在那些专门修建起来的漂亮的羌族风情的房子里继续住下去。

从技术上来说这让我们陷入了困境，我们很难提出一个清晰的判断。这里的判断是指清晰地说明一年后的震区正在发生什么，以及如此发生的原因。这就像我们在鱼子溪村与之交谈的几个村民，我们走进板房区的时候，她们正在用之前从废墟中搬出来的设备高高兴兴地唱着卡拉 OK，而谈起未来这些在地震中失去了房子和财产的人显得缺乏信心，在提起失去的家人或朋友时，气氛迅速变得低沉起来。如果我们要描写她们的生活，一个理想中的“角度”几乎是不存在的。

技术上的困境让我们只能回头向新闻的本原求助。在经过了很多次的讨论之后，我们越发确定一点，这个特刊必须尽其所能向读者报告一年之后的震区正在发生什么，无论是成就，希望，错误，和不确定。这是一个缺乏“技术含量”的笨拙办法，但我们相信至少我们能够给读者传递尽可能多的和尽可能真实的信息，并因此符合新闻这一行业的最高道德准则。

借用同事邓科的话来说，我们只能致力于呈现一种“复杂的真实”。我们的记者记录了板房区的人们如何生活；外援干部与当地干部的合作与冲突；地震死亡数字的统计；“成都重建模式”的试验过程；地震后救援体系的检讨与重建等等。我们尽可能多地提供信息，但尽可能谨慎地做出判断；我们把判断的权力留给读者，而避免试图成为一个全知全能的指导者。

必须承认的是有一些事情我们只能回避，比如对那些新建小学或聚源中学的学生家长，我们甚至没有去见他们——我们可以为他们做什么呢？而对于死亡数字和遇难者名单，我们也只是极为小心地做了一篇解析数字统计过程的稿件。

我想，这正像我们为特刊提出的名字:“活着”。在我们制作特刊的时候，在震区，废墟被清理干净，房子修建起来，人们有食物住处和工作；同时

活着

成都模式：『政策救灾』与土地试验场

坚持运用统筹城乡发展的思路推动科学重建

活着

超级校舍炼造记

生者为大

『5·12』成都式纪念

政府宣布学校建筑质量并不存在问题，而死难学生家长们依然求告无门。所有这一些交织在一起，无论你能否理解和接受这世界在按照它自身的逻辑运转如常。这就像在震区几个农民以他们特有的四川方言告诉我们的，无论怎样，他们必须找个“活路”。

这个“活路”同样可以用来定义如南方周末一类的媒体的境地。我们仍然在记录和报道，并竭力使自己的记录在尽可能符合新闻准则和道德与寻求报纸本身的安全之间觅得平衡点。这样的平衡点使得我们的报道既不好也不坏，聊以自慰的是我们仍然在进行报道本身。

这就像是一个新版的皇帝新衣的故事。那个小孩儿失去了之前的纯真，但也不想和其他人一样自欺欺人，他既不能说“他没穿衣服”，也不愿意说皇帝的新装很好看。他只能略带些狡黠地说：我在看着呢。

回头审视地震周年特刊，以及之前的《汶川九歌》和《校舍质量调查》，我听到了不少类似于“不错”和甚至更高一些的评价。但作为一个曾经在灾区看过和听过的人，我必须承认我们的报道相比真实的现场，只能是“百闻不如一见”的注脚。这就像我在都江堰到映秀的那条被毁坏的道路上，看到的被整个劈开的山体；或者是在新建小学大雨中的操场上，看到家长们在尸体堆中翻找自己的孩子；或者是在北川开禁时看到的在铁丝网墙外等候进入的蜿蜒的祭奠队伍。有任何文字能够描绘出那种巨大的到完全无法想象的被冲击感么？没有。

就像博尔赫斯在一篇文章中回忆起他曾经看过的一场演出，他说，从剧场到布景到演员到演技，无一不糟糕透顶，但他依然在结束后激动难抑。因为那是《麦克白》，莎士比亚的剧本打下了让他回味无穷的基础。如果说我们的报道有哪些让人记住的地方，我认为那都是因为大地震本身，我们尽其所能却挂一漏万，但可怕而可叹的大地震本身成为了每一个人难以忘记的基础。

这样的记忆存在于我们每一个人，它只屈从于我们对自己的心灵负责这一最高准则，从这个意义上来说，没有任何一个报道，或者是其他的行为，能使我们的记忆被扭曲——每一个人都是他自己最真实的报道者——而这场一年前的大灾难也因此无比真实。

（作者系南方周末编辑）

选择与困境

——南方都市报地震周年报道总结

□喻 尘

喻 尘

寻找一个乡村

发现这个地方，是一次偶然的寻找。

4月初，当我和同事从成都北上绵阳，我们准备寻找一个地震灾区的乡村，做立体的全面解读，既还原5·12大地震发生前后的情景，又对一年来那里的变化、生长完整记录。最初的本意就像后来出版的40个版的《凝视陈家坝——北川一个重灾乡镇的震后生长全记录》的引言所说："这一次，我们抛弃宏大叙事。我们试图通过对一个点的深层解读，透视大地震后的四川灾区。"

是的，我们就是揣着这个意图上路寻找那些深藏在龙门山系里的乡村。没有目标，没有参照。我所设想的乡村是普普通通的，可以是任何一个极重灾区的乡村。甚至没有故事，没有感动过全国的英雄人物。

可是，在我的设想里，这个地方又必须是交通稍微便利，不是最艰苦的，距离城市不是太远。试想，如果是一个北川与茂县交界处的偏远乡村，那么，往返进入一次的时间就要数日，这对于接下来将大规模进入的采访势必不利，我不得不为将要前来采访的同事着想，一年来数次进入地震灾区的经历，让我相信，交通和医疗是最重要的保障。

当然，我还希望这个乡村是在龙门山上，最好在中间位置。自四川省阿坝藏族羌族自治州汶川县映秀镇向东北方绵延的龙门山，一直铺排到四川省最北部的陕甘川交界处，这就是近乎完整的龙门山断裂带。摊开地图，北川县城几乎就在断裂带的中间位置，而陈家坝，一个此时我从未去过的乡镇，就在北川县城北 19 公里处。

于是，我们决定前往陈家坝。这个在 google earth 上可以窥视到的地方，一幅垮掉的大桥照片挂在那里，周围是高高的大山。这时，我是揣了好奇心的，而就在这时，一个远在千里之外的朋友打来电话说，他在去年曾拍过一组图片：一个临时政府门前的一天。而这个临时政府，就是陈家坝乡政府。

或许，这一切都是机缘巧合。之前，我们已经去过映秀镇，但那里已经稀少的人口和尚未正式开工的灾后重建，加之大得可怕的知名度，让我们决定不将那里作为选择。我曾花费多日又在绵竹、什邡、德阳、绵阳等地的乡村资料中搜罗，又一个个放弃。

好了，我们离开成都，决定前往那里。陈家坝成为那一次行程的目的地。

那里的芬芳

陈家坝出现在我们面前时，是在离开川西坝子进入到连绵不绝的群山之后，沿着曲曲弯弯的公路蜿蜒下山，再曲折上山，当公路又一次变得稍稍平坦时，陈家坝就到了。司机指着一丛竹林后的一排板房说，就是这里了。

这是陈家坝一年之中风景最好的季节，龙门山系也正将一年中最好看

插图 邝飚

的一面展示给了我们。一幅色彩绚丽的画面铺排在中国的第一、第二阶梯的碰撞处，妖娆而美丽。龙门山上中间位置偏北的陈家坝，只是成千上百的龙门山系乡村中的一个，它们宁静恬适，本可不被外界打扰，永远地自得其乐。

所以，在试图选取一个点解读灾区时，我们正试图进入龙门山乡民的生活，他们是怎样世世代代生活在龙门山上的。在几乎是中国内陆地震最频发的地区，他们的乡村和房屋，牲畜和作物，收获和风物。

我们到时，油菜花开得正艳。都坝河是贯穿了全乡的一条河流，两侧的阴山和阳山壁立千仞，废墟开出的花迷醉的色彩是立体的。大地震的痕迹清晰可见，阳山一面垮塌严重，一些被泥石流冲毁的村庄遗骸散落在都坝河岸上。在靠近曲桂公路不大的平地上，一排排板房构成了新的陈家坝乡。一条帐篷、板房构建起的商业街，成了拥挤在这里的 1 万来人的衣食之源。

地理概念上的陈家坝乡位于北川东北部，现有人口 12441 人。“5·12”大地震和“9·24”洪灾两次大灾难，陈家坝都属于重灾区，共造成 741 人死亡或失踪，8000 余人受灾严重，46 个社（村民组）整体被毁，完全无法居住。

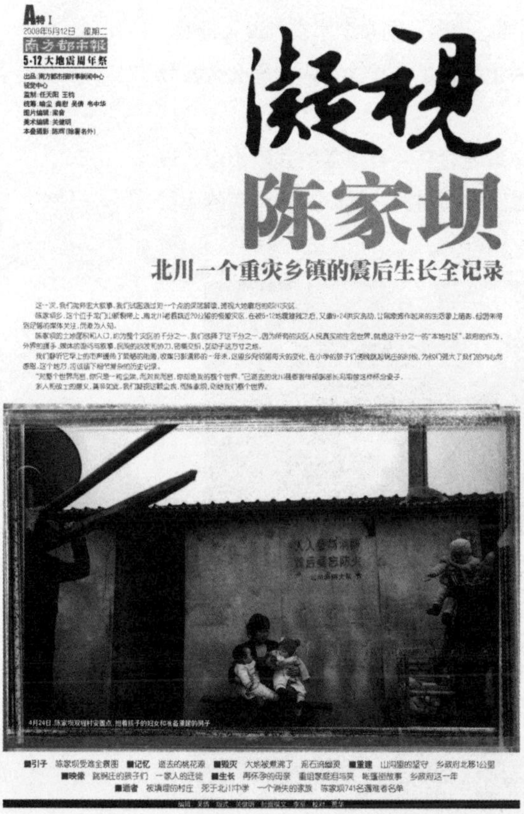
A特 I
2009年5月12日 星期二
南方都市报
5·12大地震周年祭
出品：南方都市报时事新闻中心
视觉中心
监制：任天阳 王钧

凝视陈家坝

北川一个重灾乡镇的震后生长全记录

4月24日，陈家坝双埋村安置点，抱着孩子的妇女和准备离开的男子

■引子 陈家坝受难全景图 ■记忆 逝去的桃花源 ■毁灭 大地被煮沸了 泥石流幽灵 ■重建 山沟里的坚守 乡政府北移1公里
■生长 再怀孕的母亲 乡政府这一年
■逝者 被填埋的村庄 死于北川中学 一个消失的家族 陈家坝741名遇难者名单

这就是我们要寻找的村庄，囊括了极重灾区乡村的所有特点：曾有过诗意一般的龙门山生活、被毁灭、等待救援、在艰难中重生、在废墟上生长。

为了诱惑即将前往这里采访的同事，我在计划书上写道：实地踏勘时发现，陈家坝是一个山川秀美之地，如没有两次大灾难的降临，有点世外桃源的味道；一条狭长的公路，一条窄窄的河流。沿着河流两岸是点点的村庄，有的被破坏，有的还坚强地存在。

随后前往那里的同事大都这么认为，那里真的应是一块适合人居之地，山水葱茏，花木芬芳。

为那里留下什么

第一次进入陈家坝之后，我将一份计划书发给所有参与地震特刊报道的同事，我们的计划是，在5·12这天，出版40个版的特刊，深度解读陈家坝，以文字和影像展现那不为外界过多关注的灾区，残酷与平常的一面。

5月初，所有关于陈家坝的报道做完了，16篇长达两个版的报道出笼了，那是这个非明星地震灾区乡镇的真实写照。这时，同事李军在MSN上问我：我们是不是应该为陈家坝做点什么？采访结束了，骚扰了人家那么久，我们的报道能为那里带去什么吗？

这让我想起有一天我和摄影记者冒着随时有坠石滚落的残破山道，进入到樱桃沟村，探望仍然在灾后大山里坚守的村民。那一户户朴实的山民

这一年，乡政府负重前行

热情款待，尽着一如既往的好客之道。而在板房里的乡政府，我的同事所遇到的是一群配合的基层政府工作人员，几乎所有这里的一切都是向我们开放的。

在决定十多位同事进入陈家坝之前，我并没有先期与当地政府协商沟通，一是担心那里的戒备心，二是担心采访会陷入政府划定的框架，后来证明，这两个担心都是多余的。在一个曝光率不高的极重灾区，他们渴望得到与映秀、北川一样的关注，他们甚至害怕被外界遗忘，虽然他们得到的对口城市的援助一样也不少。

在我们之前，陈家坝被媒体曝光最集中的一次，是一位天津的女志愿者在那里安家下嫁，几乎当地媒体和川外重要媒体都报道过这个被称为灾区经典的爱情。那件事之前之后，偏居一隅的陈家坝都是平静的。

当我把李军的想法抛给同事们时，得到的是多数反对的声音。“我们的报道就是对那里最大的支持，持续关注就会给那里带去他们想要的。”这是一个声音。

另一个声音是：“不要作秀，不要以那里人们的苦难让我们作秀。”持有这种观点的占多数，我最早也是这样反对的。

集中在一起的声音就是：把向那里援助的行为捆绑在报道的版面上，是一件不合时宜的事情，我们应该用别的方式关注那里。

持有这样观点的同事和我，一样忘不掉那里每一双期待的眼睛。当

A叠02-03

陈家坝简介

受灾概况

741人遇难

14个村被毁

四成多耕地被毁

100多个地质灾害点

15个村成孤岛

汶川地震断裂带示意图

北川陈家坝乡受灾地图

5·12的特刊出街后至今，我们所得到的反馈寥寥。

怎么做，做什么，其实，仍然是一个缠人的问题。

“凝视”的缺憾

5·12这天，随报出街的40个版的《凝视陈家坝——北川一个重灾乡镇的震后生长全记录》出街了。在引言中写道：“陈家坝的土地和面积，约为整个灾区的千分之一，我们选择了这千分之一。因为所有灾区人民真实的生活世界，就是这千分之一的‘本地社区’。政府的作为，外界的援手，媒体的询问与叙事，民间的自发和协力，密集交织，互动于这方寸之地。”

可是，很快我们就发现，这千分之一并不能浓缩整个灾区。这也是一直困扰着我的一个问题：为什么要做一个乡村的样本？为什么要设定一些情节必须在这里发生？新闻产品的生产不同于电影编导，不同于小说创作，不同于剧本编剧。

如果我们设定了发生的情节，是否会遗漏已经发生的情节？如果我们选择了所要的，是否会放弃本可以要而为了情节完美却舍弃的？我们在新闻产品生产过程中的利己性选择是否伤害新闻事件本身？

到后期，我越来越相信选择性情节的伤害，我不止一次反思和检讨。在10多万平方公里的重灾区，在西南－东北向的龙门山断裂带，在汉藏之

A04-05

那些逝去的神仙日子

间的文化冲突与地理冲突的狭长缓冲地带，俯拾皆是的情节却被我们遗忘了。

如果今天再回首 40 个版的报道，我们仍然可以透过暗色的纸张看到千里之外的乡村，但当一次次前往灾区路过其他的乡村，听闻到的故事不胜枚举，我们选择了一个，却放弃了多数。

在完整的策划方案里，除了“凝视”之外，还有十篇系列的“震 · 变”报道，先于特刊而在 4-5 月里陆续推出，试图弥补利己性选择的空缺。

但在灾区采访的同事反馈回的信息，很快让我意识到，这同样是一次利己性选择的新闻产品生产过程。因为，每一位前往灾区的同事都是先领到了一个问题，再带着问题去寻找发生故事的地方和人。用小的箩筐和用大的箩筐相比只是大小的不同，效果几乎是一样的。

问题也是可以提前设定的，可是，那必须对那里有实质性的了解，必须一次次穿越过岷江和龙门山，必须梳理过那里的一个个乡村和城市，与那里的人们的心理达成呼应。由此产生的问题才是有效的和覆盖面更广泛的。

当然，我们不能关注到全部，再多的笔墨也只是倾于一角。

后灾难叙述的现实困境

对地震的采访，于我来说已经不是第一次。2006 年，我曾与同事一起在河北唐山的街道上奔走 20 来天，制作过一期 24 个版的《倾城——唐山

A18 19

5.12

在灾区就业，家园重建，经济发展摆脱困境之前，政府默许着地震遗址旅游，伤心的母亲站在儿子遇难的中学前推销地震照片，游客们乘着旅游大巴，浩浩荡荡开来，默默凭吊的人越来越少，更多的人摆着pose在废墟前微笑留影

北川地震遗址游的人性镜照

大地震30周年》特刊。而在汶川大地震之后，我也曾先后4次深入到灾区的许多地方，推出过《震区人文地理》特刊等报道，并在2008年的9月前往日本大阪、神户、静冈、东京等地，考察和采访了日本的减灾防灾举措。可以说，对于地震的了解，知识储备应该是不缺乏的。

但是，我却发现这一次的震后一周年的叙述却是有困境的，与2006年的唐山采访相比，虽然很多事情近在眼前，却又远在天边。唐山的人们在历经30年的心理磨难之后，可以冷静地剖开伤口，而在四川，你会发现，每一次伤口裸露都是那样的撕心裂肺。

现实的困境是，一些禁区尚未突破，虽然这一次四川当地政府表现出了前所未有的对媒体的开放，但这一切都是限定在一定的框架内的，对于他们来说，这也是他们的利己性选择。

于是，我们总是处处小心，时刻提防着不出框架，这样的采访和写作可以想见的结果是非常局促的。

当然，更重要的是，灾难后的报道应该叙述什么？如何叙述？在既定的框架内边界在哪里？边界内的情节是什么？这仍然是一个困扰的问题。

“震·变”系列着墨于变化与不变，而“凝视”则重在重生与生长。虽然我检讨选择性情节的不足与有害，但现实困境下的作为，竟然只能如此之多。

再经过一些年月之后，当我们再次回望灾区，再次前往那里，我们会发现曾经相遇的，未曾相遇的，仍然会有许多陌生的故事。

（作者系南方都市报深度新闻部副主任）

找寻因爱之诺

——浅谈21世纪经济报道地震周年特刊操作思路

□王云帆

王云帆

毫无疑问，2009年5月，中国传媒界迎来了一场同题竞争的大战。

一年前，除了采访的危险性，最让记者焦虑的是，灾区现场所弥漫出来的新闻浓度几乎让人窒息。各种层面、角度的素材四处迸发，而且往往都是超经验的，如何最优化地处理这些新闻资源，记者们当时以命相搏来寻求答案。

但回头来看，依然充满遗憾。

地震发生后，《21世纪经济报道》快速反应，启动突发公共性事件报道的应急机制，第一时间调动了三十余位记者。

于是，我们看到了《共纾劫难》、《挺进汶川》、《渴望生命》、《极限搜救》、《举国平难》等几十期专题报道，它们为读者铺陈出了历史第一现场的最真实景像。也创造了《21》创刊8年来的诸多第一。

总体而言，当时媒体报道的第一阶段重在现场，拼的是资源、勇气和速度，电视、电台占有优势；第二阶段开始，拼的则是思想、洞见和深度。报纸、杂志等纸媒开始逐步占据主动。

《21》基本是按照这一规律来推演自己的报道侧重的。感性的现场新闻逐渐让渡于理性的主题报道。

但当时时间消逝得如此之快，再加上后期因为风险导向等原因，被迫封锁了一些话题角度，使得很多值得延续性体现的问题发生了断层。

另一个问题是，由于当时太多的素材和角度在同时迸发，按照日报节奏，尽管每天有一个专题，但实质的主题是较为分散的，有很多稿件就个体而言非常优秀，但编辑语言却难有机会在某一个话题上得到完整的立体呈现。

一年之后，当我们奔跑回历史的拐角，试图重新捡起那些命题的线头时发现，新闻时间和空间都已经变得更为分散，那么如何在一个专题中——而且可能是媒体就5·12地震的最后一次集中释放机会中——构建一个有足够包容性，又足够清晰的框架来穿透那么多需要表达的话题？

显然，我们需要找寻出一条主线，一个主概念。

经过从政治风险、选题价值、版面语言的多重考虑，我们最终将其锁定为“承诺”。

一年前，那些山上崩裂的石头砸向人间，人们曾纷纷为爱和激情许下承诺，现在这些承诺归向何处？

从横向来看，承诺必然具有不同主体，而层次分明的主体可直接指向不同的表达元素：个体的承诺、企业的承诺、组织的承诺、政府的承诺，每一个层面都具有鲜明的特征，只要找寻到合适的案例，组织起来就是一个相对立体的灾区一年。

比如，我们最后在个体承诺上，选择了北川的一些人物。其中一位叫陈小军的退伍军人地震前在当地曾有过一场轰动的爱情故事，他经过多年抗争，迎娶了一位比他大8岁的妻子，并生下一子。但地震在刹那剥夺了这段姻缘。他当时表示自己想走得越远越好。但一年后，他选择了留下，并娶了前妻的妹妹，重新孕育了一个生命。其间的命运跌宕似乎是一段离奇的爱情，实则是特殊环境下一个个体对另一个个体的复杂承诺。

如果说，这个个体案例展现的是命运和情感，那到了政府承诺命题时，我们则选择了具有清晰制度指向的向峨乡实验，因为它置身在一个特殊的

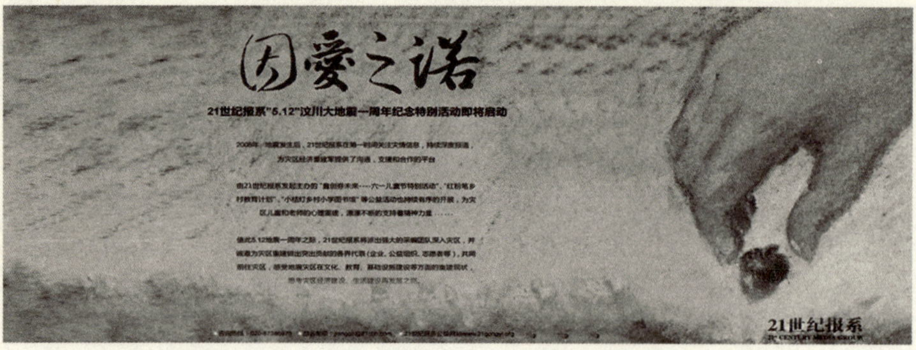

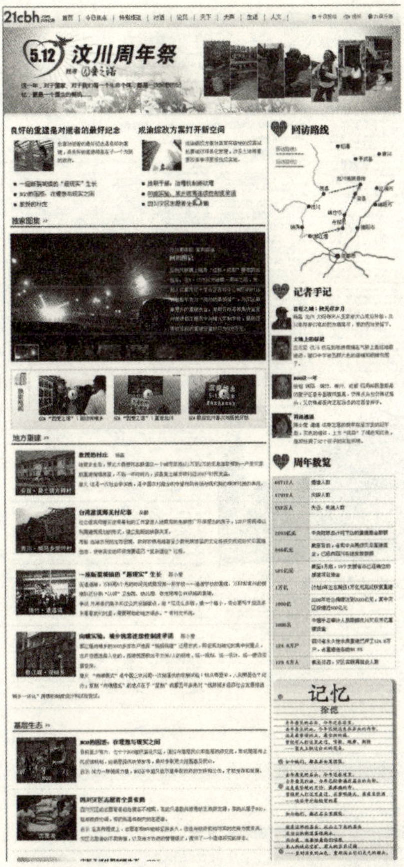
21cbh
5.12 汶川周年祭
良好的重建是对逝者的最好纪念
成渝综改方案打开新空间
回访路线
独家图集
记者手记
地方踪迹
周年数览
记忆
基层生态

21世纪经济报道
灾后重建周年 成渝综改方案打开新空间
中国慈善要有经得起考验的信息公开机制

制度背景下，即成都5年来的城乡统筹试点摸索，由此延伸出了灾区最有制度创新性的承诺模式。

此外，在特定群体的承诺上，我们首先选择了NGO和志愿者群体，另外还挑选了社会精英阶层的两个案例，一是教授们的村庄，讲述一群教授们的乡村金融实验，一是台湾建筑师谢英俊的建筑探索，折射精英关怀与农村现实的冲突与融合。

如果纵向来看，“承诺”这一主概念则可显示出深度新闻所需要的延展空间，顺理成章的链条是，承诺是什么？是否兑现？如何兑现？兑现的成本是什么？兑现的障碍是什么？

其背后发掘出的一系列制度话题，皆可披荆斩棘不断前进。这种具有韧性的追问链条，不仅再次体现出《21》在重大历史现场置身最前线绝不缺席的立场，更体现出《21》希望深入推动中国进步的价值关怀。

找到了历史的线头，我们也找到了较为从容的方式来展示新闻在编辑语言上的组合和递进。

《21》最后的地震周年特刊的版面逻辑大致是这样安排的：头版的《灾后重建周年 成渝综改方案打开新空间》是条独家政策新闻，体现了国家承诺。33—44共12个版的特刊则每四版分为一个单元，第一单元以区域为表征，第二单元以特定群体为对象，第三单元以企业为观察点。

其中，一些主稿的价值指向如下：

向峨实验：

一个基层政府对其百姓最朴素的承诺

莫过于安居乐业，都江堰向峨乡用“统规统建”模式创造性地解决了灾民的安居难题，并由此激发出一系列农村改革实验，向乐业命题努力延伸……

曾经之城：

溅江河的水日复一日的缓慢流动，太阳依旧每天从王家岩大山背后升起，北川的幸存者们有的因为痛离开，有的因为爱留下，但或多或少地仍生活在这座空城的气息中。

教授的村庄：

让一群习惯了传统的农民来尝试学习什么叫做契约是一个艰难的过程。但一群教授来到这里，试图从最基础的环节中塑造一种可能，那就是中国农民从不缺少守约精神。

进退谢英俊：

这位台湾设计师率领的乡村建筑工作室试图用互为主体协力造屋的方式撑起中国乡村族群关系的新价值体系，但过程中遭遇的文化冲突，不仅需要最大的智慧，更需要妥协的勇气。

遵道重生：

参与这个城镇援建的外来企业和政府都以行动来兑现自己最大的善意，但万科的完美校舍和思科 20 万一块的“黑板”，是否足以弥补这座城镇断裂的肌体？

自愿者素描：

33

找寻 与爱之诺

5.12周年纪念特刊（33–44版）

向峨实验：开弓没有回头箭

——由离土不离乡式“别墅”新生活所引发的城乡统筹路径性制度承诺

向峨模式的“非典型”侧面

特刊 35

再造遵道：一座断裂城镇的“超现实”生长

一年前，那些从山上崩裂的石头砸向人间，全国的志愿者们纷纷为爱和激情许下承诺，一年来，他们用石头般的韧性默默履行承诺，既体认到了最大的幸福，也往往需要面对比石头更坚硬的现实。

东汽的多元承诺：

央企从来就担负着对这个社会的多元责任，对政府、对企业、对员工皆是。而去年的那一瞬，令东汽集团的担子骤然加重，如何协调不同承诺对象的不同诉求，成为与其恢复生产同等重要的特定命题。

另外，值得一提的是，《21》此次不仅以采编的形式推出了纪念特刊，市场部门也在“因爱之诺”的同一概念下，策划实施了一次颇有声势和影响的大型回访活动。它的广告词如此“承诺”：

沉默将发出声响，负重将得到报偿，苦难将照亮路程。诺言的种子，深深扎根大地，终将发芽，破土而出。

（作者系21世纪经济报道编委）

灾区寻人启示录

□潘葱霞

潘葱霞

寻人的想法，早在一年前做地震特刊时就已经发酵。

去年5月25日，编辑部刚做完《南都周刊》地震系列报道第二辑《幸存》。那次报道将焦点对准生者和死者。在评报会上，当时的周刊副总编长平老师说，我们应该在半年或者一年后，再回过头去寻找那些曾在我们报道中出现的人，还有那些频繁被电视、平面媒体报道的熟悉面孔。

这个想法，并没有在我们做地震半年特刊中付诸实施。那一次，我们选择以北川为据点，用田野调查的方式，走访了板房区、羌寨等地，记录下灾区重建过程中，社会、经济、文化等各方面的现实问题，以及重建利益格局中所隐藏着的错综复杂的矛盾。

如果说，地震半年，《南都周刊》还能在鲜少有媒体关注灾区的情况下凸显而出的话，到了地震周年祭，媒体的关注则是以海量计。4月26日，记者华璐到北川吉娜羌寨采访一场由政府主办的集体婚礼。20对新人，被200家媒体围住。这让华璐很感慨，从没见过这么多的记者，每个角落都挤满了来自全球各地，大江南北的记者。

相比一些媒体多则上百少则二三十名记者奔赴灾区的架势，南都周刊只能“抠”出4名文字记者和惟一一名摄影记者，而且人员到位离出报时间只有两周。

微薄的力量，资源的局限，时间的窘迫，再加上当地大小部门对多如“蝗虫”的记者采访并不配合。没资源没人脉的我们，要做出有特色的报道，又要跟以往角度不同，实在很伤脑筋。

对于做什么，编辑部是有分歧的。有在灾区浸淫了几个月的记者，认为我们要面对惨淡的现实，深挖出灾区里的各种不公与矛盾。在我看来，这样宏大的问题，非我们之力所能为，而且有风险。

当时，网上有篇博客简单罗列了几个在地震报道中频繁出现的幸存者动向，点击率很高。我想到一年前长平老师提到过的那个报道方向，回归到地震时期对幸存者的关注，那些因地震被套上明星光环的“普通人”。这一年来，作为个体的他们，或荣光，或落寞，或无奈，他们的命运周折和心理上的变化，实际上是整个灾区重生与改变的写照，也是社会各种关注力对灾区影响的体现，可以让我们能更直观地切入到现实生活语境。这也比较符合改版后周刊的报道特点，采用小角度多方位切入到一个事件，去繁存简。

COVER STORY 封面报道

《南都周刊》汶川地震周年祭

地震名人这一年

69226人遇难，17923人失踪，374643人受伤。
这是一年前的大地震，留给我们的创伤。
这一年，我们见多了数字，听惯了万众一心众志成城这类宏大的词语。然而，数字是冰冷的，统计学统计不了数字背后的悲欢离合；大而化之的词语，同样无法承载人们内心深处的沧海桑田。
这一年，我们常常在想，地震破碎大地平沉的那一刻，多少人的命运被改变，那些遇难者、失踪者、受伤者，那些幸存者、志愿者，那些感动过我们的母子母亲、夹缝男孩，那些在前线指挥抗灾的基层干部，让我们思考生命与自由关系的范跑跑，他们的命运怎样了？
于是，在汶川大地震周年之际，我们做出这一份寻人启事，寻找地震时期在媒体中频繁出现的熟悉面孔，寻找数字背后的音容笑貌、悲欢离合，寻找大灾之下，生命的价值。

4月初，“失衡的灾区”和“灾区寻人启事”两套方案，提交到编辑部讨论。在考量了自己的力量和周刊特色后，编辑部同意灾区寻人。

找人！找人！

确定了报道方向，之后就是确定人物取舍的问题，这是个关键问题。方案大致罗列了孩子、截肢者、官员、老师、志愿者等9大类型。

因地震让我们熟悉的，更多是孩

子，“夹缝男孩”、“可乐男孩”、“敬礼男孩”、“唱歌女孩”、“ 芭蕾女孩”以及小英雄“林浩”。地震时候，他们是一群普通的少年，坚强乐观善良让我们动容。一年半载的起合转折，这群普通少年命运改变了。在网络上 GOOGLE 他们的踪迹，林浩从映秀到上海再回到成都，“夹缝男孩”廖波、“唱歌女孩”郭婷婷、“芭蕾女孩”李月也离开了灾区到北京等地求学。他们每个行踪，都有新闻媒体关注，但是没有媒体对发生在这些孩子身上的变化加以深入解读。

报道孩子，我们还有一个私心，就是在有关学校问题不能随便报道的情况下，学生是一个突破口。这个私心还体现在，我们通过艾未未和他的志愿者，寻找失踪死亡孩子的名单。用人物报道规避这个事件报道本身所带来的风险。

我们了解到，曾在我们报道中出现的一些人的境况：背亡妻回家的吴家芳，再娶之后备受争议；截肢自救的龚天秀依旧活在对丈夫的思念之中，一个人不敢独自面对黑夜；寻子的贺先琼，在一年后发现苦苦寻找的那个孩子，并不是自己的儿子；地震发生时先于学生逃跑的范美忠，在工作失与得中反复；一直在灾区坚守的志愿者刘猛，还在坚持。而“史上最感人的捐赠者”龚忠诚，从一个乞丐成了一家凉茶铺的老板。

4月20日，北川县委宣传部副部长冯翔自缢身亡，让我们寻人这个想法更为坚定。谢海涛说，冯翔的故事，让人最感慨，死去何其容易，而活着多么艰难。"活着"，是余华一部小说的名字，而现实往往比虚构更有创造力。

于是，"抗震救灾小英雄"林浩、"可乐男孩"薛枭、"敬礼男孩"郎铮、"芭蕾女孩"李月、"唱歌女孩"郭婷婷、截肢自断者龚天秀、背亡妻回家的吴家芳、北川县长经大忠、北川中学校长刘亚春、"范跑跑"范美忠、志愿者刘猛、艾未未、寻子者贺先琼、义丐龚忠诚成了我们要寻找的人。

寻找这些人，让他们坐下来接受我们的采访，并不见得比宏大叙事来得容易。而人物报道，最忌讳的就是浮光掠影式的采访。

"敬礼男孩"郎铮拒绝了许维坚的采访，他的家长不想让孩子的生活过多被打扰；电话里，每天接受二三十家媒体采访的吴家芳拒绝了华璐，他为配合电视台采访，一早扫了三四遍地；贺先琼也拒绝了谢海涛的采访，虽然两个人已经成为朋友，但是只限于朋友式的聊聊；让大忙人经大忠坐下来接受我们的采访，更像是不可能完成的任务；而林浩的经纪人对杨猛说，你先传个采访提纲给我们。他们要掂量一下采访媒体的资历。

记者少，采访对象不配合，在灾区统筹采访的谢海涛，一直很焦虑。好在，在许维坚拼尽了他的酒量，在杨猛使出游戏高手的绝招之后，终于采访到了范跑跑和林浩。不泄气的华璐，直奔吴家芳家。吴说，还是你聪明，这招比较管用。而谢海涛，也成功说服了龚天秀和贺先琼，既做了朋友，也尽了记者的职责。对于经大忠，谢海涛发挥了"盯人"战术，只要能打听到经大忠任何的踪迹，就直奔现场去堵他。

在现实与争议中行走

找到人，只是第一步。而怎么做好这个人，则是整个专题操作的重点。

在前期沟通上，我们一直强调要放下道德的大棒，还原出人性的复杂性和社会的多面性。记者在采访中，既要把采访对象心底里的货掏出来，又要把人物置身于环境之中，尽可能客观、冷静地呈现人物。处理林浩这个人物，就是个典型的案例。

无论作为采访者杨猛，还是作为编辑的我，可以说，我们都是小心翼翼地接触林浩。

这个从前映秀镇上普通的孩子，5·12以后，已成长为国家层面的抗震英雄。还在上小学的他，一度享受着警车接送的特权，甚至有了亲戚充当经纪人。他知道怎么应付媒体。摄影记者孙炯给他拍照时，他摆出灿烂的笑脸，拍完以后，马上就是另一副面孔。

关于他救人造假的传闻，在网上流传，并且有很多质疑的声音，但是没有一家媒体公开深入报道过。他从废墟中救出同学的说法，却似乎已盖棺论定，他的“我要多吃饭，背出更多的同学”的豪言壮语，广为流传。他似乎已生活在英雄的幻觉中，再也回不去那个纯真的孩童时代。

杨猛和我，在处理这个人物的时候，达成一个共识：无论怎样，他都是孩子。不管林浩本身是否撒谎，即令是他撒谎，也是成人和社会种下的恶果。在他的身上，我们可以看到，在意识形态色彩下，他的家庭、新闻媒体、地方政府、中央政府，各方面对利益所体现出的种种弱点。我们可以看到国家还在沿袭着雷锋与赖宁模式，一个孩子被置于造星运动中，而没有判断能力的孩子，迷失了自己的方向，而这种迷失，带有很深的社会性。

于是，在采访过程中，杨猛采取的方式，就是站在他的旁边，跟他玩，观察他，而把“造假”和“利益”等问题，抛给身边的大人。写作上，杨猛坚持一贯的白描方式，用细节呈现，甚少使用形容词之类的主观判断用语。

稿子编辑完之后，我遇到一个问题：记者能否让林浩回应一下“说谎

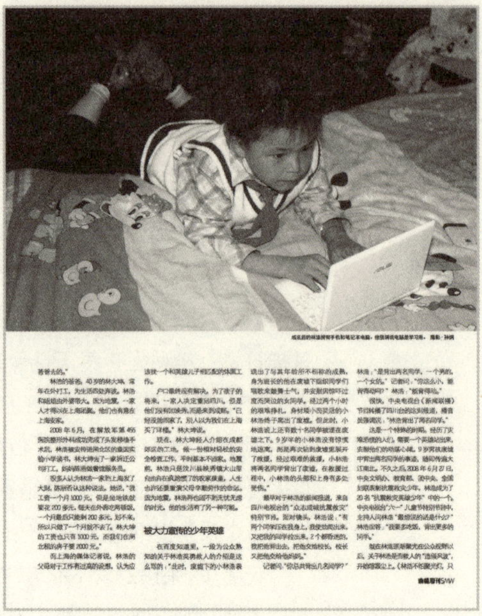

26 封面报道 COVER STORY

少年林浩一夜成名之后

地动山摇间，9岁的林浩，从废墟中背出了两名同学。在强大的宣传机器下，这名映秀小学生，被塑造成了赖宁式的“抗震救灾英雄少年”。在北京奥运会上，他的小小身影出现在姚明旁边，更是一夜成名。围绕着林浩的“英雄事迹”，“造假”传闻也开始在坊间出现。

在这场造星运动中，作为未成年人的林浩，处于进退维谷无法确定的成长环境中。而作为成人，应该反思的更多。不管林浩救没救人，到底救了几个人，他面对摄像机是否在撒谎，这一切都不重要，重要的是，我们该如何在一场灾难面前保护好我们的孩子。

记者·杨猛 成都、汶川报道

造假”一事。这个答案，从一开始就被否定。杨猛从采访开始，就决定不向林浩提出这个问题，这是件很残忍的事，会撕破孩子现在的一切。但是作为编辑，也是作为一个孩子的母亲，在编辑完这篇稿子后，内心很不安。这个被置身于强大宣传机器之中的孩子，他已经乐在其中享受着利益，他的未来会如何？谁来给他上“诚实”这一课？

这篇《少年林浩一夜成名之后》稿子上网后，被多家网站重点推荐，争议成了不可避免的后续。不论是腾讯，还是网易，两种声音始终在交锋：一种是记者让我们看到了真相，而另一种声音是“你们在撒谎”，《南都周刊》在哗众取宠。

或许这就是社会的现实。就像有网友说的，“事情真相永远只有身边的大人才知道，无论救人与否，过分地吹捧会让一个尚在小学阶段的孩子过早地开始自我膨胀”、“假话大话空话泛滥的社会，我不知道对错”。

而在北川中学，我们选择了高一（2）班作为切入口。这个班级里，有人们熟悉的“托瓶男孩”李阳、“夹缝男孩”廖波、郑海洋等。与这群青春期的孩子打交道，并不是件容易的事。好在还青春的许维坚，很快与他们成了朋友，很私密地参与到他们的QQ聊天，分享他们的内心秘密，还让这群分散在全国各地的同班同学，在震后拍下他们的第一张合照。

许维坚记录下了“托瓶少年”李阳，拿出1000元为聚会的同学买单的细节。这个细节，在网上被一些读者质疑。有网友认为，这是记者在苛责他，有先入为主的嫌疑。但作为采访者来说，许维坚的看法是，一些明星学生和普通同学之间已有了裂痕。成名者享受到了荣耀与实惠，而有些同样救人的同学仍在默默无闻。

我们记录下孩子真实的变化，虽然很多变化让我们冰冷，但这就是现实，作为记录者，我们还是要坚持记下了，尽可能用不加修饰的白描手法来达到报道的客观与真实。

在成都，校长肖明华对“可乐男孩”薛枭说：“你不是英雄，你只是被救出来的地震幸存者。”举世喧嚣，有这样认识的能有几人，许多幸存者把自己当成了英雄而丧失了方向。

地震一年后的范美忠辗转各地教书。他仍渴望与“郭跳跳”一类的公众人物进行公开的PK。“我们为什么非得崇高”，这句话，比很多宣传来得真实。对于范美忠，我们尽可能展现一个敢于把自我内心掏给世人看的知识分子的原生态。是非曲直，做判断的不是记者，而是读这篇报道的人。

广州读者黎瑞婷给我们来信说，地震时期海量新闻的轰炸在脑海中残留的信息饱和感还未完全消散，对一周年的这股报道热潮便显得有点无可奈何，然而从看第一篇林浩开始，我便开始投入，一直到结尾。

我们寻人，不光寻找活着的人，还要寻回对生命的敬畏与尊重，寻回生活的常识。其实，回头看寻人方案，还有很多遗憾，实际上我们曾想过尽可能将媒体所报道过的人物做一个脸谱群像，但最后未果，像因喂奶而提拔的女警，那个跳舞女孩，还有小猪朱坚强。据许维坚说，它还彪悍地活着。

（作者系南都周刊编辑）

政治责任与美好人性的交响
——南方日报地震周年报道思考

□徐林

徐林

为做好地震周年报道，各媒体铆足了劲。南方日报也不例外，紧紧围绕党报优势，用活自己独有的资源，使自己在同源、同质、甚至同步化的新闻竞争中发出了自己独有的声音。

策划背景分析：用活独特资源

南方日报地震周年报道主题为“重生——汶川地震周年”。经过认真分析相关背景，大家形成共识，就是必须用好用足南方日报的独特优势，是为胜利之本。

1. 围绕新闻优势，用活独特的报道资源

自去年5月12日汶川大地震发生以来，南方日报迅速启动重大突发事件的快速应急机制，先后派出数十位记者赶赴震区。除了发回大量稿件，还与当地党委政府和震区群众建立了密切的联系，结下了深厚的感情。其后，每一个重要的时间节点，如震区群众搬进板房、震区过年、清明祭奠，南方日报记者都活跃在曾经奋斗过的地方。

可以说，经过一年来报社上下的不懈努力，南方日报积累了大量独特的一线报道资源，在信息占有量、新闻深度、策划思路等方面形成了明显的新闻优势，为后续报道奠定了坚实的基础。

分析“重生系列”不难发现，南方日报记者一年后重返新闻现场，可以实现新闻资源的有效对接。通过回访曾经的采访对象，围绕他们组织报道、策划活动，很好承接并扩大了已经形成的新闻优势，将一年来积累的报道资源用足、用活。“写给天堂的一封信”、“映秀妈妈孕育希望”等策划就是其中的典型代表，集中体现了南方日报地震报道的连续性、贴近性和创造性。

2. 围绕品牌优势，用活独特的合作资源

经过60年的积淀，南方日报形成了突出的品牌优势，其影响力和号召力在省级党报中首屈一指。每逢大型新闻战役，南方日报都注重利用这个优势，加强与兄弟媒体的合作，巧妙借力，事半功倍。“重生系列”着重借力四川日报，用活四川当地媒体资源，形成党报联动、资源共享的良好局面。

南方日报与四川日报一直有着新闻合作。汶川地震发生后，这种合作日益频繁、深入。“重生”系列报道启动前，两报针对具体的采访线索、媒体活动进行了深入交流，确定了“党报联动·请恩人回四川”、“情寄天堂”等纪念活动。四川日报还为南方日报赴川采访记者提供各种便利。

合作的成效最终要体现在报道效果上，事实证明，效果超过预期。两省党报通过一系列有针对性的纪念活动，迅速拉近了广东与四川的距离。一方面提升了广东形象，扩大了广东援建在四川当地的影响；另一方面，全面展现了震区人民恢复重建的精神面貌，表达了他们真切的“感恩之心”。

3. 围绕党报优势，用活独特的政治资源

作为省委机关报，南方日报在长期的采访报道中与广东省委、省政府以及相关部门建立了密切联系，形成了党报所独有的政治资源。在汶川地震报道中，正是这种政治优势，让南方日报率先掌握广东省救灾援建的最新信息，并获得支持深入参与到各项救灾援建活动中，取得新闻与宣传的双赢先机。

在报道策划方面，早在今年春节前，省委组织部就支持南方日报，加大对广东援川干部的报道力度。这一次，我们的特派记者深入广东派出的各个援建组，全方面了解广东援建的最新进展和背后故事，就是由省里协调的结果。围绕广东援建进行的一系列报道，全面深入、角度巧妙、采写细致、情感真挚，充分展示了广东援建队伍的风采，充分彰示了广东的排头兵责任。

在活动策划方面，南方日报还与省侨办合作，重点策划了“侨心居建

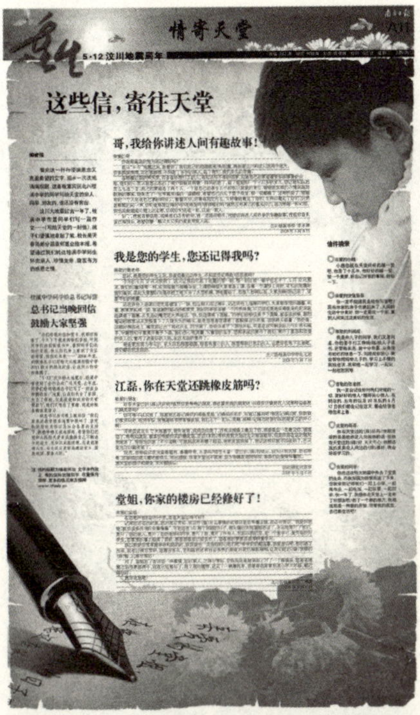
情寄天堂
5·12汶川地震周年
这些信，寄往天堂
哥，我给你讲述人间有趣故事！
我是您的学生，您还记得我吗？
总书记当晚回信 鼓励大家坚强
江磊，你在天堂还跳橡皮筋吗？
堂姐，你家的楼房已经修好了！

广东责任
5·12汶川地震周年
广州人"用心"再造新汶川
《人民日报》刊文称广州人以高效、高水平的科学援建，创下独具特色"广州模式"

地震周年前夕，东风日产"教育援川"再次"驶"入灾区
汶川新表情：笑容再绽，童趣再现

设巡礼活动"、"向震区乡镇图书室捐赠书籍"等活动，充分展示了南方日报媒体公民的形象。

围绕主题策划，突出政治责任

"重生"系列报道策划之初，南方日报就确立了两大主题：震区重生和广东援建。这是广东媒体进行汶川地震周年报道时不可回避的重点，更是省委机关报义不容辞的政治责任。

1. 围绕灾区重建，歌颂美好人性

中国人民在汶川大地震发生后展现了万众一心、众志成城、不畏艰险、百折不挠、以人为本、尊重科学的伟大抗震救灾精神。在汶川地震一周年之际，"重生系列"以此为基础，既写出对逝者的沉重悼念，又报道重生的期盼希望，为震区人民打气加油。

从5月4日起，"重生系列"开始推出系列报道，其中专门以一个版规模的"悲欣震区"展示震区的巨变，"一年光影"、"重返手记"等专栏生动展现了震区人民自强不息的精神，描述了震区物质重建和心理重建的丰硕成果。

在5月12日推出的特刊中，"重生系列"始终坚持正确的舆论导向，以高度的政治责任感，推出"震区祭念"、"中国力量"、"震后新生"、"希望升腾"4个专题版面，浓墨重彩地突出震区重生的方方面面，力求让读者真切感受到毁灭与重生的悲与喜。

2. 突出广东责任，着力展示援建成果

一年来，广东为震区重建做了大量工作，承担了最繁重的任务。广东人民和震区人民看在眼里，记在心里。因此，突出广东援建的责任成为“重生系列”必须要完成的新闻使命和政治任务。

在系列报道中，“广东责任”同样以每天一个版的规模推出，以整版篇幅对某个市的援建工作进行立体式报道。“援建”、“感动”、“日记”等栏目详细记录了援建工作的酸甜苦辣，全面展现了广东援建的成果和风采。报道刊发后，反响强烈。佛山市委、市政府在汶川召开对口援建会议的当天，特意将200份报纸一大早空运到汶川水磨镇，参加会议的阿坝州、汶川县领导人手一份南方日报。

在特刊中，“粤川连心”和“广东责任”的版面同样跨越了4个版位，“今天我们还是汶川人！”、“危难见真情，感谢广东！”等专题全景式揭示了广东援建的高度责任感，将地震周年报道推向高潮。

围绕活动策划，突出媒体责任

1.“侨心居”建设巡礼活动

汶川大地震发生后，广东侨胞和港澳同胞积极出资支持汶川受灾群众建设“侨心居”，为践履媒体公民的责任，南方日报联合省侨办，共同主办汶川“侨心居”建设巡礼活动，集中展示粤籍侨

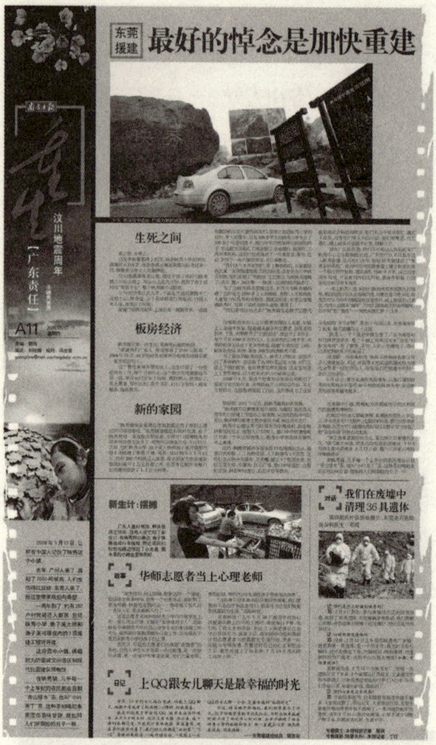
重生
汶川地震周年
【广东责任】
A11
东莞援建
最好的悼念是加快重建
生死之间
板房经济
新的家园
我们在废墟中清理36具遗体
华师志愿者当上心理老师
上QQ跟女儿聊天是最幸福的时光

重生
汶川地震周年
【广东责任】
A07
援川干部
破碎山河间共建家园
蜀道难
重建图
苦中乐
励富三哭
一天三震

【震中探访】
汶川地震周年
映秀妈妈孕育"希望"
壹家人 壹起走
都江堰到映秀，只需15分钟
地震产床上的妈妈

文化重建
羌管悠悠舞满地
汶川地震周年
【悲欣震区】
他们身上都有大禹的影子
想把羌文化编进孩子的教材

胞以实际行动支援灾后重建的成果。南方日报在 4 月 28 日、29 日连续两天以一个版的规模推出活动的相关内容。活动本身以及随后的报道取得了理想的效果，以粤籍侨胞为代表的广东形象也随之提升，并由此带动了社会各界进一步关注震区。南方日报良好的媒体公民形象给人留下深刻印象，在震区的公信力和影响力稳步扩大。

2. "党报联动 · 请恩人回四川"

汶川地震周年纪念，究竟以什么为载体？通过怎样的方式把纪念带动起来？"党报联动 · 请恩人回四川"的活动设想提出时，南方日报和四川日报一拍即合，认为该活动能够真实展现震区群众的感恩之心，更好地鼓励广东援建，是当前语境下最恰当的纪念形式。

4 月底开始，南方日报与四川日报联手在广东寻找"恩人"，并从中选出 4 位代表赴川参加有关纪念活动。5 月 8 日，赖志光等 4 位恩人回到了他们最牵挂的地方，看到了他们最牵挂的人。在此过程中，两报派出专人、拿出大量版面进行追踪报道。

"恩人回四川，映秀乡亲一眼认出来！"、"汶川还是那个汶川，汶川不再是那个汶川！"等生动的稿件让读者知道，曾经战斗在震区的英雄永远牵挂那里的一切，震区人民也永远记得流血流汗的恩人们。活动的效果正如被邀请的"恩人"所说的那样：对亲身经受那场灾难的人来说，这是最好的纪念。

3. “防灾减灾日”创建应急避险求生示范校活动

对地震的纪念有很多形式，但最有现实意义的莫过于吸取地震带来的教训，把昨天的灾难转化为今天的财富。

汶川地震造成了在校中小学生的大量伤亡，生命之花的过早凋谢让人心痛。今年起，国家将每年5月12日定为“防灾减灾日”。为了增强青少年学生的应急避险求生技能，南方日报与团省委、省教育厅、省地震局、省气象局等单位联合发起创建应急避险求生示范校活动。

在活动中，南方日报拿出大量新闻版面报道应急避险的必要性和科学方法，号召各类学校加强此方面的教育和培训。此举极具现实针对性和紧迫性,体现了主流媒体的责任感和使命感。活动得到了合办单位的大力支持，并引起越来越多学校的关注。他们在接受采访时表示,孩子的生命不容忽视，创建应急避险求生示范校是学校义不容辞的责任。

4. “情寄天堂”纪念活动

严格说来，“情寄天堂”的策划是一项悼念活动。在汶川地震周年祭临近的时候，我们一直在思考怎样的悼念才能表达生者内心深处的真情实感。

去年底，北川桂溪中学的同学们给胡锦涛总书记写了一封发自肺腑的信。5·12临近，桂溪中学的同学们一定有很多话要说。“寄给天堂的信”就这样被当作作文题目布置下去。南方日报与四川日报联系，策划了“情寄天堂”活动，将部分信件郑重刊登出来。

对于孩子们来说，这封信是地震周年祭背景下比较恰当的发泄和祭奠，信中承载了他们美好的祝愿，并以生者的坚强与希望，告慰逝去的亲人。对读者来说，这些家书带来的震撼超乎想象。我们的电脑录入员打字时泪流满面，我们的网友流着泪看转载，流着泪去发帖。我们心灵最柔软的部分就这样被触及。

从新闻策划的角度上说，“情寄天堂”无疑是成功的，我们在反复考虑孩子们的感受和意愿的前提下，找到了真正令人感动的力量，彰显了南方日报的执行力和影响力，也凸现了主流媒体的高端与品味。

（作者系南方日报时政新闻中心主任助理）

用心体验他人生命的旅程

□鲍小东

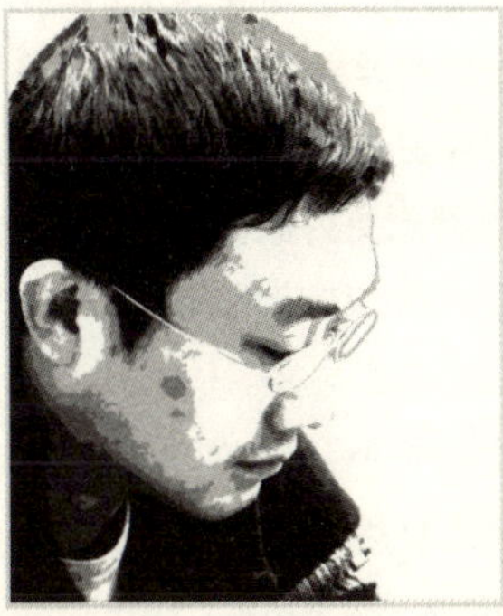

鲍小东

一、体验生命

还是讲故事吧，尽管我知道这是一本关于新闻的理论性杂志。

4 月 7 日晚上，我在家收拾衣服，准备去四川。我家在广州，天气已经很热了，男人都穿着短袖，女人都穿着裙子。去年 5 月 12 日以后，我在四川呆了十几天，那时，天也是热得要命。

凭着现时的感受，和以往的经验，我在收拾衣服的时候，没带一件长袖。

我老婆看见后，在我的皮箱里强迫塞进一件长袖外套。第二天，我就这样飞到成都。

在 4 月 8 日前后，全国各地有很多记者，都和我一样，飞到四川，因为很快就到汶川大地震一周年了。

去年 5 月 12 日发生的汶川大地震，共造成四川 68712 人遇难，17921 人失踪，更多的活着的人，流离失所。

一周年了，灾区重建的情况如何？那里的人们生活得怎样呢？孤儿、残疾人得到了怎样的救助？灾区人的心灵创伤是否有所愈合……

未来几年内，每到汶川大地震 X 周年，全国各地的媒体都将会对灾区给予集体的关注，大量记者都将集中涌入灾区。

每到此时，媒体人必将思索，该如何报道灾区？奔在前线的记者必须具备哪些知识和心理储备，才能最大化地实现报道价值？

我也带着类似的疑问，怀揣着报社的策划方案，来到灾区。策划方案是根据之前的媒体报道、政府公布的信息等等资料，做出来的。

作为记者，在出发前，我也要阅读大量相关资料。而采访却是一个有血有肉的活动，更是一次体验生命的过程。

在采写《青川移民：回流故乡，危险重建》的时候，我一直在思索，那些原本异地安置的灾民，他们在异乡获得耕地和宅基地，可以用国家建房补助资金和无息贷款，在相对安全很多的地方建房，在这些交通更为便捷的地方，他们的后代也可能得到更好的教育、更好的发展前景，可是，为什么很多人最终放弃异乡的一切，又回到余震不断、山体松垮、交通落后、满目疮痍的故乡呢？

表面上看来，他们都在做着种种经济上的考量，因为故乡有很多山地，山地可以种植药材、林木，经济收益可观；因为回到故乡，可以使用自家林地里的树木建房，所以节约很多资金……

但是，实际上，他们考量的并非简单的异乡的发展前景和故乡的经济收入。因为早在地震之前，他们的中青年劳动力基本上都在外地务工，外出务工也是一个家庭最主要收入来源，土地带给他们的收入极为有限。震后的异地安置，对于他们的家庭经济收入的影响很小，他们仍然可以外出务工，不能外出务工的，仍然可以继续耕作生活。

所以，他们痛苦考量的对象却是异乡的发展前景和故土的份量。

A34-35

青川移民：
回流故乡
冒险重建

震后需全部移民的马公乡，目前真正移民的只有85户；大部分人放弃更适合生存的环境，回到危险尚存的家园

半山，枯竭的水井

从几千米的远处用水管引水

都汶公路上，堵车成为常态，严重影响重建进度

余震产生的泥石流，使余智的房子再次受到威胁

修建新房

山上，使用泥、石子等传统材料重建房屋

山路崎岖不平，建材运输困难，很多山民只能就地取材

广州对口援建汶川县城，援建进度受资源的严重制约

图片摄影 鲍小东

关于故土，我有特殊的体验。我的故乡是紧挨着长江边上的一个小村庄，我出生在那里，并在那里生活了10年，1998年、1999年长江连年出现严重洪灾，我们的村庄连年被洪水冲毁，因此，1999年，我们被整体异地安置到附近的小镇边。

但从那时起，我就外出打工，如今已经定居广州。可是十几年来，我常常梦见的仍是那个早被洪水冲毁的村庄。

故土的阳光、炊烟、风声、鸟鸣……就是你生命的一部分。虽然你在别处也能听到风声、鸟鸣，也能看见阳光、炊烟，但是只有你能辨别出那些和你生命里的东西，有多么的不同。

离开故土，就是切割生命之一部分。这需要有多大的诱惑，才能使一个人切割自己的生命呢？异乡那些稍稍改善的生活环境和发展前景，尤其对于一个在人世间活了几十年的人来说，诱惑已经很小很小了。

即使是已经定居在异乡的李仕江，他虽然体会到了异乡人民的同情和热情，他虽然知道异乡的发展前景好于故乡，但他仍然多次偷偷跑回大山深处的故乡—青川县马公乡，察看那里的地形，在得出根本无法重建的情况下，他才迫不得已地在异乡重建。

可见，李仕江异地安置，是在切割一部分生命和放弃整个生命安全感之间做出的艰难选择。

如果你还要追问，奔在前线的记者必须具备哪些知识和心理储备，才能最大化地实现报道价值？我的回答是，采访是用心体验他人生命的旅程。尽管我做得还远远不够好。

当然，我还可以说点别的，比如带够衣服，穿登山鞋，因为四月份，灾区的很多地方，尤其是山区，还很冷。4月11日，我到青川县马公乡时，当地人还穿着毛衣烤火，夜间，要盖两床被子睡觉。此时，我老婆强塞给我的外套发挥了巨大的作用。

我还可以多提供一些我的教训，比如不要把淋湿的登山鞋凑近火堆烤，那样会使鞋子脱胶。

……

但这些，新闻教科书里，或者什么灾区采访指南里，应该都有吧。

二、忘掉自己

整整一个月后，也就是5月8日，我从四川回到广州，那天的航班是下午3点多钟起飞，达到广州是下午5点多钟，但我仍然恍惚觉得是在上午。

这种时空的错觉，我在灾区经常出现。

比如，地震之后，埋藏在山体里万亿年的树叶化石、贝壳化石，以及乌木等等，都随着崩塌的山体暴露出来，和新生的草木一起，静静地躺在大山深处。你的思绪一会儿停留在倒塌的房屋上，停留在杂乱的灾难现场，一会儿又飘忽到亿万年前，如今成为化石的树叶，亿万年前，也和今年春天新生的树叶一样，在树枝上摇曳……

再比如，在青川县东河口地震遗址公园，导游们举着喇叭，大声向一群游客们介绍东河口的受灾情况："东河口原是一个风光秀丽的地方，民风淳朴。但 2008 年 5 月 12 日下午 14 时 28 分，发生里氏 8.0 级特大地震，导致一整座山从内部爆炸，半边山坡全部压在了山脚下的农舍上，同时地面塌陷翻滚，致使全村 4 社，280 余人，被垮塌的巨大山体淹埋在地下一百米深处，至今没有挖掘。"

这种场景让我恍惚觉得，导游正在介绍的是一个遥远的灾难，而不是发生在去年的灾难。

我还看见，大量的游客在灾难现场精心地摆着各种姿势留影，这也让我恍惚有时空错觉。

留影的人中还有很多我的同行们。

有一整天的时间，我和几名电视台的记者一起，经映秀、到汶川县城。四川省扶贫办和汶川县扶贫办各派一辆车陪同。

他们随身带着一大叠明信片。在映秀、汶川县城等地，他们在采访之余，寻找邮局，给朋友们寄明信片。每个朋友将会收到来自汶川县城、映秀镇等三地邮戳的三张明信片。

他们沿路拍摄去年地震留下的灾难现场，并在各处留影，集体照、部分人合影、独身照等等。

他站在一块高地上，眯着眼睛对着摄像机取景器，做出正在工作的专注摸样，摄像机的镜头对着却是地面。他的身后是映秀镇的废墟。我在很多记者的工作照中，看过这种姿势。他们的姿势几乎一摸一样。

山风吹过，他的头发被吹起，他的眉头紧皱，显得十分深沉。

……

所以，我们除了要追问，奔在前线的记者必须具备哪些知识和心理储备，我们还应该思考的是，记者们不该具备一些什么，应该忘记什么。

当你以游人的心态进入灾区的时候，你看见的只会是地面，和你自己，所有废墟、痛苦的眼神都将在你身后消失。

三、只有倾听

故事也好，理论也罢，我的采访经历已经说完了。剩下的都是一些道听途说的事情。

4 月 26 日，北川县猫儿石村吉娜羌寨举行北川县“牵手百年、重建家园”的大型集体婚礼活动，共有 20 对新人参加集体结婚，一大早，来自全国各地的新闻媒体就齐聚在这里。据说，记者人数远远多于新人们的人数。

5 月 10 日，李连杰在汶川发起了一项名为“一家人，一起走”的公益活动，他组织了两百多位参与者，在映秀徒步行走了两公里，那是一个堵车严重、建筑材料运输困难的路段。据称，也是记者云集。

……

在这些时候，灾区现场就像一个巨大的舞台，有人在台上表演，记者们和很多人一样，成了台下一起舞蹈、陶醉的观众。记者们的情绪更为高昂，不断按着快门，有人扛着摄像机，在舞台周围乱窜。

更多的记者则在灾区孤独求索。其实，在喧嚣的背后，你会听到很多不同于热闹场景里的故事。比如家庭重组。

“一年来，有几个女人都想走进我的生活，但是我无法接受，我感觉她没死，她还会回来。”他幽幽地说。

他和我，两个男人坐在汶川县城内一家小饭馆里，喝酒。

她在去年 5・12 的时候，被山上滚下来的石头砸死了，他家的房子也被砸烂。

“去年 5・12 的时候，我儿子才 3 个月。我从外面往家赶，我想家里肯

A14-15
深度
汶川重建：
在资源紧缺中奋战

定缺少吃的，所以在汶川县城买了很多吃的。我朋友却劝我多买一些奶粉。当时，我不明白他为什么劝我多买奶粉，因为他不敢告诉我，她已经走了。"

"我只买了一包奶粉。那些天，我儿子只能喝大人喝的麦乳精……现在我儿子已经1岁多了，很可爱，我常常看着他想，要是她还没走，一家人在一起该多好啊……我到家的时候，我妈和邻居，已经将她下葬了，我没看到她最后一眼，我到现在也不敢问我妈，她到底是怎么死的……"

"那天早上，是我送她从汶川县城回家的。我送她到车站，上车后，我看了一眼车牌号：1714。也许你觉得我很迷信，可我当时就觉得这个数字不吉利，所以，车子开走以后，我一直等她的电话。等到她打电话来说，已经到家了，我才放心……地震发生前几分钟，我们还通过电话，她说，家里天很黑很黑。没想到，还是……"

"一年来，我的朋友们都小心翼翼，和我在一起的时候，尽量不谈地震。其实有时候，我很想找他们倾诉，但是他们不想让我伤心。今天能跟你倾诉，我很开心。"

"地震给人们带来了什么变化？最大的变化就是及时行乐了，能吃的，就多吃……"

……

"你在县城已经买房了，为什么还要在老家，原址重建一个房子？"我问。

"那里埋着我老婆啊，还有我父亲，爷爷奶奶。也许我老了还会回去。"

什么也别问了，倾听吧！

（作者系南方都市报深度新闻部记者）

没有触及人心的报道

□杨磊

杨磊

有人告诉我，那个我去年采访过的男人死了。在大年三十的晚上，他在位于擂鼓镇的板房区，杀了老婆之后，上吊自杀。没有人知道这个事情，就好象时间一样，过去了，就是过去了。

一年，是一个足够长的时间跨度。在外面，人们更多地获知在自救和重建环节中灾区创造了多少奇迹，但并不能真切感受到这里的一切是多么艰难。

在去年的那场灾难到来的时候，我们几乎是靠着直觉在进行报道。我们没有经历过如此规模的灾难，相应的，在我们的知识储备里，我们也不可能会有太多的规划来详细推进这组报道。我们只能将一个又一个新闻事件，放置于一个又一个的宏大主题中，详细展现。有人说这是新闻策划的力量，也有人说，这是新闻事件的拼凑。

但一年之后，我们显然应该做好了准备。我们关心的东西太多，以至于它们自身就可以形成一个宏大的主题，而不需要太多的包装。

这是理想状态下的新闻现场。

于是，在我们的报道规划中，我们预想的立场是，我们必须要掌握灾区的最真实情况，用我们的处理手法将之报道出来；我们必须了解在灾后救助的整个链条中，哪些积极因素是在制度驱动下获得响应，又有哪些因素受到了无关的干扰，导致效果不如预期；我们必须清楚地归纳出在灾后重建环节中，哪些积极因素正在出现，而又是什么阻碍了一个体系的运作；我们必须了解，灾后资金的运用，包括民间善款和政府救助，它们从何处来，又往何处去。

而更重要的是，我们必须要发现，在社区重构的过程中，政府、民众、社会环境三方面之间微妙的博弈和平衡，我们必须要用个体，即当事人的视角来展现这种重构过程；除此之外，我们还要探讨，民间组织在灾区重建中所发挥的作用，以及这些组织和灾难当事人之间的互动，对公民社会的成型所起到的作用，积极的，和不积极的因素。

带着这些问题和很多担心，我们出发。

然而，这个立场跟我们能够展现的事实相距甚远。后来有人说，这是注定无法实现的报道。事实确实如此。

在灾区的那些日子，我们重访了我们去年的新闻现场，我们接触了很多曾经接触过的人——这一年过得怎么样？什么事情已经和正在发生？重生的希望何在？

基本上，这三个问题就是我们所采访的全部。而我们却很难把全部报道出来。

一年之前，那里是一片废墟。一年之后，在废墟上，一个魔幻现实主

特别报道 Special Reports

浦东与滨海：两大综改区的变速跑(5-6版)

作为与浦东毗邻的上海一个郊区，南汇去年548亿的生产总值，足以让浦东暂时摆脱追赶者的逼近。但以空间换时间的这场龙头争夺战，留给新浦东的时间，还有多少？

成长中的碰撞：城投债"潜规则"调查 (9-10版)

产业弹性测试：危机下的旅游生态链 (17-18版)

21世纪经济报道

21st CENTURY BUSINESS HERALD

星期一 2009.5.11

¥2元

5·12周年纪念特刊

向峨实验：开弓没有回头箭 33版

曾经之城：致无尽岁月 34版

再造遵道：一座断裂城镇的"超现实"生长 35版

大地上的标记：映秀自发商业重建力 36版

NGO这一年：在理想与现实之间 37版

找寻 因爱之诺

Mercedes-Benz

李彦宏：从创业家到企业家

灾后重建周年 成渝综改方案打开新空间

成都和重庆两市都会根据《综改方案》制定相应的专项改革方案，对具有突破性的改革试验要实行项目化管理，涉及土地、金融等重要改革事项要按程序报批后实施。

义的工地正在动工。每个人都身处其中，恍然不知所在。

这就是那个著名的论断。现在的灾区，实际上是两个群体的割裂——领导关注的多，则称之为“明星灾区”，领导很少涉足的地方，则是现实中的灾区。

这显然是最有价值的东西。我们试图将报道的触角接触到更深处——在我们看来，这种割裂明显是人为的，它意味着资源的分配，以及决定这种分配的幕后制度因素。

是什么力量可以在一年之间，能够在一个几乎一无所有的土地上重新塑造出阶层、组织架构以及商业格局，又是什么因素推动了这种因素的成型？

我相信，这个问题广泛存在于每一个长期关注灾区的同行心中。在去年的某一刻，我们是如此喜欢那里所展现的一切——守望相助，相互信赖，相互推动；而在一年之后，我们还听到看到一些别的，比如抱怨，比如让人无法乐观的场景。

政府官员抱怨灾民难以管理而且丝毫没有自发的动力，灾民抱怨官员“官气十足”而且比以前更加脱离群众；NGO们抱怨政府不配合，灾民“坐等要”，政府则抱怨NGO们在基层散播一些不好的言论，以至于灾民现在学会了更多不好的手段；而那些志愿者已经被一些官员称作“自愿者”，当他们没有办法满足一些灾民的愿望时，会受到“你怎么这么没有爱心”的指责，而事实上，他们很多人已经倾其所有，只剩下最后

34 特刊

找寻

曾经之城：
致无尽岁月

特刊 37

找寻

NGO 这一年：在理想与现实之间

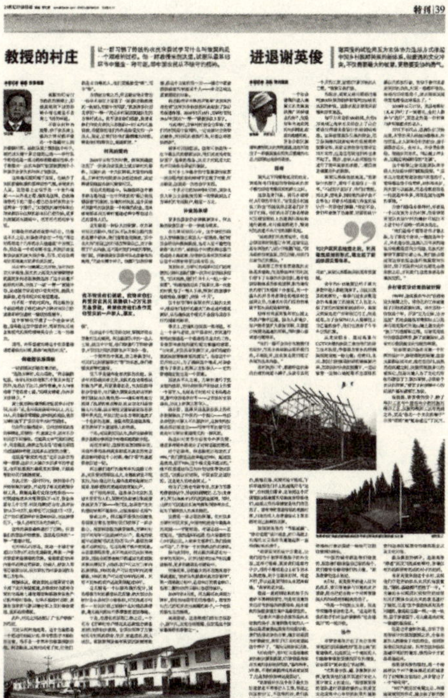
特刊 39

教授的村庄

进退谢英俊

的一点力气在支撑他们走下去。或者，是骑虎难下。

事实上，灾区的重建在某种程度上只实现了建筑的重建——援建的单位向每一个来访的记者说，他们所修建的房屋和公共设施，都将领先本身；也有人说，如果没有地震，这些灾区要达到规划中的布局还需要 30 到 50 年的时间。

这似乎是一个足以让人乐观的场景。但一旦进入灾区，很多记者就会发现，建筑只是一个表象，更大的重建则是社区和人际之间关系的重构。但这种重构仍然没有开始——似乎也没有机构来关心这个，甚至似乎这都被刻意地掩饰起来。不管从什么角度看，灾区一周年祭都似乎变味成了“周年庆”，官方显然也意识到了这个，于是在统一后的报道口径中，有关部门要求说，不要渲染这种气氛。

但事实上，在那些日子里，演出和频频的活动都充满了这种色彩，气氛浓烈到连我们都开始怀疑自己的立场是否正确——我们是不是过于冷酷，以至于不能发现灾区令人振奋的东西？

这最终成为我们报道最难解决的问题。李海鹏在一个场合说，在做灾难报道时，一定要区分“冷静”和“冷酷”的不同定义。于是，看到了也不能说，说了也不能做，做了也发不了，这似乎也成为一个逻辑。

我们最终选择了通常所用的办法，“掌握了百分百，但只说百分之三十”，这就是我们最终报道的宿命。

钱钢曾经说过，他希望在地震一周年之际，会有一些真正的大稿子出来，会有一些能够触及人心的报道——他的初衷无疑是好的，但很明显，我们仍然没有办法做到。

在一年之前，有人说，地震会是中国新闻报道事业再出发的契机。但我们却发现，一年之后，如果只有一边倒和一个口径的声音，我们仍然无法说，这是我们想做的新闻。

（作者系21世纪经济报道北京特稿部主任）

本期焦点「灾难周年报道」

本期焦点「灾难周年报道」

温情与责任
——汶川地震周年报道的三个亮点

□范以锦 陈晨 李惠媛

范以锦

"5·12"——传媒和受众永远难忘的不寻常日子。2008年5月12日，四川省汶川县发生了举世震惊的8级强烈地震，政府和媒体快速反应，信息公开透明前所未有，灾难报道模式有了重大突破。如今，随着时间推移，在汶川地震一周年之际，众多媒体重现震区，纷纷开辟专题或专刊，使得沉淀了一年的话题再度沸腾。

一般而言，灾难性事件发生后，随着灾难事件的发展，媒体的报道重点也有所侧重。灾难发生的初期侧重灾难性事件本身、灾难性事件的受害者，后期侧重灾难性事件引发的政府或社会行为。

目前，地震发生已经过去一年，震区已进入灾后重建阶段。一方面，媒体关注灾后重建工作，关注灾民的日常生活和生产活动，目的都是为了疏导灾民的情绪，让震区灾民得到国人更多的关爱，以期更快地走出阴影、增强自信，重建家园。另一方面，作为社会"瞭望者"的媒体，有着警示灾害、反思灾害和监督灾后重建的责任，出于对国家和国民利益的维护，媒体需要探究受灾原因，为重建工作出谋划策，并对建设工作的执行者进行监督与激励。人们总是希望，推动家园重建的同时，也可以为将来应对突如其来的危机提供可资借鉴的经验。

从这两个角度考察媒体在汶川地震周年祭报道中的表现，由于新闻理念的更新、新兴传播技术的发展，媒体在对灾后重建的聚焦中集中体现了对“人”的关注以及对国家利益的维护，使得地震周年祭报道呈现出三个亮点。

跳出“传统宣传”的框框，展现多元的视角和丰富的“人”

在我国，长久以来在传统新闻理念的局限下灾难报道变现出某种固定的宣传模式，集中在以下几个方面：一、聚焦于政府行为的议程设置，报道的重点集中在官员在灾难来临时的表现，忽略了受灾主体和平民视角的平衡呈现；二、淡化灾情，在灾害面前依然坚持“正面宣传”为主，自始至终把抗灾救灾中的典型人物和感人事迹列为报道重点，如实报道灾情的新闻价值却遭到质疑；三、媒体保持远离灾害的“旁观”立场，对于灾情的表述习惯表面化的就事论事，报道因为缺乏现场和细节导致人文关怀缺失，人的价值和尊严难觅。“传统宣传”观念下的这三个灾难报道的特点，使得媒体在灾难中的表现备受指责，灾害中的媒体开放程度也遭到诟病；而灾难新闻的开放性是判断政府信息公开程度的一个有效参照，在一定意义上体现了一个政府对媒体的宽容态度和对受众知情权的理解与尊重。

纵览这次汶川地震周年报道，其报道主体的多元化和新闻视角的多层次带来的“人”的丰富，纠正了传统灾害报道模式的距离性和冰冷感，温情而人性化的新闻操作手法给灾区人

民和关注灾区的国人以精神安慰。

地震周年当天，人民日报、人民网等代表国家最高机关权威的新闻媒体一如既往地关注政府高层的行为和言论，同时站在国家和人民的立场对一年来的震区重建进行回顾，其中人民日报发表长篇通讯《胜利一定属于英雄的中国人民——献给抗震救灾恢复重建一周年》，既展现了党和政府的关怀和凝聚力量，又表现了灾区人民的勇气和坚强，并颂扬了国人在灾难面前表现出来的民族凝聚力和大爱精神，表现出了一个党和国家喉舌的权威媒体坚持正确的舆论导向、弘扬不屈民族精神的政治高度。

与人民日报的高度、权威和庄严相对照的是，新华网在纪念汶川地震周年的专题头条发表《幸福从“吉娜”开始——北川重组家庭集体婚礼见闻》，从家庭这个微观角度展现灾区人民追寻新生活的信心和勇气，这是一个有别于家国宏大叙事的温情视角。与此同时，各市场化程度较高的都市报和商业网站，纷纷从平民化的角度近距离对灾区重建进行梳理，对创建灾区的人进行关注：其中，网易在纪念专题《房子》中用影像的形式记录了 50 名汶川灾民在震后的 8 个月中为建房奔波操劳的过程；信息时报发表《悄然嬗变中的汶川干部观念》、羊城晚报发表《一个灾区志愿者的“原生态”》，分别从灾区官员和民间志愿者两个角度展示重建过程中的喜悦和困惑；南方都市报更是在地震周年那天采用黑色报头，并制作《珍爱——5·12 大地震一周年影像录》专刊，这篇专题将镜头对准 9 个家庭，充满感情地记录了蕴含在 9 个家庭琐屑而平实的生活细节里的爱和勇气。从这些视角多元、层次丰富的报道可以看到，新闻理念的更新让存在于传统灾难报道

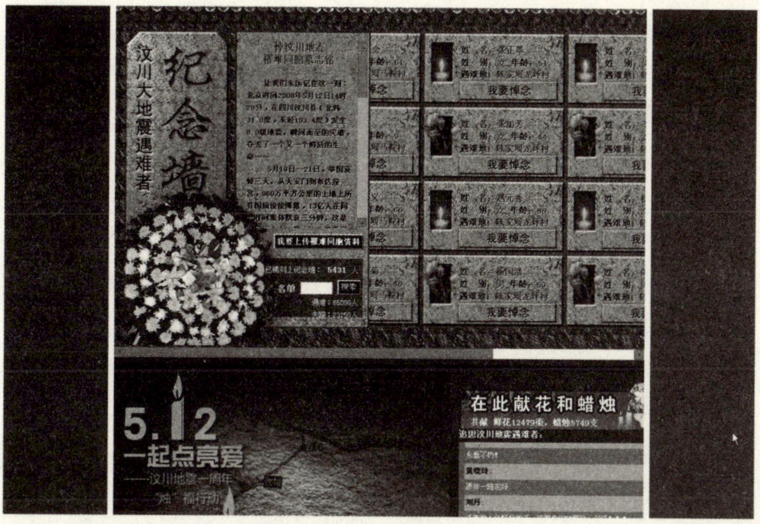

模式中记者和灾区的“距离感”已经消失，记者深入灾区机理的细腻报道在立体展示震区灾后生活的同时，也以其特有的人情味安抚着灾民的情绪，让关心灾区的国人为之动容。

整体的正面激励与深度题材的适度反思相结合，以体现平衡报道

在地震周年祭报道的海量信息中，关于震区的深度报道无疑是其中的亮点。在地震发生后的一年中，重建工作的进度如何、灾区人民的生活有何变化、包括更为深层次的灾民心理、制度建设、地区文化的变异程度都是亟需媒体关注的议题，要回答好这些问题，记者必须出现在新闻的现场，而“在场感”最终又是以文本的形式呈现出来。相对于更多是从外围、宏观的层次上展现事态的消息体裁，蕴含着更多细节和现场的深度报道更加让读者感受到记者“行动”的力量。

和深度报道相联系的两个概念是平衡报道和舆论监督。深度报道犹如摄影机中的微距镜头，可以对灾区生态环境和重建工作的细节进行聚焦放大。新闻报道中的真实通常包括细节真实、整体真实和宏观真实三个方面，而后两个真实往往需要前者的验证，而且，从细微处着手可以更理性从容地讨论问题。因此，深度报道是对灾难报道中惯常的整体报道和正面报道模式的一种补充，也更容易对灾害发生的原因进行反思、对重建工作进行监督。在以往的经验中，周年祭报道容易做成展示重建成果和英模人物的表彰会，虽然这是展示重建成果理所应当报道的一部分，但是出于平衡报道和全面呈现的需要，对防止灾难的经验总结和对抗震救灾中出现的问题的质疑和讨论也很有必要，以防止纪念报道被单一的正面报道和先进典型介绍所淹没。在这次地震周年祭中，深度报道没有缺失。

以南方都市报推出的“震・变”大地震一周年纪念系列报道为例，从不同层面、不同领域、不同角度，对灾区和灾区以外的诸多变化，进行全方位的记录与梳理。《北川地震遗址游的人性镜照》、《超防震学校如何建成》、《农房重建一种：村民互助“协力造屋”》、《青川移民：回流故乡冒险重建》、《再怀孕的母亲们》、《百名学生北京复学之路》、《挂职干部：改变与被改变的一年》、《汶川重建：在资源紧缺中奋战》，在这些报道中，既有对灾区重建和灾民的关注，也有监督和制度上的反思，多元的视角，“人”和“事”两者兼顾，使得信息层次非常丰富。

5月12日地震周年当天，南方都市报更是以大手笔推出厚达40版的

纪念专刊《凝视陈家坝——北川一个重灾乡镇的震后生长全纪录》，以重灾区北川的一个乡镇为切片，通过对生长于斯的多个灾民的生活状态的描述，展示了一个乡镇历尽劫波之后顽强重生的过程。这样一个以小见大的视角无疑能够给看惯了对灾区宏观描写的观众以更细微、更强烈的体验。新京报的记者们跟四川红十字会志愿者一起，在扎扎实实地做问卷，围绕着住处重建、校舍质量、就业出路、心理问题、丧子再孕、艰难养老、旅游服务、政府职能残缺、灾情预测等 11 个话题，在 5 月 12 日推出了《问川——5·12 地震周年灾区重建调查报告》描绘了一个相互关联的灾区重生网络。此外，记者的行动能力和思考能力在此中得到了很好的体现，而由此产生了强烈的反思和监督力量。此外，南方周末已于 5 月 7 日发表了《活着——震后重建调研报告》的纪念专题，既抢得先机，也彰显反思之力。在纪念地震的报道中，深度报道并未多见，出于日报的深度报道更是可贵。深度报道凝聚着媒体的监督和问责力量，也凝聚着媒体的情怀和担当。在纪念地震的报道中，一次全面而真实的展现必须相辅相成，大量的正面、整体的激励报道和适度的具有反思力量的深度报道形成了良性的互补，而一个平衡的媒体更有力量。由于各种原因，不可能过度地放开“反思”，但能够适度的“反思”已经是一个很大的进步。

新传播手段的交互和人性化，使人文关怀得以实现

新兴媒体在地震周年报道中运用文字、图片、声音、视频等多种文本

立体传播信息，为网民即时提供了灾区重建工作的进展情况，充分发挥网络媒体内容聚合的优势，将不同内容进行快速地整合以及呈现。如新浪网纪念5·12地震一周年特别报道中，与四川电视台、新京报等媒体合作，推出了“灾区重访进行时”专题（包括希望之旅、复苏之旅、爱心之旅、见证之旅）和“那些人那些事”专题（包括志愿者力量、少年希望、四川群像、震后新生、博友亲历），使得网民可以从不同角度了解地震发生至今的各种情况，同时又能够突出自身互动性和原创的特点。

除了发扬其整合信息内容聚合的优势，新媒体还展现其自身特有的信息传播力，即介入社会的深度和实效。通过在虚拟空间和现实层面上组织多种形式的纪念活动，新媒体充当了社会情绪的输送渠道和社会力量的集结平台。此时，媒体的责任已不只限于传播信息的责任，更通过主动的互动来疏导灾难带来的压抑情绪，给社会进行“按摩”。如果说灾难报道的最高价值在于对灾难中受到伤害的人的抚慰，对关心灾区的人凝聚爱心，唤起行动的话，那么新技术的发展无疑使得这种人文关怀能在更人性和更交互的环境中得到实现。

地震一周年，新浪网设置四川大地震网上纪念馆，网友可以在其中留言献诗、献花上香，也可以撰文以悼念逝者；新浪网还组织圆梦绿丝带活动，征集并实现512个孩子的梦想。奥一网在网上设置了汶川大地震遇难者纪念墙，号召网友上传罹难同胞资料，包括姓名、性别、年龄和遇难地等个人信息，网友可以为罹难同胞撰写墓志铭进行悼念。迄今为止已有5431人的名字镌刻在网上纪念墙上，这既为遇难者保存了一份难能可贵的震亡名单，也是民间集体记忆和寄托哀思的有效形式。联想到地震刚发生之时各大媒体的倡议和组织捐款、捐物行为，坐而言并起而行，媒体在新技术的引领下产生的组织能力已经能够在现实层面产生更具体、更强大的影响力。

（作者范以锦系暨南大学新闻与传播学院院长、博导；陈晨、李惠媛系该院研究生）

让“人”字隐约成型

□钱钢

钱钢

著名报告文学作家及记者，《唐山大地震》一书作者，曾任《南方周末》常务副主编。现为香港大学新闻及传媒研究中心中国传媒研究计划主任。

在四川大地震发生的时候，我最急切的愿望是借媒体一角，说出32年前参加唐山抗震和后来长时间采访研究积累的可用心得。我首先选择了南方都市报和“财经网”、“中国选举与治理网”。地震发生半年后，南都又邀我到岭南公众讲坛，并刊出演讲稿《汶川地震与地震预警初探》。

南都是这样的一个制高点：在激荡的社会转型岁月，在重大公共事件发生之时，在公众的权利蒙受侵害、同胞的生命陷于险境的危机关口，它具有清醒的头脑和开阔的视野，具有强烈的责任心和广泛的影响力。

一年前，南都用地震报道和评论证明了自己。一年后，他们用以证明自己的，是对灾难报道极其严肃甚或苛刻的“复盘”。阅读此书，让我想起担任军事记者时读过的战役史——那种鲜血换来的感悟。

本书字里行间，浸着深深爱意。南都尊重她的将士慷慨出征的每一段经历（有的甚至用小时和分钟计算），尊重他们的无畏、智慧、功绩，也尊重他们的困惑、失算、痛楚和无奈。正是依凭这些最为宝贵的亲历资料，本书对灾难报道理念和实战策略的梳理，有特殊的质地和分量。

阅读《巨灾时代的媒体操作——南方都市报汶川地震报道全纪录》，令我想起百年前《大公报》创始人英敛之的名言：“傲骨虚心真力量，热肠冷眼大慈悲”。这本书让我看到谦卑，看到以专业主义精神直面自身的力量。

中国媒体如何在这次经验中走向成熟？本书有此一问。请允我呼应南都的自我逼视，发表片段感言。

判断媒体优劣，首要的观察，是其对“人”的态度。巨灾中释放的人性关怀，实为传媒之魂。唐山地震的年代，被意识形态所驱使而目中无“人”的中国传媒，充斥着为政治所用的假话和空言——那众口一词的恩情叩谢和主义颂扬。三十多年来，包括传媒人在内的亿万中国人，在坚硬的崖石上，千锤万凿，让巨大的“人”字隐约成型。这个过程远未完结。21 世纪，我们仍然在为争取“说人话”而奋斗。竭力冲刺，其实只为抵达传媒的底线。

我们脚底的现实就是如此。荒诞岁月已经在我们身后，理想之境还在遥远的前方。传媒要努力成为的，是公众安全的瞭望哨，社会冲突的减压阀，公共事务的行动者；是万千真相的锐利探针，海纳百川的意见平台。它监督公共政策的制定和行使，自身亦时刻接受社会的严格监督。

我们选择了这条路，对它的崎岖坎坷就须有充分的精神准备。走向成熟的中国传媒，在今天特别需要压不垮击不倒的韧性。我们深知信息封锁如何遮蔽真相扼杀众议，我们还应看清，种种荒谬的规行矩步，对我们自己的心态会造成怎样的扭曲。我特别想说，重压带来的焦虑愤懑以致反弹，会把我们抛向边缘，剑走偏锋，动作变形。

例如对所谓“正面、负面”的观念。逼视黑暗的“冷眼”，护念苍生的“热肠”，原本浑然一体；对谬误的批评、对悬疑的探究、对丑类的鞭笞，和对正确的首肯、对美好的赞扬、对高尚的尊敬，岂可剥离？最好的报纸，最优秀的媒体，必有大慈悲心。生命至上，乃一切舆论监督（包括“调查报道”、“揭露性报道”、“反思性言论”）的出发点，也是救灾信息传递、媒体行动参与、激励士气的言论、自救互爱的生命故事等灾难报道的要素性构件不可或缺的根本原因。然而，“控负”的恶果是，一些朋友逆反地“厌正”——不仅厌恶“把坏事变好事”的“正”，也对读者公认的真、善、美意兴阑珊。不少朋友怀疑，在监督和批评不自由的状况之下，赞扬有什么价值？还有朋友对报道这次地震中的人性故事不以为然，说在震区有人“吓傻了”，有人被“感动傻了”。

这众醉我醒的意见，会不会成为另一种束缚？自由是目标，更是过程，撑开空间的博弈每天都在发生。在距理想甚远的现实下，有时某些正面报道也是冲破罗网的努力（例如对震区一些“不倒校舍”的报道——事实上这些报道也遭批评）。既然没有笔直的大道，为什么鄙夷曲折迂回？媒体领导者常说，为了生存，我们要注意正负均衡。而我认为，在本质上，这不只是生存策略。在这片人性和人道主义曾遭受严重摧残，公民组织、民间伦理、宗教自由都还有待发育的土地上，传媒在任何时候都不应轻视“大爱”。

我愿对朋友们说出隐忧。请警觉我们与读者可能的疏离。一家大型媒体（而不是独个的思想者、写作者），戒峻奇陡峭，置身高寒。也请警觉我们和同行可能的疏离。今日中国传媒的理想主义者们,奋战在不同的平台上，无分体制内外，无分旧媒新媒。四川地震后我观察了各种媒体的报道，看到那些距离控制中心更近的朋友，依然把握契机，做出一些令人击节的报道（例如中央电视台的系列特别节目《铭记》）。或许我们比他们遭遇的困难更大，经受的磨难更多，可这绝不是傲视友邻的理由。我十分赞赏本书的态度，为了汲取灾难报道实战经验，编著者向不同媒体虚心求教。这样的南都，深藏着爆发力。

我还想说，请呵护我们的命运共同体，珍视我们的团队力量。我眼中的优秀媒体，如本书所示，应有高度的组织化水准，强大的合力。这在今日也并不容易。这是一个个人主义被正名的时代，追求自由的媒体，必尊重个体的自由。然而，自由人的聚合，先天脆弱。在艰难拓宽舆论空间的道路上，有强烈自我意识的传媒人如何与团队默契，如何体谅领军者，这个难题，在日渐凸显。

如果表达个人的偏爱，我心目中成熟的大众媒体，当自然、平易，有常人之心，少虚骄之气；抱定“主义”，却永不轻视“问题”，不鄙视策略研究、技术提升和知识储备；她不惟权力和资本的马首是瞻，也不视自己的职业利益和荣耀高于一切。她是真正的社会公器，对公众负责任，对未来有承担。

本书让人看到一个坚实有力的南方都市报。经历了“08 中国”包括四川地震在内的各种重大事件，是时候，沉淀我们的感受，调整我们的心境，鼓壮我们的士气，在已然开始的历史大转折中肩起更重使命——以你们的勇，你们的智，你们的仁。

（此文系作者为《巨灾时代的媒体操作——南方都市报汶川地震报道全纪录》一书所作的序，标题为编者所加）

反思是最好的怀念

——纽约时报卡特里娜飓风灾难周年报道分析

□王辰瑶 史艳菊

王辰瑶

2005年8月29日，“卡特里娜”飓风以每小时233公里的风速在美国墨西哥湾沿岸新奥尔良外海岸登陆。1800多个生灵魂归天国，数百万人流离失所，曾经的爵士乐之都和渡假圣地瞬间变成人间地狱。一年后的8月29日，新奥尔良人纷纷默哀祷告，纪念这一人间惨剧带来的伤逝与悲痛。而在卡特里娜飓风灾难周年纪念之时，作为社会守望者的新闻媒体又该做些什么呢?

本文分析了《纽约时报》2006年8月22日—9月6日，也即卡特里娜飓风灾难周年纪念日前后各一周的相关报道，发现《纽约时报》在进行飓风灾难周年报道时并未将笔墨放在回忆、凭吊和哀伤上，而是用大量的精力和令人信服的事例反思了社会各方对灾难事件的善后、应对和准备。这些冷静甚至不乏冷峻的报道，体现的不仅是一种报道策略，更是一种以反思作为重大灾难事件最好纪念的报道理念。

一、以反思为主的报道基调

从8月22日-9月6日这半个月的时间里，《纽约时报》共刊登了以“卡特里娜”飓风为中心事件的稿件61篇。其中，8月27日-8月30日是纪念报道的高峰，仅这四天的报道量就达32篇。这些报道中有对布什政府救灾不利的问责、有对普通民众的来信选登、有对整个地区灾后发展出路的探寻，也有对一场纪念演出的报道。可以说内容丰富、翔实，呈现出立体化、多角度的报道模式。但这些报道的一个总体基调是 充满了浓厚的反思情结。

从体裁上看，在《纽约时报》的这62篇报道中，消息有21篇，评论有17篇，而特写有23篇。如图一。对于以信息传递为主要功能的新闻媒体来说，《纽约时报》的飓风灾难周年报道中消息、评论和特写所占的比重是值得关注的。因为这意味着《纽约时报》对卡特里娜飓风灾难的周年纪念并不是单纯地报道各种纪念活动，而是把相当多的力量放在评论剖析和深度解读上，这首先就在报道的体裁上留下了思考、追问和解析的空间。

图一：飓风灾难纪念报道的体裁

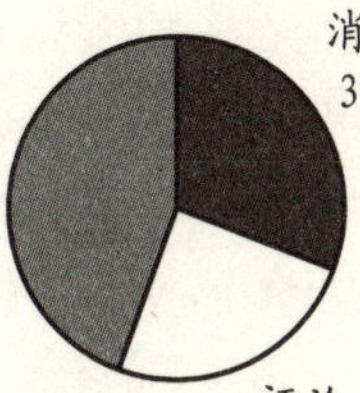

而从内容上看，《纽约时报》的飓风灾难周年纪念报道清晰地呈现出几个板块，分别是：灾区状况、行动力量、灾难影响和纪念活动。其比重分配如图二：

图二：飓风灾难纪念报道的内容

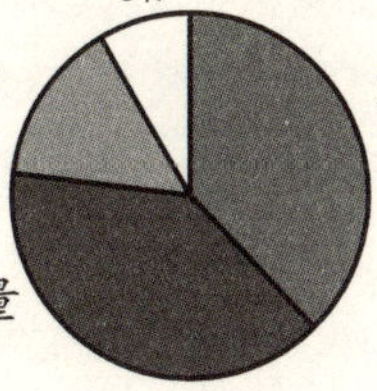

不难看出，探访灾区的状况和为改变这一状况的行动力量是《纽约时报》飓风灾难周年纪念报道的最主要内容，而这也构成了此次报道中最主要的反思逻辑：灾区处境困难，而行动力量迟缓，这种状况既让人担忧，也引人深思。

介绍灾区状况的23篇报道，全方位地展示了灾区人民的生活情景，内容包括灾区企业发展的困境、灾民的移居问题、灾后城市环境问题、灾后城市的重建、对公共设施的影响等等。绝大多数报道都重点展示了灾区生活的困难和重建工作的缓慢，这在提醒读者不要忘记灾区民众的同时，也留下了一个显而易见的问题：卡特里娜飓风灾难过去一年了，灾民生活依然困难重重，国家和社会为什么没有给他们提供足够的帮助？例如，8月29日纪念日当天的一篇特写，展示了几幅飓风带给当地巨大破坏的照片，并发出了这样的拷问：我们的政府在哪里？在介绍灾区生活的报道中，也有一些能让人看到希望、信心和力量。例如，8月23日的一篇特写《带着勇气和恒心，一个新奥尔良家园的重生》，描绘了一家人如何在灾后靠自己的双手重建房屋。但在让人看到灾民勇气的同时，这篇报道同样也让人看到了灾民对政府的失望：他们在采访中说，既不在乎市长是谁，也不在乎总统是谁，因为他们都提供不了实际的帮助。

《纽约时报》对灾区现状的反思，已经把矛头指向了政府的不作为，而在直接关注社会行动力量的报道中，《纽约时报》更是表达了一种犀利的问责态度。要改变灾区的状况，最重要的行动力量就是政府。然而，从灾难发生到灾后重建的这一年时间里，政府的行动让人大失所望。《纽约时报》毫不留情地对时任总统的布什和在他领导下的联邦政府进行了猛烈的批评。在报道社会行动力量的24篇文章中，有8篇专门介绍了布什总统及联邦政府对此次灾难的善后行动和处置措施，而这8篇无一例外都是批评性的。这些文章不断回放布什在灾难发生时迟缓和无力的表现，即便在报道布什重访新奥尔良并承诺将对重建工作负全责时，《纽约时报》也不忘根据布什政府这一年的表现，用大量的数据和事实，指出这不过是一个“破碎的承诺”(Broken Promises)。《纽约时报》对布什政府的穷追猛打，不仅是出于对政府无所作为的失望，例如报道中提到尽管国会给住房和城市发展部拨了170亿美元的援助资金，但直到卡特里娜飓风灾难过后的一年，政府在修复灾民住房方面才花出了1亿美元。更主要的是，《纽约时报》的批评直指美国政府的内政和外交政策，认为这才是导致卡特里娜飓风灾难救援和善后不力的根本原因。例如，评论《破碎的承诺》一文指出，布什政府把大笔的钱花在了伊拉克事务上，导致对飓风受灾地区的援助资金迟迟无法到位，延误了重建进程，也致使民众对政府失去信心。而特写报道《尽管按部就班，但救灾规划仍多有缺陷》指出，尽管救灾活动在按步骤进行，但机构体制内部的原因，人员不到位，办事疲沓，导致整个援助活动进展不力。可见，《纽约时报》不仅是在批评政府，同时也引发读者对表象的深

The Times

'We're hurting'

NEW ORLEANS EVACUATION PICKS UP STEAM

HELP COMES TOO LATE FOR MANY

入思考。

政府的表现不仅让灾区民众不满，而且也已经引发了全体国民的担忧。在分析报道灾难影响的 9 篇文章中，《纽约时报》主要关注的是此次飓风灾难对企业尤其是保险业的影响和对美国国民信心的影响。此外，由于这一报道时段涉及到卡特里娜飓风的周年纪念日，所以另有 5 篇文章直接谈到此次的纪念活动。值得一提的是，在报道纪念活动时，《纽约时报》也不忘反思的基调，如一篇评论指出，卡特里娜飓风的周年纪念已经演变成了民主党和共和党人相互攻伐的一个巨大的政治话题，而无家可归的孩子们只能住在小拖车里，并没有人给他们提供实际的帮助。

二、用专业手法进行反思

The New York Times

HOUSING COMPLEX OF 110 BUILDINGS FOR SALE IN CITY

Census Reports Slight Increase In '05 Incomes

BUSH, RETURNING TO NEW ORLEANS, REPEATS AID VOW

Women Suddenly Scarce Among Justices' Clerks

Broadcast Chief Misused Office, Inquiry Reports

In One Chechen's Humiliation, Questions About Rule of Law

正如上文分析的，《纽约时报》在卡特里娜飓风灾难的纪念报道中，无论从体裁还是内容上，都体现了强烈的反思意识。但这并不意味着要用煽情和谩骂来发泄不满。相反，《纽约时报》的反思报道不仅有力，而且有理，充分体现了一个主流媒体的专业精神。

首先，《纽约时报》的反思是建立在对灾区状况全面展示的基础之上的。卡特里娜飓风对灾区的破坏巨大，新奥尔良市 80% 被飓风引来的洪水淹没，数百万人无家可归，整个城市陷入了完全瘫痪的状态。要在这样一片废墟上重建家园，难度无疑很大。因此，《纽约时报》并未仅仅根据一两个悲情故事就得出了灾区重建缓慢，政府救援不力的结论，而是有点有面、有故事也有数字，多角度全方位地展示了灾区的现状。比如，8 月 25 日的一篇特写报道《新奥尔良的双重忧虑：倒闭的商店和褪色的魅力》首先讲述了一个出售路易斯安娜州特产辣椒酱和胡椒粉的商店在飓风灾难后，销售锐减不得不关门的故事。而记者接下来告诉读者，像这样在灾后得不到保险赔付和政府援助的小商店大量存在。新奥尔良的一个商业特色就是小店林立，超过 95% 的商业企业雇员在 100 人以下。但小型商店和企业抗拒风险的能力又是最弱的，得不到援助的小店在大量地倒闭，因此文章提出了这样的担忧：随着大部分传统小店的关门，新奥尔良的商业魅力也将不复存在。而同日的另一篇报道《飓风已过一年，经济依然异常》更可说是一个典型的精确新闻，记者在报道中运用了大量的统计数据和图表，显示新奥尔良市灾后一年来各项经济指标的变化，无可争辩地说明了新奥尔良失业严重、商业萎缩、公共服务瘫痪的事实。

其次，《纽约时报》的反思是按职论责的，并不是一棍子都打死。《纽约时报》的批评火力基本集中在布什总统和联邦政府身上，这不仅因为布什政府在此次飓风灾难后的表现确实让人失望，更重要的是作为国家力量的调动者，布什政府对灾难救援理应承担最大的责任，既然是职责所系，而又没能尽职尽责，受到猛烈的批评抨击自然是理所当然的。而对其他一些社会援助力量，尤其是民众自发的援助，《纽约时报》的报道则充满了暖色调。此外，即便是问责政府，《纽约时报》也不是不分青红皂白地炮轰一切，对于一些具体执行部门取得的进展，《纽约时报》总是及时向民众告知。比如，《纽约时报》非常关注的一个领域是科研部门灾害预防工作的进展。8 月 28 日的一篇长文就详细介绍了一个名为“强壮天使”的灾害应对实验的进展状况，该实验旨在模拟在突发灾难后通讯完全中断的情况下如何恢复社会网络的运作，以防止下次飓风来袭时应急系统不能及时作出反应。可见，《纽约时报》的宗旨并不是一味地和政府唱反调，而是根据现代社会各个组成部分应履行的职责和义务，相应地做出评价。

第三，《纽约时报》的反思也是理性的，注重传达不同声音，努力寻求社会共识。比如，在许多政治家和评论家都在撰文批评布什政府的时候，《纽约时报》刊登了一组读者来信，并取名为《我们看到的是个半空杯子吗？》。在这七封读者来信中，有人看到的是“半个空杯”，表达了对领导人的失望和悲观情绪；也有人看到了“半杯水”，认为国家前景依然乐观，只是一小部分人缺乏耐心和坚持的意愿。可以说，在普遍的指责声中，《纽约时报》是有意识地选登了那些能看到“半杯水”的评论，这不仅是新闻媒体为了显示平衡中立的专业主义做法，它同时也为反思和批评提供了理性、冷静的氛围。只有在不同声部构成的社会舆论场中，人们才有可能通过理性的思考，达成社会的共识，否则就易流于狂热或偏激。

The New York Times

A New Orleans Home Is Reborn, With Grit and Persistence

Relief Agencies Find Hezbollah Hard to Avoid

IRAN WON'T GIVE PROMISE TO END URANIUM EFFORT

In College Football, Big Paydays for Humiliation

Clinton Rival Tries to Make Most of Liberal Anger

Nation Faltering, Afghans' Leader Draws Criticism

最后,《纽约时报》的反思报道还严格遵守了新闻职业的伦理规范。在报道灾难事件时，灾民身上的悲惨故事是最容易打动读者，获取眼泪和同情的。但是这种煽情的报道同时也会带来巨大的伦理风险：灾民一次次对媒体的讲述，无异又是一次次的心灵折磨。因此,《纽约时报》在进行卡特里娜飓风灾难周年纪念报道时，尽量避免直接让灾民回忆灾难发生时的惨景以及此后的痛苦生活，而是采用其他方法来进行观察。例如，8月30日刊登的一篇特写《为了浓云密布而兴奋》，介绍的是一位专门拍摄暴风雨的摄影师，并通过他的经历和所拍摄的照片，让读者又一次回忆了卡特里娜飓风来袭时的可怕瞬间。再比如，9月3日刊登的一篇特稿《灾害到底怎么样，骑车看新奥尔良》，则是通过一位评论观察员骑着自行车探访新奥尔良市曾被洪水淹没的街区，揭示了这些曾经繁华的地方现在的荒芜、凄凉和没落。这样的叙述视角，既让读者看到了真相，也避免了对灾区民众的情感伤害，体现出《纽约时报》经验的老道和对新闻职业伦理的严谨态度。

三、作为一种新闻理念的反思意识

《纽约时报》对卡特里娜飓风灾难的周年报道充满反思和批评之声，这不仅是因为政府的所作所为与人们的预期太远。事实上，在每一次重大灾难之后，《纽约时报》等一批权威媒体都会发出反思和批评的声音。如《纽约时报》获得 2002 年普利策公共服务贡献大奖的系列报道《面临挑战的国家》，一方面报道了许多遇难者的人生故事，充满悲伤和缅怀的意味，另一方面也联系了美国对阿富汗的战事和全球外交政策，从多个方面分析此一悲剧事件的来龙去脉，其中不乏对政府强硬措施的反思。可见，在灾难性事件之后进行反思，并非是一种偶然的做法，而是深深印刻在主流媒体之中的一种新闻理念。

在灾难之后进行反思，可以说是新闻媒体的职责使然。在现代社会中，新闻媒体扮演的是瞭望者的角色。用普利策那段脍炙人口的话说就是，“倘若一个国家是一条航行在大海上的船，新闻记者就是船头的瞭望者，他要在一望无际的海面上观察一切，审视海上的不测风云和浅滩暗礁，及时发出警报”。在普利策的这个富有诗意的比喻中，现代社会处在一个危机四伏的环境中，而船头的瞭望者要有能力辨别环境中的危险并能提前预警。这就是社会现实对新闻工作者的要求和挑战。对于每一次灾难性事件，人们都衷心期望这是最后一次，但事与愿违，灾难频仍的现实提醒人们，必须随时为下一次灾难做好准备。而对已经发生的灾难事件进行充分的反思、分析和总结，就是在积累判断下一场经验的能力和应对下一场灾难的经验。一个最好的例子是：SARS 危机

SUNDAY
Los Angeles Times
SUNDAY, SEPTEMBER 4, 2005
WILLIAM H. REHNQUIST: 1924-2005
Bush Sends More Troops; Thousands Still Stranded
Chief Justice, 80, Led Court on a Conservative Path
Despite Warnings, Washington Failed to Fund Levee Projects
How Kadafi Went From Foe to Ally

The New York Times
CHIEF JUSTICE REHNQUIST DIES AT 80
Forged Conservative Imprint — Leaves 2nd Vacancy
Bush Pledges More Troops as the Evacuation Grows
Police Quitting, Overwhelmed by Chaos
Guard Patrols New Orleans After Days of Despair
As Anxiety Over Response Grows, Bush Tries to Quell Political Crisis
A Safe but Restless Refuge in Houston

过去才刚刚 6 年，一场新的传染性疾病——甲型流感又在全球肆虐。这一次，中国的信息沟通体系表现出前所未有的高效、公开和预防意识，而这一进步正是建立在对 SARS 危机前期信息沟通滞缓教训的深刻反思之上。也正因如此，《纽约时报》在进行卡特里娜飓风灾难周年纪念报道的时候，才会把主要的精力放在灾难救援工作的漏洞和缺陷上。犀利的批评，正是这份严肃媒体的社会责任意识的体现。

此外，在灾难的纪念报道中贯穿以反思的基调，也反映了新闻媒体深切的人文关怀精神。在灾难刚发生的时候，人们更需要的是信息的传达、对悲痛情绪的抒发以及强有力的社会动员，因此这一阶段的灾难报道应把迅速报道事实变动、缅怀灾难受害者、确保全社会行动力量的有效沟通等作为媒体人文关怀的重点。而当灾难中最危急的关头已经渡过，社会情绪逐渐平复的时候，媒体对灾难的起因与预警、应对与善后、现状与重建等一系列问题的理性关照，对庞大社会行动体系中疏漏与缺陷的批评——绝非是有些人所认为的“添乱”，而是媒体的另一种人文关怀。正如《纽约时报》在卡特里娜飓风灾难周年报道中所做的，对灾民生活困境的全方位展示、对政府重建行动的严厉批评，都是在提醒人们，不要忘记灾区民众依然生活困窘，而社会并没有给他们足够的帮助。《纽约时报》的一篇评论甚至认为，根本就不应该“纪念”灾难，因

The New York Times

U.S. ATTACKED

HIJACKED JETS DESTROY TWIN TOWERS AND HIT PENTAGON IN DAY OF TERROR

A CREEPING HORROR

Buildings Burn and Fall as Onlookers Search for Elusive Safety

President Vows to Exact Punishment for 'Evil'

A Somber Bush Says Terrorism Cannot Prevail

Awaiting the Aftershocks

MORE ON THE ATTACKS

为这场灾难还远没有过去。如果把《纽约时报》纪念卡特里娜飓风灾难一周年的报道和纪念印度洋海啸的周年报道相比较的话，就会发现《纽约时报》对发生在自己国度的灾难事件的反思力度远比发生在其他国家的大。这事实上也说明，反思报道严厉、冷峻的笔触背后，流露的恰是对休戚与共的民众、对身处的社会，一种深切的关怀。

当然，《纽约时报》对卡特里娜飓风灾难的反思报道也并非没有可指谪之处。比如，它对布什政府的猛烈批评，有些把这一报道转为政治话题的嫌疑，而对灾难应对中其他社会力量的报道则明显不足。但总体上瑕不掩瑜，《纽约时报》的卡特里娜飓风周年报道还是较出色地履行了媒体的社会责任，体现了报纸的专业精神。用冷静的反思来纪念重大灾难事件的做法，既反映了《纽约时报》对卡特里娜飓风受灾地区和援助情况的长期关注，也是它们贯穿在灾难纪念报道的一种新闻理念。

灾难之后，不忘现实，反思现实。这恐怕是告慰遇难者的最好的方法，也是预防下一次灾难的最好的准备。从这个意义上说，反思是最好的怀念，也是最好的瞭望。

（作者王辰瑶系北京大学新闻与传播学院讲师，博士；史艳菊为该院研究生）

新闻专业主义理念的凸显与意义
——地震周年报道华尔街日报和国内部分主流媒体对比

□陈端

陈端

“那是自然伟力的一次扭曲的释放，短短数天里，数万个生命悲伤地凋谢……”有媒体在回顾汶川地震一周年的纪念文章中，开篇如是回顾。汶川地震一周年，注定是沉重与喧嚣并存。自那场山崩地裂的天难发生以来，“汶川”就一直成为媒体角力的主场之一。如果说地震初发时，整个情景如《南方周末》短短几句话所概括的“泪眼之间，良知复苏；废墟之上，人性挺立”，媒体的报道集中于救援、安置、募捐过程中政府的作用和人性的光辉上，短时间内尚未大幅超脱出传统灾难性新闻报道的窠臼；那么一周年后，媒体从各个角度所做的追问与反思则在见证我们社会文明与进步的同时，更折射出媒体自身在这场灾难性事故中的成长与成熟。

地震初发时政府在信息发布上空前透明给了这场震灾报道很好的开端，而在周年回顾性报道中，新闻专业主义理念在操作中的凸显则成为另一道亮丽风景。下文以《华尔街日报》的相关报道为主要参照系，对国内外媒体就汶川地震一周年这一事件秉持新闻专业主义理念所做的报道策划进行对比分析。

一、华尔街日报汶川地震一周年报道回顾

2007年,《华尔街日报》以《发展中的陷阱》为主题对中国经济快速增

长所伴生的种种问题所做的报道为这家百年大报首次赢得了公共服务领域的普利策奖。作为美国四大主流报纸之一，其长期秉持的新闻专业主义理念对报业同仁的新闻操作影响至深，而它对中国问题的关注视角与报道手法，或许也同样对我们国内媒体有借鉴意义。

目前这家世界级媒体有多篇文章对地震一周年进行了报道，其中3篇是关于学生死亡数字公布和校舍质量的，除了对数字公布时间的延迟和数据的准确性提出质疑外，延续了此前该报一直以来持续追问的话题：学生死亡人数与校舍建筑质量之间的关系。文章巧妙运用了写作技术手法，用大量遇难儿童家长的话说明，孩子是因为教学楼质量差的问题，而造成了大量伤亡，认为学校在建设过程中有腐败问题。《中国公布四川地震遇难学生人数》的作者之一 Shai Oster 曾是2007年华尔街日报中国报道5人小组成员之一。在汶川地震相关报道中，冷静追问的风格几乎是一脉相承。

另有一篇特写《四川地震周年 灾民生计尤艰》和一篇记者手记《废墟中的伤·逝·希望》。前者撷取典型个案，对地震一周年后灾区民众的生

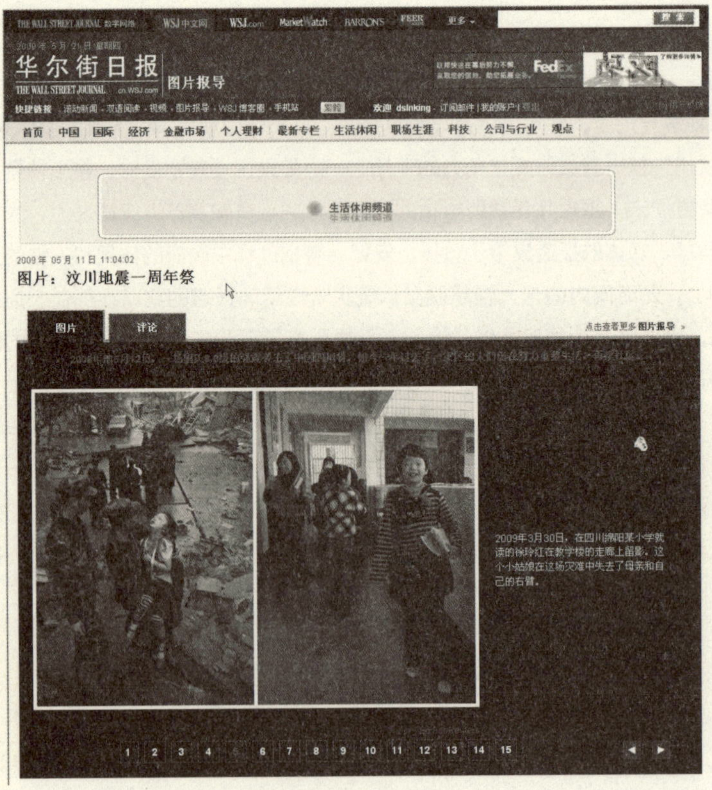

活做了一个轮廓式的扫描，叙事风格是典型的华尔街体：从在灾区中失去儿子现在卖肉为生的王成开始，逐步延伸到整个灾区的经济发展现状和灾民生活状况——“政府预计，大规模的重建将耗资人民币 1.7 万亿元（约 2,500 亿美元）。截至 5 月初，四川已经重建了逾 100 万所农村房屋……在道路、桥梁、公共建筑和其他项目上的开支正在推动经济增长。成都的国民生产总值（GDP）第一季度较上年同期增长 12.3%，比全国整体增长速度高出一倍以上……”通篇行文风格冷静客观，以细节性的素描为主，尽量避免记者的主观姿态与评论性话语，只是一些细节会发人深思，例如“在通往映秀镇的公路上，两位妇女摆起了出售纪念品的小推车，包括嵌在塑料方块里的瓦砾碎片，还有用照片做成的拼贴画。”

记者手记《废墟中的伤 · 逝 · 希望》则采用一种介入式的手法，以第一人称开端：“去年 5 月我出发去报道四川大地震的时候，我并不知道自己的人生会和地震遇难者家人的人生产生一种奇异的相似性：失去的希望，努力寻找一个可以释放悲痛的空间。”因为这位 36 岁的女记者在震灾发生后不到 3 个月时间里失去了期盼了 7 年、好不容易怀上的孩子，这让她更能体味到震灾中失去孩子父母们心头的伤悲；与此同时，这个在震灾后就一直追踪进行相关报道的记者，把她个人的际遇、过去一年中参与相关报道时的感受与见闻穿插进震灾一年后的采访手记之中与现状进行对比铺叙，这种双线并行、前后类比与对比的表现手法，使文章即使在冷静文字叙述背后想要表达的主题更富感染力。

二、华尔街日报汶川地震报道特点

作为一家以财经报道为主的报纸，华尔街日报并没有把汶川地震作为其选题和报道的重点，但汶川地震作为举世瞩目的一个重大新闻事件，显然是任何主流媒体都无法回避和忽略的。无论是灾难初发之际，抑或一周年祭奠之时，该报都派出记者奔赴灾区做出了第一手报道，并且在追踪报道过程中呈现出自己惯有的一些特色：

1. 震灾报道中的经济视角。

震灾发生的第二天，华尔街日报即以敏锐的触觉率先作出了《中国交易所：66 家四川和重庆上市公司股票停牌》的报道，随后包括《四川面临震后就业危机》、《中国发改委：将采取措施保证地震灾区重建过程中的物价稳定》、《中国财政部：2009 年将拨款人民币 200 亿元用于地震灾区恢复重建》、《中国将允许地震灾区借款人延期偿还银行贷款》等多篇报道，篇幅都不是很长，但在报道选题上多是从经济视角切入。

2. 冷静叙述，用数字说话，追求科学依据。

震灾发生后国内媒体大多侧重于赈灾救援行动和地震中感人事件报道、悲情煽情色彩浓厚不同，华尔街日报自一开始对汶川赈灾的报道秉持的就是一种置身事外的冷静姿态，注重科学话语与数字的力量，例如《汶川大

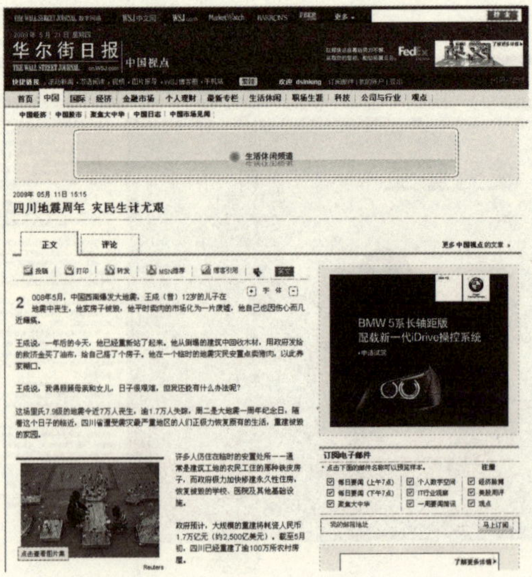
华尔街日报
中国视点

2009年 05月 11日 15:15

四川地震周年 灾民生计尤艰

2008年5月，中国西南爆发大地震，王成（音）12岁的儿子在地震中丧生，他家房子被毁，他平时卖肉的市场化为一片废墟，他自己也因伤心而几近崩溃。

王成说，一年后的今天，他已经重新站了起来。他从倒塌的建筑中回收木材，用政府发给的救济金买了油布，给自己搭了个房子。他在一个临时的地震灾民安置点卖猪肉，以此养家糊口。

王成说，我得照顾母亲和女儿，日子很艰难，但我还能有什么办法呢？

这场里氏7.9级的地震令近7万人丧生，逾1.7万人失踪，周二是大地震一周年纪念日，随着这个日子的临近，四川省遭受震灾最严重地区的人们正极力恢复原有的生活，重建被毁的家园。

许多人仍住在临时的安置处所——通常是建筑工地的农民工住的那种铁皮房子，而政府极力加快修建永久性住房，恢复被毁的学校、医院及其他基础设施。

政府预计，大规模的重建将耗资人民币1.7万亿元（约2,500亿美元）。截至5月初，四川已经重建了逾100万所农村房屋。

地震成因探寻》、《科学家认为四川地震与震区水库有关》等报道，均是援引相关领域权威人士观点与相关数字对地震原因进行剖析。

3. 注重对事件细节的还原与素描式再现，避免记者个人立场呈现或预设主题的策划式报道。

华尔街日报的震灾相关报道基本上以事件性报道为主，篇幅不长，用细节说话，报道选点很小，主线明晰，没有国内媒体惯见的宏大叙事风格，不拿预设的主题去统驭事件细节，也不做大板块的策划式报道。

4. 从多篇报道不约而同呈现出的媒介框架看，存在对中国政府的偏见立场。

新闻报道除了传递事实信息外，还具有生成意义的功能。在新闻价值判断、报道题材选取和话语呈现方式上所承载的价值观、所塑造的共识一旦被公众所接受，就会变成公众对原初的社会事件进行“符号化”、“意义化”诠释的框架和模式，如英国新闻学者布罗科斯研究英国《卫报》的新闻话语时，发现其对非洲的描述一再引入暴力/和平、专制/民主、绝望/希望三组概念，透过对和平、民主、希望的强调，来预设非洲的暴力、专制与绝望的负面内涵。

在华尔街日报所做的汶川地震报道中，虽然没有很多明显的负面消息与评论，但在报道题材选取上还是沿袭了西方媒体对于中国政府一以贯之的某些偏见立场。政府主导的救灾工作进展与成效在华尔街日报的报道中被有意无意忽略了，类似《四川震后半年遇难学生人数仍不明》、《中国法院拒绝受理震区学生家长诉状》等报道则聚焦于死伤学生数、校舍质量、政府行为等相对负面的选题上。这固然与西方媒体以第四权自居，以发现问题为己任的传统有关，同时也蕴涵了西方记者观察中国事务时惯有的刻板成见。

三、国内部分主流媒体汶川一周年报道策划例析

客观而言，受报纸本身定位和新闻价值判断的贴近性原则等因素左右，汶川地震的报道在华尔街日报的总体内容篇幅中并未占据主流，其对于汶川地震一周年的回顾性报道做得也并不是十分出色，只是其新闻专业主义理念在新闻操作中的贯彻值得我们国内同行借鉴。在这种理念的影响下，一批与市场接轨的国内新兴主流媒体周年回顾报道中表现或许更为出色。

国内媒体中与《华尔街日报》最具可比性的当属《第一财经日报》，其汶川地震周年回顾做得可圈可点，除了在周年祭中体现出人文关怀的精神外，财经媒体的特色跃然纸上。

早在 2009 年 4 月 29 日，《第一财经》即在 CBN 记者与中科院的科学家一起前后数次实地考察的基础上推出《汶川环境承载力报告》，从对汶川自然条件的分析开始，一直谈到发展模式和山区战略问题，科学反思与经济规划并重；2009 年 5 月 4 日推出《汶川：愈合的伤口》专题，从灾后重建的建设次序和总体规划角度描绘了新北川的蓝图，也通过诸般细节见证了灾后映秀“板房经济”的成长，平实的叙述背后不乏经济学角度的理性分析。5 月 12 日汶川地震周年之际，在社论《废墟里的新生》后面再度推出重磅策划《15 个人的汶川记忆》，这 15 个人的选取非常有代表性，也超出了一般人想得见的范畴。不仅包括灾区基层的工作人员，灾后首个再生育家庭，青川重组家庭，农行员工，青川高一学生，映秀小学校长，消防员等跟灾难直接相关的人员，还包括以自拍电影进行赈灾义演的导演贾樟柯、“绿丝带”志愿者范浩、地震后第一个赶到灾区救援的“首善”陈光标等，与灾难事件的不同关联和视角共同铸就了关于那段灾难的一段复合记忆。

国内财经类杂志的龙头《财经》在汶川一周年报道中秉持了一贯的“独立、独家、独到”风格，包括《地震“群测群防”的正名与重生》、《微妙的干群关系》、《不该遗忘的教育盲区》、《那些让人牵挂的学校》、《奇迹生还者马元江自述》、《青川重建两难境地》、《谁的心理救赎？》、《地震一周年 常识仍混乱》在内的系列文章，以《财经》惯有的犀利视角，对灾后汶

川的重建做了一个堪称全景式的扫描，而在这场扫描过程中，问题意识、忧患意识溢于言表，“市场经济”和“公民社会”在政府强势主导的灾后重建工作中，成为另外两个值得关注和深思的关键词。以青川县城的重建选址为例，不仅是一个科学问题，也涉及到灾后重建投入、各个群体利益协调等错综复杂的因素，灾后重建工作之复杂艰辛由此可见一斑。

《南风窗》杂志 2009 年第 10 期的封面文章以《两千万人的生活重建——汶川周年重访》为主题，选择了灾区重建过程中牵涉面最多、影响也最深远的三个方面——房子、孩子与社会参与机制，分别以《汶川速度》，《灾区孩子都需要寄宿？》和《灾区 NGO 摇摆在进退之间》为题予以集中探讨，既肯定了灾区重建过程中的成绩，也揭示重建过程中遇到的种种社会问题，如编者在开篇所言，“殷盼能以这三组镜头的管窥之见，为两千万人的生活重建立此存照，并为就在此刻正如火如荼进行着的建设提供一份有价值的参考。”

《瞭望东方》杂志则把视角投向了灾区的司法生态重建。在名为《另一种重建——地震灾区司法生态一年间》的专题策划中，紧扣“如何依法救灾、依法重建；如何在废墟之上、悲恸过后，用法治的理性和公正，恢复灾区的正常节奏，消弭不安与焦虑；更进一步，如何在付出巨大代价之后，让我国应对紧急状况的法规更完善、为公民编织更周全的保护网”这样的主题，从新闻的角度进行追问，让人们在哀思与缅怀之外对灾难带来的社会后果和应对措施做出法理上的思考。

以上仅撷取部分个案为例，总体而言，从这次国内部分主流媒体汶川地震周年报道策划来看，相对于过去程式化的重大事件报道模式而言，进步是非常大的。

首先是摒弃过去重大事件报道中大一统的宣传口吻、家国叙事话语和讴歌缅怀之类比较浓重的情绪化色彩，在风格上更加趋于理性，“非典”时期的媒体“发烧”、“煽情”热度逐渐褪去；其次是在报道选题选点上，贴近各自的功能定位与受众定位更为多元化，不再追求大而全的全景式报道，很多都是另辟蹊径追求独家视角。

四、华尔街日报与国内部分主流媒体汶川地震周年报道策划对比分析

对比上述部分国内主流媒体与华尔街日报汶川地震周年的报道策划，

其相同点都是操作过程中新闻专业主义理念的凸显，与过去意识形态话语主导的新闻报道呈现出较大差别。与此同时，作为报道传统、价值立场都迥异的中外媒体，在另一些地方还是存在较大差异。

1. 华尔街日报虽以发现问题为己任，围绕灾区学生死亡人数公布、灾区校舍安全性等问题进行报道选题，但对这些选题并未进行深度处理，基本上停留在一种简单诘问的层面，没有进行制度层面的追思。而国内媒体在相关选题上做的深度显然更胜一筹，从灾区重建问题引申到对灾区自然生态环境重建、司法生态环境重建、个人社会国家之间关系重建等更深层析的命题上，体现了一定的终极关怀精神。

这当然与媒体生存环境也有一定关系，美国社会发展到了一个相对稳定均衡的阶段，媒体的作用主要是“拂去镜子上的灰尘”，而我们国家正好处在一个社会转型、关系重构与制度重建的过程之中，媒体承载的社会功能远比美国为多，除了环境监测外，包括构筑制度重建过程中的公共话语平台、共识营造、社会粘合等，媒体在特定阶段所承载的复杂复合功能必然要在媒体产品特性中有所体现。

2. 华尔街日报的报道整体而言比较松散，不但选题选点多为单点布局，即使在同一篇文章之内也是散点透视居多，缺乏大的板块化构造与整合。相比之下，国内很多媒体的报道都是“策划先行”，注重报道的板块化、整体性和系列性。

对于这个问题，需要两方面审视。“策划先行”的报道有助于全面系统地针对新

闻事件进行脉络梳理，也有助于读者短时间内迅速把握主旨信息，但“主题统驭细节”的做法，往往会让预设的立场遮蔽了事件细节原初的意义。相比之下，华尔街日报“将消息还原为事实，将事实还原为细节”的做法可以更好地保证新闻报道的客观性。至于孰优孰劣，也只能见仁见智了。

结语

历史学家汤因比曾把文明的起源与进步归结为人类面对来自恶劣环境的挑战不断应战的结果。他认为，只有迎战的举动趋于从外部环境向正在成长中的人格或文明的内部转移时，才可以把一系列对挑战的成功迎战看作是成长的体现。这场悲怆的天灾，如果能通过媒体的追问转化成为对现实和制度的反思，进而转化为文明进步的动力，或许也算是对罹难者一种别样的告慰。

而媒体如果能在这种追问和反思过程中不断赢得自身的成长，或许对我们社会的进步影响更为深远。

（作者系中央财经大学文化传媒学院讲师、博士）

如何把握“悲剧周年”的受众心理

□李梓新

李梓新

对于如何操作“悲剧周年纪念”的报道，原本设于华盛顿大学，最近迁入哥伦比亚大学新闻学院的德特灾难报道研究中心（Dart Center）给出了这样的指导：

●对许多人来说，多年后甚至几十年后重新回顾悲剧也是一种痛苦。记住这一点，对于毁灭和屠杀，尽量避免不必要的重述。

●关注受害人和幸存者。试着讲述他们的生活是怎样改变的，以及他们是如何应对和恢复的。

●试着找寻那些用令人感兴趣的方式医治创伤的人们，以及愿意对你讲出自己的故事的人。

●对于一个巨大的悲剧，人们可能需要数年的时间才能得出正确的观点。周年纪念报道给记者一个机会，为那些震撼心灵的事件提供背景。

下面，我们看一看，在2001年9·11事件一周年之后的2002年，美国著名的精神病学临床教授弗兰克·奥伯格在2002年接受《科菲通信》高级编辑理查德·卡帕博士的访问时，是怎么解释人们对“灾难周年”这一特殊时刻的反应的。

弗兰克·奥伯格教授是美国精神病学和神经病学委员会前主任，美国国家心理健康研究所下属的密歇根心理健康研究院的前副主任。

问：马上就要进入9·11袭击周年纪念，你认为人们会有什么情绪反应？

奥伯格：各种各样的情绪都有。我们得小心归纳。有人在9·11事件中失去亲人，而对某些人来说，事情是如此私密与强烈，所以周年纪念和公众的表情必然会带他们回到昔日的场景。他们可能会有创伤后应激障碍的症状。他们的某些情绪，或者全部感情都将随之重现。即使这些感情已经淡去，此刻也将变得生动起来。那些已经康复的人可能被推回从前。你会觉得自己仿佛回到灾难的第一现场，这是人们对创伤做出的本能反应，但这并不代表你真的回到过去了。你学到的所有东西仍然适用。你已经向前迈进。但这一切都并不意味着你必须再重新恢复一次。

很不幸的，精神创伤后遗症并不是一个简单的情节性的情景记忆，而是一个强烈并且紧急，超出常规焦虑的重新体验。

还有一些人，他们关注活着而非死去的亲人。他们会想念他们的朋友和亲人，然后自问："我可以做什么呢？我能帮什么忙呢？"他们感觉需要保护，怨恨媒体到处充满了恐

The Daily Telegraph

Britain's biggest-selling quality daily

War on America

Reports: Pages 2, 3, 4, 5, 6, 7, 8, 9 and eight-page supplement. Comment: Pages 18 & 19

怖主义的画面。有些人过多地重新暴露于勾起精神创伤的画面，就如过量服用药物一般。给这些幸存者的好建议是，“如果你知道过多这样的画面会对你产生消极的影响，那就少看一点。”这就像是一间餐厅：城市里到处是餐馆，他们提供各式各样的食物，但是你不需要全部都吃光。避避那些新闻，“节食”几天。

还有另外一些人，一些渴望倾诉的幸存者。他们需要与不同性别，年龄和种族的人交谈。我们中有的人要么不善于表达情感，要么表达起来便滔滔不绝。在周年纪念时间，幸存者和其他人分别获得了倾诉和倾听的机会。但是一些人怨恨讲话者，或者那些不表达情绪的人。这就需要了解自己的处理方式，哪一种最有效。幸存者和关心幸存者的人需要相互了解，在表达情绪和尊重事实上的差异，因为没有人能用彻底正确的方式表达和处理悲痛。

问：你能够感觉到这种周年纪念的情绪吗，哪怕你只是在安全的家里从电视上目睹袭击？

答：每当想起2001年的9月，你一定会有一种深刻的感情。基地组织的袭击并不止于带来精神伤害，那绝对是历史性的时刻。从那以后，世界各国经历了力量

USA TODAY
Terror hits Washington, 4A
New York panic
Wednesday, September 12, 2001
U.S. under attack
Hundreds feared dead as passenger jets destroy New York's World Trade towers, slam into Pentagon ■ Hijackers likely piloted planes themselves, experts say ■ Bush vows to punish those responsible
Newsline
Bush learns of air attacks
U.S. premise: Attacks will be renewed
Cover story

联合的重大转变。由9·11周年唤起的情绪将不仅仅是精神上的紧张。这个时刻将迫使我们去思考民主国家应如何互相联合。民主国家必须捍卫民主，而我们也必须承认存在着憎恨美国的人。一旦我们试着保持开放和宽容的心态，每次受到可能存在的毁灭性威胁时受到挫折的伤痛就不显得那么严重了。

值得关注的问题是，当人们仅仅看到电视画面时能否承受得住这种外来打击？答案是肯定的。然而，我想要详细说明和描述的是两个完全不同的族群。第一是那些我们看不见的，其他袭击中的幸存者和受害者。对他们而言，对去年九月的大肆宣传将唤起个人惨痛的回忆——并非9·11，而是他们自身的伤痛和悲剧。可以理解的是，当国内外所有关注点均集中于一类受害者——美国世界贸易中心罹难者的家属，他们备受关注并且获得赔偿，而这些看不见的受害者渐渐不被承认，他们可能会有被忽视之感。

在美国一些大城市，每天都发生一宗谋杀案。这些被害者的家属得不到关注，因为他们的悲剧不足以吸引传媒的报道。我们忽略了这些发生于平日但对我们有所影响的伤害，但我们经常有“选择性伤害”。以前的事故几乎成为神话，历史事件，铭记于集体记忆中：阿拉莫之战、泰坦尔克号沉没，或者挑战者号机毁人亡，又或者俄克拉何马爆炸。“选择性伤害”可以令人们团结起来并解释一种文化。就此而言，所有怀有个人悲剧且仍旧承受着伤痛的人可以一边看9·11周年报道一边说：“我是美国的一部分。我也痛苦。我是所有直接承受着9·11痛苦的人中的一员。”所有目睹并承受过人世残酷的人之间普遍存在着手足之情。纪念活动的策划者需要寻找办法让每一个受害者重回人类的怀抱。

届时，看到电视报道的人将会比其他人更受影响，只因为他们敏感、紧张或情绪化。他们没有未曾解决的悲剧经历。虽然他们集体的反应可能类似于受创后的精神压力，但从医疗技术的层面来看，他们并没有创伤后遗症。然而由于他们过于情绪化的反应，周年纪念的群众反应很可能让他们处于危险之中。

问：9·11发生后，政府没有追捕到或者惩罚任何人，这是否会引发群众对周年纪念日的愤怒情绪？

答：让我用哥伦拜恩校园枪击事件的后果与俄克拉何马爆炸的后果作一比较。事故分析小组于2000年4月召集了两个地区的社会活动家来分析事件。自俄克拉何马爆炸事件后，一人被逮捕，后被定罪并判决。比之以枪手自杀收场的哥伦拜恩校园事件，这个结局对安抚人们的情绪要好一些。科罗拉多州利特林顿市的决议案包括被告政府官员玩忽职守的最高指控。

9·11 周年纪念可能更类似于哥伦拜恩校园事件而不像俄克拉何马爆炸事件，它提高了我们寻找愤怒和指责的目标，但坦白说，我并不这么认为。我们要寻找一种方式来歌颂英雄及缅怀受害者。

问：有没有办法把周年纪念引向积极的一面？要怎样做？

答：在任何悲剧的周年纪念活动上，通常都有表达尊敬之情的象征符号。例如，很多宗教的传统是在纪念活动上点燃代表回忆和希望的蜡烛，手牵着手，可以让人类相互理解并献身于我们认为有价值的事情。9·11 周年纪念需要痛苦的反省以及传统的乐观和团结的表现。美国人可以思考自己是多么自大和孤立狭隘，我们对属于别种文化的成员是多么不尊重。为什么我们不能重燃所珍爱的价值观而不是利用任何时机与世界上其它民族隔离开来。

问：说到其他形式的死亡，人们对周年纪念的反应是否会因为死亡的原因或者死亡的主体是谁而有所不同？例如由暴力导致的死亡。

答：当然，被犯罪行为夺去所爱后，我们有侦查或反恐的本能。我的同事特德·雷

纳森解释道：如果我们所爱的人被谋杀，我们会感到困扰，谁是凶手，凶杀的时间，还有案件本身。这使得我们的悲痛之情向后推迟。让我们假设你渡过了那个时期，你如愿以偿看到犯人被捕并受到惩罚。下一个情感上的任务就是应付非自然死亡这个事实。创伤后应激障碍之所以存在，是因为我们在暴力引致的死亡中经历了惊骇和恐惧，这种映像以特别的方式保存下来，干扰正常的记忆，不受控制地浮现在脑海里。这与所爱的人在预料之中自然死亡完全不同。

在自然死亡事件中，在世的人不会担心记忆重现，尽管他们也许极度悲伤，失去力量，看起来萎靡不振，无可慰藉。配偶自然死亡，另一方需要三年时间来恢复并非异常。配偶因暴力引致死亡者则更糟糕一些。

问：即使一个人没有下意识的去记住那个日子，特别是在事情已经过去几年的情况下，人们也会受到周年纪念日的影响吗？

答：会，而这就是“周年反应”一词的含义。它可以是一个季节，是叶子的丰满，是夏天的第一波热浪：它存在于你的骨子里。周年反应是由周年纪念的伤痛激起的一种感受，即便你没有察觉，日历已翻回到了那一天。

问：那不仅仅是周年纪念，是吗？除此之外，还有死者的生日，第一个没有他们的节日旺季、第一个感恩节、第一个新年、结婚周年纪念、情人节，我们的生日…

答：对。他们会记住失去至亲的人生日、父亲节、母亲节，会记住任

"All the News That's Fit to Print"

The New York Times

NEW YORK, WEDNESDAY, SEPTEMBER 11, 2002

U.S. Steps Up Alert as Solemn Day Arrives

MANY OBSERVANCES

Requiems and Flyovers, Moments of Silence, Doves on the Wing

BUSH ISSUES ORDER

Embassies Are Shut but Domestic Security Is Also Emphasized

Mental Health: The Profession Tests Its Limits

Resilience And Grief: 365 Days

PLAN TO ATTACK EMBASSIES CITED

U.S. Says Qaeda Member Told of Threat to Offices in Asia

何曾是全家人一起庆祝的日子，然而现在却成为亲人不复存在后留下来的一个空壳。9·11 就是满载丑行的日子之一，是集体回忆的一天。它不同于以往那些深刻在我们头脑中的，有全国性的重大意义的日子。它引起了“闪光灯泡效应”，这意味着不光记得那场悲剧，而且记得那天所有琐碎的事情。为什么你会记得 9 月 11 日那天晚餐吃了什么？你就是记住了，因为我们可以分享这个回忆，并尽可能意味深长地谈论这件琐事，我们以个人和公众的方式团结在一起。

问：有没有什么针对可预见的周年纪念伤痛的心理调适方法是不健康的？好的处理策划和坏的有何区别？

答：如何把不必要的伤痛最小化或如何扩大积极的影响？我不知道有哪一种研究或科学证据可以做到。我知道一些普通的效果处理研究，但不是针对周年纪念反应的。1950 年代的广泛研究所得出的，最好的处理方式是只关注容忍的限度，保留自尊，维系社交纽带，在状况发生前先作出处理。对于预计将变得困惑、孤独或对受伤的画面过于敏感的人，有一些常规的处理办法。比如，你可以通过改善环境帮助治疗。对自己说：“如果再有 9·11，我想去哪里？我想和谁一起？”你可以选择你想和他在一起的人，而不受到别人的陪伴对你的影响。如

"All the News That's Fit to Print"
The New York Times
Late Edition
NEW YORK, MONDAY, SEPTEMBER 11, 2006
Bush Marks 9/11 at Ground Zero as New York Remembers
WITH A HEAVY HEART
On Eve of 5th Anniversary, Bagpipes and a Surprise Stop at a Firehouse
Broken Ground
A SPECIAL SECTION
Portraits of Grief
REVISITING THE FAMILIES
In Democrats' Fight for the House, New York Looks Less Promising
INSIDE
Suicide Bomber Kills a Governor In Afghanistan

果你喜欢，可以和你的朋友一起举行一个仪式，可能和你一个理想的笔友。我们可以从中得到意外收获。不幸的是，对于我们中的某些人，家庭在减轻个人压力方面是最糟糕的地方。家可能不是解决 9·11 伤痛的最佳环境。

问：如果你对于周年纪念的伤痛并不感到强烈的悲痛或激动，是不是有什么不对劲？

答：不，我完全不同意这种说法。我不想在这样一个日子里做不公平的比较。我们中一些人永远都无法忘记并抱着伤痛渡过余生；而另一些人可以把伤痛从生活中剔除。

问：在自杀死者的忌日会不会有生存者自杀的危险？应当如何应付这些自杀的念头？在一些并不那么极端的情况下，生还者会不会偶尔害怕反复想起已故者痛苦地死去的场景？

答：首先谈谈生还者的罪恶感，或者基于不能保护往生者而产生的内疚。因为我们背上了非理性的责任，自杀对于父母或亲密的朋友极具伤害。所爱的人选择自杀将令他们感到自责。在受自杀倾向影响的地方，鲜有父母追随孩子的情况，但反之却常在青少年中引起连锁反应。就像在戏剧《罗密欧与朱丽叶》中一样，自杀的人常有一些浪漫的因素，或是与人隔绝的失落感。因为冲动而增加了绝望的感觉，青少年的消沉是危险的。如果这些因素都存在，那么人们在亲人自杀身亡的周年纪念日轻生的风险更高：更加强烈的孤独和失落感；回忆往事时的混乱；与他人隔绝、疏远而激化的创伤后应激障碍。

如果这一系列行为变得明显，爱人的话也许有帮助：“这些是你将要克服的症状。”或者，“你可能有创伤后应激障碍，就像越战老兵一样。这种症状有很好的处理办法。”发生紧急情况时，你可以向专业人士求助，就像打 911 呼救一样。一旦你感觉有人会自杀或造成严重伤害，而这种危险又明显而真实地出现了，就用这种办法。

问：鉴于自杀的危险性，一个人的哪些反应可以被视为是危险的，值得引起注意的呢？譬如否认、愤怒、逃避和沮丧或精神障碍达到了一个危险的程度？酗酒或物质滥用（滥用药物、毒品、酒精等）？一些情绪，如内疚、狂暴、恐惧等的重新浮现？创伤后应激障碍？

答：个性会有明显的改变，他可能放弃有价值的东西，离群索居，说：“我在打算自杀。”此外的一些迹象是没有清晰的计划或对不久的将来没有承诺。或者低落后突然出现不理性的快乐（意味着死亡已被选择为解决心灵伤痛的方式）。自杀通常要喝酒壮胆，所以屯积酒水，从低落到久醉不醒再到因喝醉后使用武器，就是危险的迹象。

问：如果你觉得自己需要帮助，有没有正确的求助办法可以让你得到必要的关注？

答：你总会相信一些人会重视你，而另一些则是你不相信的。你不信任的人可能恰巧就是你最亲密的人——配偶，雇主，父母。如果是这样，你也许可以给那些受过聆听训练的专业人士打热线电话。怎么让你的朋友或家人聆听你的诉说？这因人而异，但那不难说，用你自己的话："你现在有没有时间听我说，因为我有很重要的事。"一旦你知道有人愿意听你诉说，尽管很难说出口，但也要告诉他们你很伤心，很害怕，而且你不知道怎样逃到安全的地方。

问：事情就这样结束了吗？悲痛会不会过去？

答：结束这个词不太好，在过去5年或者10年已经滥用成灾，我周围的人都不再用这个词了，因为它错误地暗示着一件事的终点，而其实事情并没有结束。伤痛、悲剧、人类残酷的冲突不会终结，但你成长了，越来越自信，越来越有智慧，而且经常抓住机会帮助有相同遭遇的人。终结是一个神话，但进步不是。

（作者系汕头大学长江新闻与传播学院公共事务主任，此文根据美国Dart Center研究中心材料编译）

构·城

对于摄影的真实性的探讨和质疑从来没有停止过，对摄影的本身的怀疑也一直在继续。从摄影当初的实证特征，到今天的当代摄影和种种主义摄影，摄影的工具性和机械复制性，一直没能摆脱认为摄影过于简单的怀疑。

我在摄影上的迟疑和停顿，就和这样的认识有关。07 年我做了几组作品后，我就产生了困惑，认为摄影太简单了，我在彷徨之后试探着开发摄影的可能性，或者说是运用最传统的摄影手法，去表达一个意念，我使用多次曝光，并把相机拆解改造了，想法无非是想把它弄复杂了，结果实现了，我仍是困惑。在一个社区的展览上，我感慨道，摄影太简单了，生活才是最重要的。

让摄影回到摄影，让摄影更真诚，我想，你自己要先获得自由。自由的获得来自信念和信仰，信念和信仰应该来自文化和修行？否则可能还是扯淡。缺乏科学精神的探寻，走得就会很浅，花鸟鱼摄影只是古山水模拟的附庸风雅，那不是情怀。真正好的艺术作品应该具有什么样的特质呢，首先是要有深刻的精神力量，其次是要有强烈的个人体验。那么最重要的，还是让我们拥有生活吧。

21 世纪经济报道资深摄影记者　王建新

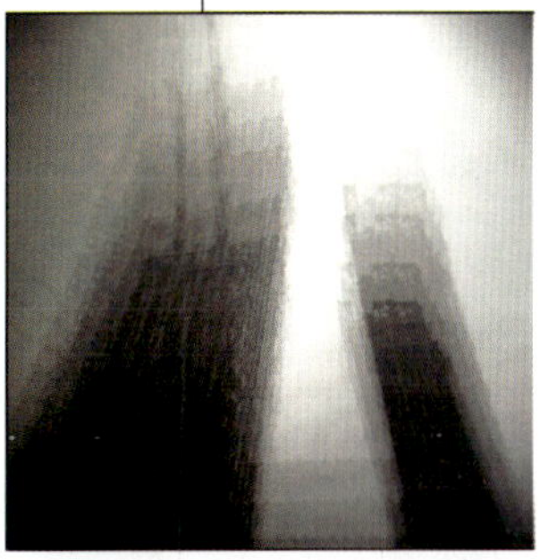

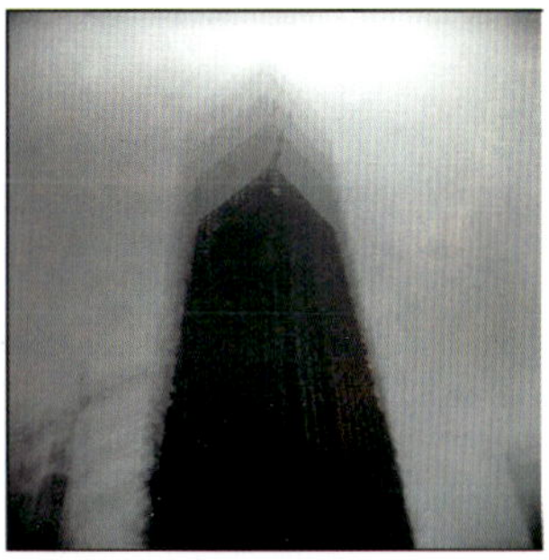

图为作者摄影作品“构 · 城”，加拿大多伦多当代艺术馆收藏

给爱一个解释

南方都市报视觉中心图片编辑　张小文

爱，丰生　吴凌杨摄

地震清明祭　吴峻松摄

汶川萝卜寨爷孙俩　张志韬摄

汶川地震一周年之际，如何用影像手段记录这一时刻？重新踏上震区，一年前那种惊心动魄的场面消失了，生与死的惨痛离别，人与自然的剧烈抗争，几乎完全化作了记忆。在当时，只要你进入现场，按动快门，就可能定格一个难忘的瞬间，产生一幅永恒的作品。但面对迅速恢复的日常景象时，如何找到镜头的焦点呢？

北川自杀官员冯翔的骨灰将与地震中死去的儿子合葬　钟锐钧摄

南都视觉中心在临近5·12时，就思考着这些问题，最后的结果，呈现在地震周年的影像特刊《珍爱》上面，由二十几个震区人物的图片故事，组成了一种特殊的纪念方式。

特刊的主题是早定下来的，然后记者和编辑多批次、多角度地采访，用了一个月的时间，还原这个主题。其实，如何定义主题并不重要，重要的是对当地民众的精神家园进行了一次探访。废墟可以清理，房屋可以重建，灾区人的心理创伤靠什么修复？在多大程度上愈合？他们的期待是什么？这才是关键。

呈现在画面中的都是些普通的面孔，没有光环，没有特殊待遇，在震后一年里，默默无闻而平静地生活着，只有和探访者说起一年前的那场灾难时，才露出了埋藏在心底的情感，对死难亲人的依恋，对救援者的感恩，对新生活的期待，以及在现实中的焦虑……

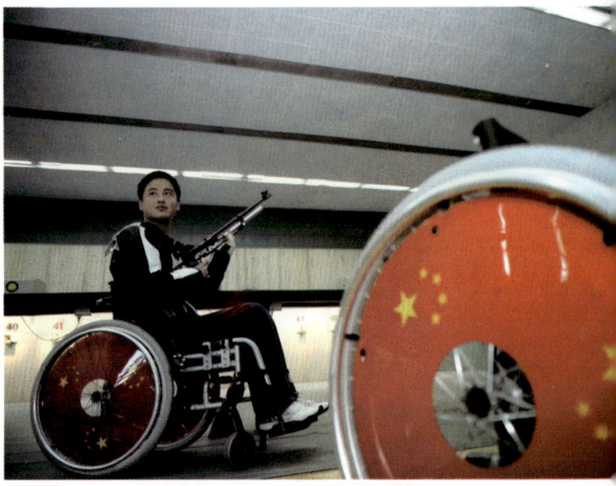

地震受伤后加入残疾人射击运动的田富刚　刘可摄

映秀茶馆服务员王小静说起地震若有所思　刘可摄

什邡精神病院，63岁的精神病人吴玉华珍藏着她的画作，画的名字叫《哭泣的北川》，她说画中的每座山峦都在哭泣　郭继江摄

遥远的路　方谦华摄

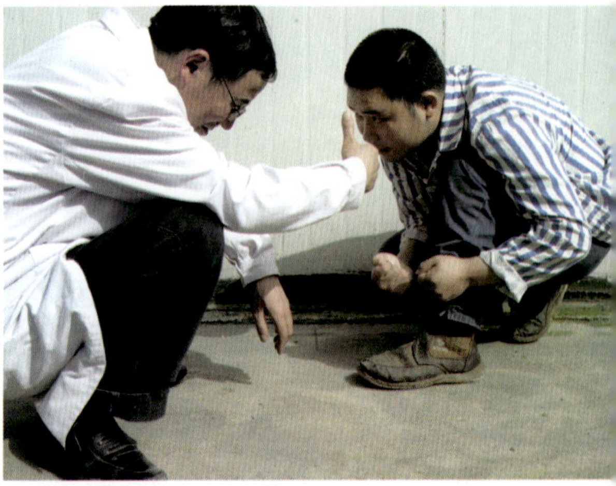

北川安昌镇板房区内的精神病院医生与患者　王昕伟摄

生于5·12的孩子肖笑然　吴峻松摄

震区新生活　吴峻松摄

在二十几个被采访者中，有部分人属震后回访，即记者曾报道过他们的经历，再对他们做一个延续性的报道，如加入残疾人射击队的田富刚。另一部分人属随机采访，主要是由于他们的身份有一定的代表性，如板房区里的百万富翁等。采访时还注意兼顾了城市居民和特殊人群，如板房区的精神病人、救援小动物的志愿者等等。这种差异性大大地丰富了报道面。

用“珍爱”一词概括得了他们的感受吗？事实上，能在如此巨大的打击下平静地活着，本身就是一个奇迹。这是在艰难行进中的相互搀扶，是血脉交融的顽强延续，是不离不弃的故土情怀。看看这些图像，也许能给出这样一个注解。

神像重新修复　郭继江摄

青川地震遗址　吴峻松摄

绵阳板房区内震后重新结合的一对新人文道全（男）与夫人黄麟燕即将做父母　钟锐钧摄

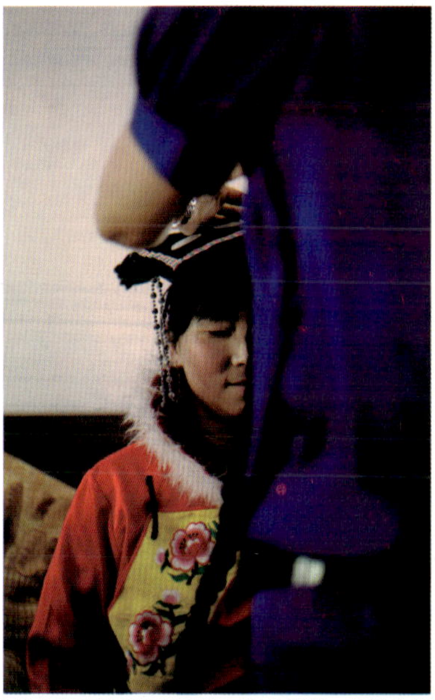

北川吉娜寨地震周年时举行集体婚礼　钟锐钧摄

背亡妻回家的名人吴加芳回家盖房　钟锐钧摄

5月11日，阿富汗，Camp Restrepo。塔利班武装组织在Korengal山谷向美军发动袭击，美军第1营第26步兵连开火还击。Zachery Boyd一跃而起冲向战场，甚至连身上穿着的印有“我爱纽约”的拳击短裤都来不及换掉。

David Guttenfelder/AP/人民网

那条无以伦比的花内裤

美联社摄影记者David Guttenfelder 5月11日去美军驻扎在阿富汗Korengal山谷（近巴基斯坦边境）的营地时碰到了一件好玩的事儿。当天，营地遭到了塔利班的猛烈攻击，被惊醒的来自美国得克萨斯州19岁的陆军军士Zachery Boyd匆忙间只来得及抓起武器和头盔就跳进战壕里开始还击。这种场景在营地里本不少见，但只有Boyd这一“刚睡醒”的造型被David拍了下来，并登上了《纽约时报》的头版。搞笑的是，那条大名鼎鼎的粉红色四角内裤上还密密麻麻地印着“我爱纽约”的字样。

我不太清楚美国政府是否也有要求新闻导向一说，比起2008年的第51届“荷赛”年度获奖照片《疲惫的驻阿富汗美军士兵》，这张照片的导向无疑太正面了。那也是“一名年轻的士兵”，只是，他视线模糊，嘴唇半张，直对着镜头的脸上有些惊恐，却又疲惫得无力做出表情，眼神里透着绝望。而这位，甚至被美国国防部长盖茨称赞为创造了新的心理战术，“任何一位身穿粉红色内裤和拖鞋与塔利班交战的士兵都有一种特别的勇气。想想看：一名穿着粉红色内裤和拖鞋的人瞄准了你！这个创新很出色。”

只是若真如环球时报记者报道的那样，Boyd的父亲在看到儿子的照片时笑了足足5分钟，那这位父亲的神经也太大条了。不论他穿的是什么，这个19岁的孩子面临的都是足以威胁到生命的事情啊。

关于这场旷日持久的战争，曾产生了无数震撼人心的照片，而截止到今年4月8日，已有超过1118名美国和同盟国的士兵在阿富汗献出了生命。似乎，这张被作为正面典型不断放大的图片，正预示了新政府企图对人民传达的新的态度。

值得一提的是，拍摄照片的摄影师David Guttenfelder也是2008年度Atlanta报道摄影奖（世界上最著名的报道摄影奖项之一）的最大赢家，一举包揽了最佳作品（Best In Show）、最佳作品集（Best Portfolio）以及普通新闻一等奖三项荣誉。

南都周刊图片编辑　翁倩

专题「孕妇之死再调查」

专题「孕妇之死再调查」

那些你视而不见的真相

——《谁杀死了李丽云》报道背后

□柴会群

柴会群

我最初知道李丽云案，是通过北京一个律师朋友，他看到京城媒体报道后，作为线索提供给我。

我这位朋友是专业医疗律师，对医院里死人的事早已见怪不怪，他将这个事告诉我，是因为他敏锐地意识到它将会产生轰动。正如后来事件发展所证明了的，此事的新闻价值绝不限于一个孕妇的死亡，而事关一项医疗制度的存废。

可是我当时对此事并没有太大兴趣，我总体上对涉医法规是悲观的——当中国医疗出现体制性问题时，具体的法律法规的扭曲几乎是必然。而医方与非医方高度的信息不对称，也使得所有围绕某个医疗事件的讨论都可能陷入误区。

后来我也关注过这事的发展，有医院管理者籍此呼吁取消手术签字制度，由医生决定要不要做手术，这种呼声颇高。但是，有专家私下跟我说：手术若不再需要患者签字，医生就可以合法地杀人了。

这场论争派出生的另一个结果是，妻子双亡、一无所有的肖志军，成为一个人人喊打的罪人。

一

我对此事产生兴趣是在一年之后。年初到北京出差时，拜会了一位法医朋友，他便是我文章中提到的胡志强，无意中提起早已沉寂的李丽云案。

胡不经意间说，这个案子不是你们媒体报道的那样，根本就不该做什么剖腹产。

众所周知，李丽云案此前在社会、医疗、法学等各个层面产生强列影响。而所有的讨论，无论是医疗层面还是法律层面，都是建立在“剖腹产手术是必要的”这一前提之下。

但是胡志强的说法，等于把这一切都给推翻了。

我得承认，我当时感到很惊讶。如果胡是对的，等于全国人民都被忽悠了一把。

我当然不能只听一个胡志强的说法。我向结识多年的陈晓兰医生请教。

陈是一位上海医生，从1997年开始就反映医院用假医疗器械对病人进行假治疗问题，后来丢了工作，但却“感动”了中国，成为闻名全国的“打假医生”。

陈跟我的看法不谋而合。

当年李丽云案发生时，就曾有记者找她发表看法。她主要就医患信任问题谈了一点。她当时其实也被弄糊涂了，也以为李丽云是难产，但也觉得奇怪：一个难产的孕妇为什么不赶紧把孩子弄出来，

南方周末

会否重蹈1918疫灾？
猪流感悬念
面对猪流感，中国准备好了吗？
专访世界卫生组织驻中国代表韩卓升

[A5] 他把25名法官拉下水
商人丁海玉的奇特“商业模式”
[A6] 最高法院向“干预司法”宣战
[B9] 成龙“中国人该管”说之两岸三地差异考
[C13] 山西能摆脱“资源诅咒”吗
[D21、22、24] 专访电影局副局长张宏森
陆川：我发现以前我不了解“人民”这个词
专访《拉贝日记》导演
从日本文献看南京大屠杀
[D27、28] 赵本山王家卫酒后“二人转”
赵本山夜赛王家卫
[E29] 面对猪流感，最该反思的是人政绩考核当由人大主导
定价3元

为社保案『贪官』辩护的律师们

谁杀死了李丽云？
“丈夫拒签手术致孕妇死亡案”再调查

社保案司法审判一年回顾

怎么跑到呼吸科看起了咳嗽?

现在，问题出来了。李丽云是个不足月的孕妇，她去医院真的不是生孩子的，是医院要给她剖腹产。陈医生跟我一样有了兴趣。此前，我们曾有一次合作，上海某中医院为掩盖病人死亡真相而伪造病历，但稿子最终未能发出来。

李丽云案会不会又藏有一个谎言呢？我很好奇。

我决定做这个报道。但是，风险是显而易见的。我需要面对的对手很多，很强大，他们中间有专家级的医务人员，有实力雄厚的三甲医院背景，有暗中相助的卫生行政部门，更重要的，有我为数不少的同行们。

我后来知道，当年报道李丽云案的记者，有不少获了奖。但也有一位记者，是当年为数不多的在稿子里没有提李丽云“难产”的一个，后来写了一篇质疑医院的稿子，但不小心出了纰漏，引起院方反弹，被迫离职了。

二

采访其实很顺利。李丽云的事情后来进入诉讼程序，其父母将朝阳医院和肖志军一块告上了法庭。我在网上找到了他们代理律师王良斌的电话，以及他写在博客上的代理词。看了后，越发坚定了原来的判断。

我找到王良斌，又通过他找到李丽云的父母。这两个人抛家舍业，在北京已经呆了一年半，就是为了替死去的女儿打这场官司。我从他们那拿到全套病历和尸检报告。

剩下的，就是找人分析这两份至关重要的证据。

我几乎动用了自己所有的资源，想找到至少一个专家来帮我分析一下这个案子。做医疗报道，记者最容易得专家依赖症，一个哪怕明摆着的事情，也得通过专家的嘴来说才有说服力。这种倾向的弊端是显而易见的，比如间接造就一位孙姓名人那样的专家。但是，这又是没有办法的事，人们相信专家。

但我的想法落空了，我联系的多位专家听说我问起这个事，均婉言谢绝，有的甚至是大惊失色，一听这事就推掉。

我想起 2007 年跟新华社记者刘丹做上海协和医院报道时的一个细节，当时刘也是苦于找不到专家，后来好不容易托人找到一个。开始留了个心眼，没有具体说哪家医院，只是让医生结合病历就病情发表看法。然而稿子发了之后，那专家突然以所在医院名义发函抗议，说中了新华社记者的圈套。好在后来上海协和医院被摘牌关门，此事方没有生出麻烦。

我有一段时间想不通，为什么那专家说了一句公道话，做了一件正确的事，却怕成那样？但我已经意识到，这个圈子的水之深、之浑。

我们知道，大部分民营医院，都是在做妇产科（最典型的就是“不孕不育”）的生意，但我们不知道，绝大部分民营医院里，其实都有公立医院的专家“坐堂”、“走穴”。

没办法，我只能再次请出陈晓兰医生。让她在百忙之中抽身来一趟北京。

在此之前，我已将全套病历和尸检报告传真给她，结果用光了她家里整整一卷传真纸。她是连夜将病历看完的，看完之后，她也认为有必要跑一趟。

在北京，我和她去了四次朝阳医院东院和京西院区，仔细比较了两所医院的规格、环境、条件，门急诊位置以及科室和之间距离，升降式电梯和扶梯式电梯上下所需时间，甚至还走了一下就诊程序，特意看了京西院区挂号人员的胸牌。

真相，已经越发清晰。

三

回过头来看，媒体当年对李丽云案的报道的逻辑是这样：

先是正义网的记者吕卫红在现场抓到了这条“大鱼”。她既是一个事件的见证者，又是一个传播者。她有足够的发言权。

[转贴]惊天逆转？谁杀死了李丽云？
文章提交者：silencerock 加帖在 猫眼看人 【凯迪网络】 http://www.kdnet.net

如果你现在一打开该文却不记得谁是李丽云，那么如果你还能想起来2007年发生在北京的丈夫拒签导致孕妇死亡的轰动案件，那么你在看完南方周末这篇文章：“谁杀死了李丽云？”后大吃一惊。

谁杀死了李丽云？

尸检结果证明：死者李丽云腹中胎儿未足月、没有临产，也不可能“难产”。李丽云死于肺炎恶化。

呼吸科诊断为“孕36周，重症肺炎”，妇产科将诊断结果变动为“孕足月，妊娠期高血压”——剖腹产手术理由就此充分。

李丽云“既不具备剖腹产的适应症，又存有剖腹产的禁忌症”。在“签字”拉锯战中，胎儿已经死亡。

媒体广泛报道之后，肖志军成了“冷血丈夫”，“全民公敌”；但自己步行入院的李丽云不到3小时就病情危急死亡，却一直鲜有人追问。

4月28日，北京中天司法鉴定中心，“丈夫拒签字致孕妇死亡案”的司法鉴定听证会在此举行。这起曾轰动一时的医疗事件，又向前迈进了一步。

从2007法院立案时起，该案一波三折，至今尚未正式开庭。其间，原审法官调离，法院按医方要求提出的医疗事故鉴定申请亦被医学会退回，而原告辩护律师则将自己的辩护词提前在网上公布。

她在报道中用的标题是:《妻子难产丈夫拒不签字手术致死两条人命》,这个标题基本上已经把整个事件定了性:李丽云是个难产孕妇,死亡缘于丈夫不签字。

现在看来,这是一个奇怪的逻辑。但在当时,没有一家媒体就此质疑。相反,之后跟进的主流媒体,继续沿用了这个逻辑。而且,大都把李丽云定性为“难产”。

我曾就“难产”的定义问过当时在现场的媒体人,他承认自己其实并不知道。但是见医生在病历上写的是“孕足月”,而且还说早过了预产期,所以便以为是难产。

正义网在网上发出报道之后,11 月 23 日出版的《检察日报》对此事追踪报道,文中提到李丽云“难产”时,引用了朝阳医院京西院区副院长赵立强的说法:“昨天下午 4 点左右,一名孕妇因难产生命垂危被其丈夫送到了我们这里……”

此后,包括央视、北京晚报、新京报等在内,跟进报道媒体多以“难产”定义李丽云。有的还将该专题的名字起为“难产孕妇死亡报道续”。

在李丽云被确认“难产”之后,接着便是掀起一波围绕着“签字”是非的大讨论,律师、医生、卫生法专家粉墨登场。肖志军则成为媒体深度解决的对象,记者们试着从各个角度分析他的行为逻辑。

我回想起当年看央视一档节目时,清楚地记得这个男人面对镜头哭天抢地的场面:我们是来看“感冒”的,不是来生孩子的。

可是,和众人一样,我根本不信这个人的话。

没错,感冒与生孩子是两回事,这是常识。但是,我和所有人一样,同样以常识判断:医生既然让你生孩子,自然有他的道理。

进了医院,我们必须得相信医生。

没有人去想:由于某些特定的原因,在看感冒和生孩子这样的常识判断上,专业的医务人员确有可能输给一个农民。

四

稿子发了之后,我一度沾沾自喜,但很快就发现不对劲,首先是网上几个医疗论坛里出现了集体炮轰景象,我本人被指名道姓地骂,有人还号召网民“人肉”搜索我。

而我们内部论坛上,也很快有同事转来质疑的帖子。

接下来就是时代周报的公开质疑。除了一篇主稿,还配发了暨南大学新闻与传播学院彭伟步副教授的文章。里面有这么一段：

一些媒体为了制造轰动效应，不仅对某些人的讲话断章取义，而且对其进行无限的联想发挥，强化读者的负面印象，从而形成一种可怕的社会情绪和具有煽动性的社会舆论，甚至进行媒体审判，这是一个非常危险的信号。一些记者纯粹站在民粹的角度，大量使用联想、比喻、排比等修辞方式，采取暗示性的话语，以悲情性的写作手法，引导读者形成对某一当事人的负面看法，满足公众情绪发泄的目的，负面效应不容小视。更糟糕的是，现在一些媒体使用假设性的判断进行逻辑推演，完全忘记了新闻的真实性、客观性原则。（有兴趣的读者可以参考原文《彭伟步：平衡性报道是必须坚守的准则》5月8日刊于时代周报）

我虽为传媒人，但面对如此境遇，竟深感难有辩解的机会。比如时代周报的报道刊出后，马上被腾讯网转载，编辑将我的文章与之并列，此外还加了一篇质疑我的网文。此外还单拿出我的稿子做个调查栏目供读者投票，结果认为“稿子有严重问题”的网友高达42%。

我没办法，只能分别各写了一个回应，可是等我的回应放到腾讯网上，这个话题早已从首页上消失，我的回应只有寥寥数条跟帖，且以骂我的居多。

后来我也知道，不少同行没有认真看我的报道，却认真看了那些对报道的“质疑”与“批判”。

我感到自己一下变成了肖志军。

当年看了报道后，连亲人也不相信肖志军的话，肖志军的父亲肖家善也一直以为儿子错了，“你要没错，大家都错了？”

“三人成虎”的说法，真的应验了。

总结下来，说我错的观点主要分两类：一种是医疗专业上的；一类是新闻专业上的，如彭副教授所认为的，我是为了追求轰动效应而制造悲情，而且，没有做到基本的“平衡”。

先说悲情。

我得承认我写这个稿子里的确有点悲情。但是，我不认为这是我“制造”出来的。我没有这个本事。其实，稿子做到后来，我一直问我自己，如果我面临肖志军那样的处境，我能不能做到他那样？最后答案是：不能。其实当时的形势已经注定，无论签不签字，肖志军必须要为李丽云的死亡负责，因为他如果不对此负责，就得由医生、医院，由卫生行政部门负责。

在排除“自私”、“愚昧”和“冷血”后，我一直在追问，是什么让肖志军能在那般境地下能坚持不签字？是对李丽云的爱情？是洞察到医院的

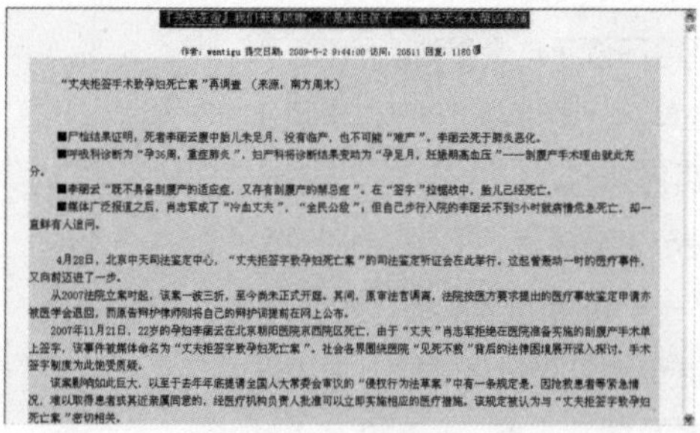
作者：wentigu 提交日期：2009-5-2 9:44:00 访问：20511 回复：1180

“丈夫拒签手术致孕妇死亡案”再调查 （来源：南方周末）

■尸检结果证明，死者李丽云腹中胎儿未足月、没有临产，也不可能“难产”。李丽云死于肺炎恶化。

■呼吸科诊断为“孕36周，重症肺炎”，妇产科将诊断结果变动为“孕足月，妊娠期高血压”——剖腹产手术理由就此充分。

■李丽云“既不具备剖腹产的适应症，又存有剖腹产的禁忌症”。在“签字”拉锯战中，胎儿已经死亡。

■媒体广泛报道之后，肖志军成了“冷血丈夫”、“全民公敌”；但自己步行入院的李丽云不到3小时就病情危急死亡，却一直鲜有人追问。

4月28日，北京中天司法鉴定中心，“丈夫拒签字致孕妇死亡案”的司法鉴定听证会在此举行，这起曾轰动一时的医疗事件，又向前迈进了一步。

从2007法院立案时起，该案一波三折，至今尚未正式开庭。其间，原审法官调离，法院按医方要求提出的医疗事故鉴定申请亦被医学会退回，而原告辩护律师则将自己的辩护词提前在网上公布。

2007年11月21日，22岁的孕妇李丽云在北京朝阳医院京西院区死亡，由于“丈夫”肖志军拒绝在医院准备实施的剖腹产手术单上签字，该事件被媒体命名为“丈夫拒签字致孕妇死亡案”。社会各界围绕医院“见死不救”背后的法律困境展开深入探讨，手术签字制度为此饱受质疑。

该案影响如此巨大，以至于去年年底提请全国人大常委会审议的“侵权行为法草案”中有一条规定是，因抢救患者等紧急情况，难以取得患者或其近亲属同意的，经医疗机构负责人批准可以立即实施相应的医疗措施。该规定被认为与“丈夫拒签字致孕妇死亡案”密切相关。

A4 纵深

朝阳医院“变形记”

为社保案“贪官”辩护的律师们

猪流感悬念：重蹈1918疫灾？

田文昌：误解、困惑、挫败感以及原则

动机？或者是对常识的坚守？我不知道。

但我认为，正是由于肖志军的不签字，正是他以“千古罪人”的代价，才为后来人留下重新解读此事的机会。

接下来是“平衡”。

指责我的报道“不平衡”，我觉得是无稽之谈。其实稿子的主要支撑，就是病历和尸检报告，尸检报告已经获得了院方认可。而病历，更是可以理解为院方的辩护词。问题在于这份辩护词的质量太过低劣，出现不少致命的漏洞。

此外，我也联系过几位事件中的当事医生，他们要么一听说记者就把电话挂掉，要么就干脆推到医院。至于院方，我确实没有正面接触，但也发现，后来时代周报采访的时候，他们拒绝了。这跟当年事件刚发生时完全是两副面孔，那时院方不仅积极接受媒体采访，甚至还主动召集媒体通报。但是，突然地，所有医生都避口不言了。

所以，我不觉得自己没有做到采访平衡。当年媒体在大量报道院方一面之词，全国人民都在骂肖志军的时候，没有人提平衡，我报道了一下事情的另一面，替肖说了几句话，马上就成了制造悲情，成为采访“不平衡”了。

英国作家奥威尔的名作《动物庄园》中，用了这样一句话：前半句是：所有动物一律平等，后半句是：但有些动物比其他动物更平等。我想彭教授指责本人报道的逻辑，套用这个句式就是：“报道需要平衡”，然后，“强者比弱者更需要平衡”。

五

最后，我必须着再提一下病历。

我本无意贬低任何一个医务人员，我一直认为，中国的医务人员是一群可怜的人，他们和民众一样在承受医改失败的恶果。而且，正如人们所知道的，这个群体中出现过多位民族脊梁一类的人：如蒋彦勇，高耀洁，也包括我熟悉的陈晓兰。

但是，我所拿到的李丽云的病历，让我不得不修正这个看法。

在李丽云的病历中，有两张梅毒检验报告单。一张出自21日，李丽云死亡之前做的；另一张是22日，在其死亡之后出来的。

第一张检查结果显示为阴性，第二张则显示为阳性。

这意味着，李丽云在死后，被医院贴上了一个梅毒的标签。

李丽云就这样身背耻辱死去了，而且，这个消息很快通过医方传到采访此事的一位记者那里，电话中，她愤愤地对我提及此事，丝毫没有了对死者的同情。

但是，正如病历上记载的李丽云“孕足月”一样，她看到的，听到的，一定就是真相吗？

我在网上看到新民周刊记者卞宁写的一篇博客，是关于我这个稿子的读后感，里面用了这样一句话：李丽云之死，还残酷地揭示出一个现实：我们真的是不明真相的群众。

我深以为然，只是认为这里不明真相的群众，也包括我们传媒人。我们不仅不明真相，而且在浮躁与功利、傲慢与偏见的裹挟下，正在丧失探究真相的能力。

（作者系南方周末记者）

后记：

本文刊出之前的6月4日，李丽云的司法鉴定结果出笼，结论是“朝阳医院对李丽云的诊疗过程中存在的不足与患者的死亡无明确因果关系”。有朋友在网上看到消息后，打电话来对我表示担心，认为鉴定结果否定了我文章中的观点。但我的看法相反，这份报告不仅无法否定我文章中观点，而且在一定程度上恰恰印证了我的质疑：

第一，它首次以法定形式确认，朝阳医院对李丽云的诊疗存在不足，这是较之前论调的一个本质不同。至于这种不足与李的死亡之间存在什么样的关系，我想目前下结论为时尚早，因为，鉴定意见书中颇为暧昧的“无明确的因果关系”并不等于“无因果关系”。

第二，鉴定意见书所认定的朝阳医院的不足，有一点是“气管插管机械通气相对较晚”。我们看看这个“相对较晚”是怎么回事：李丽云2：50进呼吸科就被呼吸科接诊副主任发现缺氧症状，但并没有在呼吸科就得到应有救治，却把“缺氧”问题交给产科副主任解决。病历显示，李到达产科时间是在：3：40，气管插管时间却是在5：40——6：30之间，也就是说，拖了两个小时以上才给李机械通气，而早在5：30，李丽云已经心脏骤停，血压测不到。至于胎儿，在5：00之前已经死去。

第三，鉴定意见书主要是就住院抢救过程发表意见，依据的是被患方质疑并不真实的住院病历，但回避了至关重要的门诊诊疗过程，特别是从门诊到住院之间那空白的40分钟里究竟发生了什么，报告只字未提。事实上，我的文章的核心，就是李丽云死亡之谜更应着眼于前期诊疗，而非后期的抢救。因此，即使是鉴定意见书认为院方无责，也只是说在李丽云抢救问题上无责，而不能否定之前的责任。

第四，我的文章配稿中法医胡志强的主要观点，特别是给心肺功能严重衰竭的李丽云大量补液近2500毫升这一“致命性错误”，鉴定意见书完全回避。

道德优越感的危险与媒体人自省
——以一则医疗纠纷报道的舆论影响为例

□彭晓芸

彭晓芸

这里不用“民粹主义的危险”这类概念，是基于当下处于焦灼状态的中国语境，当慎用任何更加容易激发痛感的词汇。但无可否认的事实是，关于民粹主义与专业主义的争论，早已成为新闻报道话语策略的争论。

4 月 30 日发表于南方周末头版头条、署名为柴会群的一篇报道——《谁杀死了李丽云？——“丈夫拒签手术致孕妇死亡案”再调查》(以下简称“柴文”) 行将这一争论推至极致。

不仅仅是医学常识的争论

因“孕妇李丽云之死”事件是发生于 2007 年的旧闻，如今为何成为头条新闻？这就首先留下了悬念。一般来讲，按照传播效应的规律，媒体都会讲究时效性，而南方周末将有关猪流感的报道“屈居”二版，把孕妇死亡案的再调查报道放置到头版头条的核心位置，莫非是有惊人大发现？有核心的独家报道？

2007 年大量的媒体记者通过与肖志军的直接对话和面对面接触，甚至于追踪至肖志军的家乡，无不试图探寻肖志军在手术签字问题上的“反常表现”的社会根源、个人性格原因，而如今南方周末的记者柴会群却在报道中一再提示：“在媒体的眼中，肖志军成为一个无可争议的愚昧者，一个

不负责任到宁可放弃老婆孩子程度的冷血丈夫。人们先将他定性为一个魔鬼，然后全力搜集他是魔鬼的证据，并探究背后的原因。最后，肖志军成了一个不切实际的自大狂，一个没有生存能力的精神病患者。而今，一位采访过此事的记者承认：在那种情况下坚持不签字，或许真的表明，肖志军可能才成了这场悲剧加闹剧中的那个明白人……"

这样一个结论的确很有"震撼效应"，网络媒体将其命名为"惊天大逆转"。从传播效果来说，该报道几乎达到了为当年被指责为愚昧自私的丈夫肖志军翻案的预期。连不少资深媒体人也真诚地表示阅读了南方周末该报道之后，要对肖志军"道歉"，称自己曾经误解了这位农民好兄弟。

截然相反的结论，需要过硬的事实来支撑，但遗憾的是，柴文出现了多处医学常识的硬伤——本文只是在论述过程中对涉及到的至为关键的几条试着追问一番，希望获得权威的医疗界人士指正。

报道原文指"尸检鉴定意见用语极为考究，显得经过了深思熟虑。如对所怀胎儿是否足月问题，鉴定意见巧妙作答：李丽云腹内胎儿胎龄在36周左右。对于孕妇而言，胎龄是个很少使用的概念，医学更多使用的是‘妊娠期’，胎龄36周的胎儿，对应的是妊娠34周的孕妇。”

“李丽云腹内胎儿胎龄在36周左右”一句指出，尸检报告鉴定，胎儿的发育情况相当于36周左右，后面一句则是柴会群自己的判断：“对于孕妇而言，胎龄是个很少使用的概念，医学更多使用的是“妊娠期”，胎龄36周的胎儿，对应的是妊娠34周的孕妇。”

据医学常识的咨询可以得知，妊娠平均期限为266天，从末次月经第一天算起约为280天，共计40个孕周。孕期的时间一般以孕周表示，对胎儿来说则孕周数即为胎龄周数。常用的胎龄计算仍以孕周为主要依据。由于妇女月经周期有长有短，排卵和受孕的准确日期难以确定，而妊娠期限的个人差异也很大，所以妊娠满37周以上都定义为足月。而胚胎学则从受精卵之日为起点，计算受精龄，受精龄倒真的是一个少用的概念，临床上一般以月经龄来计算胎龄。受精一般发生在末次月经第一天之后的2周左右，故从受精到胎儿分娩出约38周。也就是说即便以受精龄来计算胎龄，也应该是受精龄36周的胎儿对应孕周为38周的孕妇，无论如何也算不出柴会群所说的“胎龄36周的胎儿，对应的是妊娠34周的孕妇”。

然而，就是这个简单的医学常识，柴会群记者在大量网民提出质疑以及时代周报记者求证了产科专家之后，依然坚持原来的观点，在《回应时代周报：先学点知识再质疑》的文章中，柴记者再次坚称他的算法无错，他认为：“胎龄则是衡量胎儿发育的一个概念。它是指从受精卵形成到胎儿出生这段时间，一般正常足月胎儿的胎龄是40周左右。也就是说，胎龄减两周才代表妊娠周数，所以本人报道中将李丽云妇内胎儿胎龄36周对应妊娠34周并没有错。”

为何要纠缠于这个胎龄与孕周数之争，因为这是柴文论证的关键一笔，在接下来的篇幅中，《谁杀死了李丽云》文中论证出：“这是一个至关重要的问题，因为李丽云正是因为被医生诊断为‘孕足月’方要求其做剖腹产手术。”

而在回应网民“平儿医师”的《驳〈也谈谁杀死了李丽云〉》（见腾讯网：http://view.news.qq.com/a/20090515/000040_1.htm）一文中，柴会群更是鲜明地亮出他的推断：“产科医生将李诊断为‘孕足月’‘孕41周’毫无道理且违背常识，这样的明显违背常识的目的不言自明：产科医生给李丽云实施剖腹产的目的根本不是通过终止妊娠缓解病情，而就是为剖腹产而剖腹产。”

该文进一步指出：“将李丽云由呼吸科转到妇产科，绝不是什么常识，如果非说是常识，那也只能理解为是被利益扭曲了的常识。因为治个‘咳嗽’收费再多也比不了做一个剖腹产手术来钱快。”

到了这里，可以清晰地理出柴文的思路：医院为了多收个剖腹产的钱，非要把本来只是来看咳嗽而不是来生孩子的孕妇拉去剖腹产，而肖志军的拒绝签字恰恰是由于他的“清醒”和自行掌握了预产期还有“两个月”的产科知识。

这个思路，是柴文遭受质疑的根本原因，也可以说是作为媒体同行的我们最终决定在以评论为主的《声音》版予以追踪报道和评论的根本原因。

VOICE 声音 C07

孕妇之死，谁是真相的诠释者

平衡性报道是必须坚守的准则

这种对肖志军无条件“同情”的立场导致了记者对医生无条件的“怀疑”，医学的科学性、专业性遭遇了民粹主义的解读，结论自然带有极其强烈的道德优越感：弱者正确却无奈的抗争，强势群体图“来钱快”而无视弱者的声音乃至于生命。然而，在一个急速断裂的社会，我们实际上不得不痛苦地面对这样一个现实：在生存生态恶化背景下的底层沦陷或底层堕落，底层更加容易突破道德底线。2007年肖志军的大量矛盾的行为和语言证实了这一点，他自然不是故意害死李丽云，但怀揣100元的肖志军始终惦念着那个承诺他2000元顺产包干的上地医院，顾虑着剖腹产就不能生二胎（当然，他的这个医学认知也有误），而无法接受也无法理解已经病重的李丽云急需通过“终止妊娠”来缓解病情或者是另外一种情况：李丽云已经生命垂危，快速的剖腹产也许可以给胎儿一线生机。

对于底层群体的社会关怀，究竟是应该证明其是正确无误的“明白人”？还是应当唤醒他们，并且将问题的根源指向应当承担对弱势群体提供生存保障和上升空间的政府和社会，而不是臆断职业道德水准未必就低于记者群体的医生们“虚构病历”，为“来钱快”？

道德优越感背后的媒体话语霸权

在时代周报的追踪报道中，采访相关的产科医生时，在记者道明来意是为了请教医学常识的时候，医生都还愿意作答，但当医生问及“为何有这样的常识混淆”时，记者如实告知：目前有这样一篇报道提出这样的观点，希望产科医生能够署名提供意见。这个时候，医生们沉默了，并且提出请求：不要具名，怕得罪媒体和公众，引来麻烦。

尊重了采访对象的请求，的确使得相应的报道的公信力会有折损，但由于是评论版的述评性质的文章，而且，恰恰由于医生们的噤若寒蝉使人不得不反思：“是什么力量使得医生如此惧怕媒体？反感媒体？不信任媒体记者？”我们还是决定，应当及时推出这个文章，作为媒体人的一种自省也好，作为不同媒体之间的补充报道、多元声音也好，我们需要正视的事实显然是：当报道的对象以集体沉默对抗媒体的话语霸权的

柴会群：驳《也谈谁杀死了李丽云》

http://view.QQ.com 2009年05月15日07:41 南方新闻网 柴会群 我要评论(11)

进入产科之后，“赵会荣给李丽云又做了检查，诊断为‘孕足月，急性心衰、重症肺炎’。”这里的“孕足月”成了柴文对医院和医生大加挞伐的一个重要细节，这一点，我将在后文中作出具体阐述。接下来医生对李丽云进行了抢救，这一过程，我也将在后文作出说明。

在进入朝阳医院后数小时内，李丽云即因“呼吸循环衰竭死亡”。这一过程说明：1、在看病之时，李丽云病情即较为严重，妊娠合并重症肺炎，属于产科危急重症；2、李丽云病情发展极为迅速，很快导致病人死亡。

至于李丽云病情进展迅速，很快死亡的原因，我们可以做出如下假设。

疾病的自然过程：意思就是说，李丽云的死亡是由于疾病本身导致，医生采取的治疗措施无法阻断疾病进展，无法挽回其生命。这个原因是建立在医生的治疗措施没有错误的基础上的，也就是说，在治疗过程中，医生的诊疗措施是符合诊疗常规的。

医生的诊疗失误。这就是说，医生的诊疗措施违反了诊疗常规，最后加速了李丽云的死亡。

那么医生的诊疗错误是否违反了诊疗常规呢？这个，就需要通过医疗事故鉴定或者司法鉴定才能说明了。而在2007年北京市卫生局经组织专家评审，已经认为“孕妇死亡不可避免”。这个结论说明，在“专家评审”中，李丽云的死亡是不可避免的，不是由于医生的诊疗失误造成的。【“死亡不可避免”实际是句废话，可以用在每个人身上。但平儿医师非要把作为专家评审意见的“死亡不可避免”等于说医生不存在诊疗失误，实际是偷换概念，本人在报道中已经点得很明白：医生如果抢救不当的话，死亡更加不可避免。】

当然有人会认为北京市卫生局组织的专家评审不可信，需要经过司法鉴定才能做出结论，这个，大家也就只有等待司法鉴定的结论了，不过需要明确一点：临床医生的诊疗常规不是法医制定的。【法医的确不制定临床诊疗常规，但是，法医对医生因明显违反诊疗常规而对病人造成的医疗损害，可是看得一清二楚。】

批判之二：“孕36周”与“孕足月”有什么区别？

在柴文中一再强调一点“李丽云怀孕是不足月的。”因为柴大记者认为“李丽云正是因为被医生诊断为‘孕足月’方要求其做剖腹产手术。”

对于医生要求李丽云做剖腹产手术的原因，我们后面再谈，现在这里先说说李丽云怀孕是否足月的问题。

在临床医学上，孕足月的概念是指怀孕满37周。这里的怀孕满37周不是指受精后满37周，而是指末次月经算起，满37周。【这才是不折不扣的产科常识错误。平儿医师据说是医学硕士，但从这个判断看来在“孕足月”问题上还不如我这个外行。看来需要为其补一产科知识。我们知道，女人或者说产科医生判断怀孕时间，一般是通过末次月经估算。因为女人一旦怀孕，就会停经，这是常识。妇产科教材中，为了计算怀孕妇女的怀孕周数，通常有几种不同的表述方法。如：1、胎龄，是指从卵子受精到胎儿出生这段时间，正常足月胎儿的胎龄约40周。2、月经龄，从末次月经的第一天算起，到胎儿出生这段时间，一般而言，末次月经之后两周卵子受精，因此月经龄要比胎龄多两周左右，故正常足月胎儿约为42周（绝不是平儿医师所说的满37周）。3、孕周，即妊娠周数，是从胚胎形成到胎儿出生这段时间，从受精卵发育成胚胎约需两周，因此孕周比胎龄又小两周左右；4、妊娠期，与胎龄一致。通过上述概念可以明白，孕周数要比胎龄少两周，即正常足月胎儿，对应的孕妇的怀孕周数是38周【或者说满37周，意思相同】。所以说，孕周数要比胎龄少约2周，比末次月经少约4周，平儿医师胡说什么怀孕满37周是从末次月经算起，并以此认定李丽云“孕足月”，真让全国医务人员笑掉大牙。】

在柴文中指出：“尸检鉴定意见用语极为考究，显得经过了深思熟虑。如对所怀胎儿是否足月问题，鉴定意见巧妙作答：李丽云腹内胎儿胎龄在36周左右。对于孕妇而言，胎龄是个很少使用的概念，医学更多使用的是‘妊娠期’，胎龄36周的胎儿，对应的是妊娠34周的孕妇。”【尸检报告中，法院提请鉴定的内容之一是：胎儿是否足月，具体孕周。而鉴定机构实际上答非所问，抛出一个“胎龄36周左右”来，表面上看，似乎与足月胎儿（怀孕满37周或者说38周）相差无几，但实际上，正如上文所述，胎龄减两周才代表孕周数，所以拙文称之对应妊娠（即怀孕）34周并没有错。此外，拙稿在作上面表述同时，还引用了明正司法鉴定中心主任霍家润的说法，明确指出胎儿不足月。事实上，尸检结果是：李丽云腹内胎儿的身长、头围、体重分别为：45厘米，31厘米，1948克。而高等教育出版社出版的《妇产科学》中，对于36周的胎儿上述几项数据分别为：45厘米，33.1厘米，2500克。两相比较，胎儿只有身长一项达到36周标准，而体重更是比36周标准少了足有552克，因此实际上是不足36周。尸检报告加上一个“左右”，其实也是事出无奈。不过也正是因此如此，尸检报告也获得了院方的认可。实际上，一般而言，作为孕妇，自己对预产期往往能估计个差不多的，何况李丽云之前在一个诊所中已经看过医生，对方已经明确告知其预产期是在腊月（距李丽云看病时还有近两个月），正因为预产期还没到，所以他们到医院后才一直声称是“来看感冒的，不是来生孩子的”，可是呼吸科医生还是将他们推到产科，而产科医生更是在病历上将李丽云硬写成“孕足月”。

曾看到有说法将李丽云死亡归纠于患者对医生的不信任，但就目前证据看来，肖李二人最初对医生是信任的，他们不及时看病是因为没有钱，当李丽云家里汇来一百块钱之后，他们马上去看病。被个体诊所老板送到朝阳医院京西院区后，他们开始对医生也是信任的。但是，首诊的呼吸科医生让去看咳嗽的他们到产科生孩子，妇产科医生将分明不足月的李丽云诊断为“孕足月”，这让他们怎么相信医生？这让肖志军怎么敢签字！？】

时候，媒体人是否需要一定的反思？

柴会群在《回应时代周报：先学点知识再质疑》一文中说："事实上，本人早已经看到这个所谓"平儿医师"所发网文，并发现该文采用大量指鹿为马、避重就轻、移花接木之手误导公众（对此文本人另外批驳），由于其只是一个ID，作者也根本无需对其真实性及产生影响负责，因此并未认真理会。时代周报作为一家严肃报纸，孕文作者作为一名新闻记者，对于一个身份不明的人所写网文如此看重，甚至认为其行为"如此坦荡"，并号召肖志军、医院、媒体向其学习，实在让人无语。"

此言是否体现了传统媒体记者占据话语霸权的一种傲慢呢？实际上，时代周报记者仅仅点出网络上出现如此一篇颇具"影响力"的文章，提醒有兴趣追踪此事的读者注意，时代周报也并未引述该文的观点，采信的依然是直接采访到的产科医生的说法。在今天这个网民已经成为了无数自媒体的时代，在今天这个网民已经在一步步推动公民社会的进步以及监督公权力的时代，如果纠结于网民的身份问题，因为是来自于网民的质疑，传统媒体记者就可以不予回应，不恰恰是传统媒体人需要警惕的话语暴力吗？而且，正是因为对这个呈现为一个"符号"的网民的意见的不轻视，事实上在时代周报的追踪报道出来之后，腾讯网制作了相关专题，这个时候，这位神秘的"医生"已经浮出水面，他是四川省人民医院医生胡小平。

僭越身份的媒介审判

《谁杀死了李丽云？》这样一个具有轰动效应的标题，看上去似乎是一则社会新闻的报道，然而，通过对报道中涉及的复杂的医学知识的阅读和分析，我们是否应该意识到这是一篇涉及科学知识的专业性报道。然而，长期以来，中国的媒体人是否存在着这样一种不自觉：把各种专业性质很强的报道，当作社会新闻来操作？并且常常受立场先行的意识所影响，为了证明某一预判而不惜无视医学知识的专业性采取媒介审判？

李丽云案这则旧闻，如果说还有值得报道和挖掘的空间，是由于李丽云父母对医院的起诉至今仍未判决，而这个悬念的落地将会回应2007年那场大争论。那么，媒体在判决产生之前，应该考虑如何真实还原当时医院的救治过程，并且请第三方论证，在这个救治过程中，医院的抢救方式是否得当，是否有纰漏，以客观事实说话，谨慎推论，对医疗事故鉴定渠道是否公正、专业也可展开探讨。另外，肖志军的生存处境也是值得关注的，如果能够找到肖志军，如实叙写他这一年多以来的生活，也能呈现弱势群体在当下的境况，拷问强势社会对弱势群体的排斥及政府缺位的责任。

可惜的是，柴文一再引述法医胡志强的意见，将报道的倾向性一步步强化。如关于实施手术能否救活胎儿，柴文引用胡志强的说法："在我印象当中，全世界还没有孕妇因重病死亡而胎儿存活的案例。"这其实是一个仅仅依靠百度就可以解答的问题，连请教产科大夫的麻烦都免去了，但柴文仍然选择了倾向性报道的方式。别说孕妇活着的时候，采取终止妊娠的方式抢救孕妇和胎儿的生命，就是孕妇完全死亡之后，胎儿仍有存活的案例。

在《驳〈也谈谁杀死了李丽云〉》一文中，记者甚至这样描述："事实上，医务人员都知道，在医院病房住的全都被称为病人或患者，唯独产科里住的孕产妇，医务人员从来就不用"病人"、"患者"相称，因此可以肯定怀孕生孩子不是病，因为孕产妇不属病人，产科病房的抢救设备和场地都不可能与急诊科相比。"

稍微有点孕产经验的人都知道，孕妇不称为病人只不过是出于尊重孕妇主体感受的需要，却被柴记者作为论证产科病房抢救设备和场地不可能和急诊科相比的证据。莫非危急情形之下，产科的医生们要在手术过程中紧急将病人转去急诊科？另外，柴记者不应该不知道产科里面还分有高危妊娠专科，常见于新闻媒体报道的各类高危产妇，均有高危妊娠专科的大夫参与救治，包括那些多胞胎的生产，甚至包括艾滋病人的生产等等。

通读柴文，柴记者试图质疑的就是医院的救治不当的责任，包括用了诸如"抢救：死亡加速器？"这样带有明显倾向意味的小标题，但是，柴文仍然没有告诉读者，如果朝阳医院的救治方式不当，那么恰当的救治方式应该是怎样的？转去急诊科应当怎样治疗？这恰恰是此篇报道的技

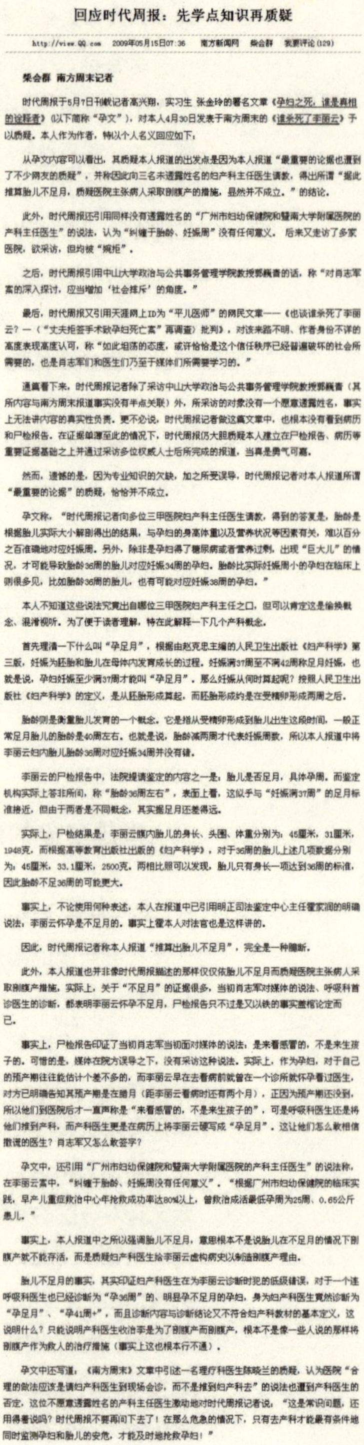

回应时代周报：先学点知识再质疑

http://view.QQ.com　2009年05月15日07:36　南方新闻网　柴会群　我要评论(129)

柴会群　南方周末记者

时代周报于5月7日刊载记者高兴翔，实习生 张金玲的署名文章《孕妇之死，谁是真相的诠释者》(以下简称"孕文")，对本人4月30日发表于南方周末的《谁杀死了李丽云》予以质疑。本人作为作者，特以个人名义回应如下：

从孕文内容可以看出，其质疑本人报道的出发点是因为本人报道"最重要的论据也遭到了不少网友的质疑"，并称因此向三名未透露姓名的妇产科主任医生请教，得出所谓"据此推算胎儿不足月，质疑医院主张病人采取剖腹产的措施，显然并不成立。"的结论。

此外，时代周报还引用同样没有透露姓名的"广州市妇幼保健院和暨南大学附属医院的产科主任医生"的说法，认为"纠缠于胎龄、妊娠周"没有任何意义。后来又走访了多家医院，欲采访，但均被"婉拒"。

之后，时代周报引用中山大学政治与公共事务管理学院教授郭巍青的话，称"对肖志军案的深入探讨，应当增加'社会排斥'的角度。"

最后，时代周报又引用天涯网上ID为"平儿医师"的网民文章——《也谈谁杀死了李丽云？—〈"丈夫拒签手术致孕妇死亡案"再调查〉批判》，对该来路不明、作者身份不详的高度表现高度认可，称"如此坦荡的态度，或许恰恰是这个信任秩序已经普遍破坏的社会所需要的，也是肖志军们和医生们乃至于媒体们所需要学习的。"

通篇看下来，时代周报记者除了采访中山大学政治与公共事务管理学院教授郭巍青（其所内容与南方周末报道事实没有半点关联）外，所采访的对象没有一个愿意透露姓名，事实上无法讲内容的真实性负责。更不必说，时代周报记者做这篇文章中，也根本没有看到病历和尸检报告。在证据单薄至此的情况下，时代周报仍大胆质疑本人建立在尸检报告、病历等重要证据基础之上并通过采访多位权威人士后所完成的报道，当真是勇气可嘉。

然而，遗憾的是，因为专业知识的欠缺，加之所受误导，时代周报记者对本人报道所谓"最重要的论据"的质疑，恰恰并不成立。

孕文称，"时代周报记者向多位三甲医院妇产科主任医生请教，得到的答复是，胎龄是根据胎儿实际大小解剖得出的结果，与孕妇的身高体重以及营养状况等因素有关，难以百分之百准确地对应妊娠周。另外，除非是孕妇得了糖尿病或者营养过剩，出现"巨大儿"的情况，才可能导致胎龄36周的胎儿对应妊娠34周的孕妇。胎龄比实际妊娠周小的孕妇在临床上则很多见，比如胎龄36周的胎儿，也有可能对应妊娠38周的孕妇。"

本人不知道这些说法究竟出自哪位三甲医院妇产科主任之口，但可以肯定这是偷换概念、混淆视听。为了便于读者理解，特在此解释一下几个产科概念。

首先理清一下什么叫"孕足月"，根据由赵克忠主编的人民卫生出版社《妇产科学》第三版，妊娠为胚胎和胎儿在母体内发育成长的过程。妊娠满37周至不满42周称足月妊娠，也就是说，孕妇妊娠至少满37周才能叫"孕足月"。那么妊娠从何时算起呢？按照人民卫生出版社《妇产科学》的定义，是从胚胎形成算起，而胚胎形成约是在受精卵形成两周之后。

胎龄则是衡量胎儿发育的一个概念。它是指从受精卵形成到胎儿出生这段时间，一般正常足月胎儿的胎龄是40周左右。也就是说，胎龄减两周才代表妊娠周数，所以本人报道中将李丽云妇内胎儿胎龄36周对应妊娠34周并没有错。

李丽云的尸检报告中，法院提请鉴定的内容之一是：胎儿是否足月，具体孕周。而鉴定机构实际上答非所问，称"胎龄36周左右"，表面上看，这似乎与"妊娠满37周"的足月标准接近，但由于两者是不同概念，其实据足月还差得远。

实际上，尸检结果是：李丽云腹内胎儿的身长、头围、体重分别为：45厘米，31厘米，1948克，而根据高等教育出版社出版的《妇产科学》，对于36周的胎儿上述几项数据分别为：45厘米，33.1厘米，2500克。两相比照可以发现，胎儿只有身长一项达到36周的标准，因此胎龄不足36周的可能更大。

事实上，不论使用何种表述，本人在报道中已引用明正司法鉴定中心主任霍家润的明确说法：李丽云怀孕是不足月的。事实上霍本人对法官也是这样讲的。

因此，时代周报记者称本人报道"推算出胎儿不足月"，完全是一种臆断。

此外，本人报道也并非像时代周报描述的那样仅仅依胎儿不足月而质疑医院主张病人采取剖腹产措施，实际上，关于"不足月"的证据很多，当初肖志军对媒体的说法、呼吸科首诊医生的诊断，都表明李丽云怀孕不足月，尸检报告只不过是又以铁的事实盖棺论定而已。

事实上，尸检报告印证了当初肖志军当初面对媒体的说法：是来看感冒的，不是来生孩子的。可惜的是，媒体在院方误导之下，没有采访这种说法。实际上，作为孕妇，对于自己的预产期往往能估计个差不多的，而李丽云早在去看病前就曾在一个诊所就怀孕看过医生，对方已明确告知其预产期是在腊月（距李丽云看病时还有两个月），正因为预产期还没到，所以他们到医院后才一直声称是"来看感冒的，不是来生孩子的"，可是呼吸科医生还是将他们推到产科，而产科医生更是在病历上将李丽云硬写成"孕足月"。这让他们怎么敢相信撒谎的医生？肖志军又怎么敢签字？

孕文中，还引用"广州市妇幼保健院和暨南大学附属医院的产科主任医生"的说法称，在李丽云案中，"纠缠于胎龄、妊娠周没有任何意义"。"根据广州市妇幼保健院的临床实践，早产儿重症救治中心年抢救成功率达80%以上，曾救治成活最低孕周为25周、0.65公斤患儿。"

事实上，本人报道中之所以强调胎儿不足月，意思根本不是说胎儿在不足月的情况下剖腹产就不能存活，而是质疑妇产科医生给李丽云虚构病史以制造剖腹产理由。

胎儿不足月的事实，其实印证妇产科医生在为李丽云诊断时犯的低级错误，对于一个连呼吸科医生也已经诊断为"孕36周"的、明显孕不足月的孕妇，身为妇产科医生竟然诊断为"孕足月"、"孕41周+"，而且诊断内容与诊断结论又不符合妇产科教材的基本定义，这说明什么？只能说明产科医生收治李是为了剖腹产而剖腹产，根本不是像一些人说的那样将剖腹产作为救人的治疗措施（事实上这也根本行不通）。

孕文中还写道，《南方周末》文章中引述一名理疗科医生陈晓兰的质疑，认为医院"合理的做法应该是请妇产科医生到现场会诊，而不是推到妇产科去"的说法也遭到产科医生的否定，这位不愿意透露姓名的产科主任医生激动地对时代周报记者说，"这是常识问题，还用得着说吗？时代周报不要再问下去了！在那么危急的情况下，只有去产科才能最有条件地同时监测孕妇和胎儿的安危，才能及时地抢救孕妇！"

术难点，只有法医胡志强的单方解释是完全不够的，何况法医并非相关方面的临床医生，至于上海某医院理疗科的医生陈晓兰的质疑，也因为专业不对口而无法使人信服，而这就是李丽云事件需要定性为某种程度上的涉及医学知识的专业性报道的根本原因了。对于媒体记者来说，攻克这一难题并不容易，但无论作为读者还是媒体人，我期待这样的报道的出现。

监督缺失，媒体人需自省

在当前背景之下，社会学家纷纷提出对大众传媒浮躁倾向的警惕。对受众来说迫切需要提高媒介素养：即辨识信息的能力，对于生产信息的媒体人来说，则需要专业主义的职业素养，就业门槛应当水涨船高。

然而，这几乎是一个呈悖论式的命题。无论是笔者所供职的媒体还是中国大陆当下的多数媒体，我们似乎早已陷入了一种快餐式的新闻生产模式，而媒体的从业人员也在日益年轻化。相比西方媒体依然有不少白发苍苍的记者战斗在第一线，我们动辄将年轻记者命名为各种资深记者、首席记者，这不能不引起媒体人警觉和自省。如果说这些名头仅仅是提高采编队伍的待遇，使得新闻从业人员拥有较好的思考空间尚可理解的话，那么，作为媒体人自己，则需要保持时刻的自省和清醒，在各种报道和新闻操作过程中，秉持对事实真相的敬畏之心，尽量减少报道中的臆断和常识性错误。

与此同时，媒体从业人员的各行业协会似乎应当在针对媒体人的监督中发挥更大作用，至少比起媒体同行的自纠自省要更为权威和客观公正，但是行业规范委员会之类的机构一直处于隐身状态，不见作为。而全国记协的《中国新闻工作者职业道德准则》相当程度上还是用政治术语构成的，通篇不过是几句说惯了的正确无误的顺口溜，难以落实到职业性的具体操作当中。在这种状况之下，媒体自省大概是一种最为快速的纠正方式，但容易产生纠纷和弊端，如果不是影响极大的报道，媒体同行的自纠行为也可能存在动力不足的情况。

无论如何，坦诚沟通、批评与自我批评应该是一个起码的态度。正如英国的卫报设有《卫报传媒》栏目，每周对媒体同行的不足和错误进行点评，也正如《南方周末》设有一周高论的“评中评”版，对每周发表于不同媒体的评论文章进行推介，媒体之间无论是互相的赞赏还是批评，都应当是自由的。

（作者系时代周报评论版编辑）

除了真相，一切都已说尽

□宋志标

宋志标

新闻业是这么一个行当，它唯一正当的荣誉来源，就是完整地呈现事实，由此将真相准确无误地描绘出来。如果认可这个标准，在幽暗现实成为常态的情形下，新闻业的成就远远小于期待，极其渺小。这里很有一种悲剧意味，或者媒体的日常作为，也就近似于悲剧性的活动。然而，相较于某些报道对象所遭遇的那些，新闻记者的境况仅仅是职业使然，而且绝对不是最糟糕的。

南方周末柴会群新近的作品，重新整理了亡者李丽云生前的就医经历，以全然逆向于既定逻辑的事实，再次将事态、媒体报道、社会情境拉入悲剧的氛围。需要说明的是，它显然并不是悲情报道。在这里，悲观的情绪仅仅是事实的修饰。重要的是，这些新发掘的真实情况衬托出原有新闻表现的忤逆。这个作品令人顿生惭愧：在一度喧嚣的声音之外，存有阴谋的影子，眼睛见证的竟然是盲目。

无法否认，只能透过新闻看世界是多么无奈的事情。关于李丽云和肖志军夫妇，原先的新闻及评论铺天盖地。所有这些言说的前提是：孕妇李丽云剖腹产病危，肖志军未能及时签字同意手术。尽管评论大多指向签字制度的利弊，甚至议论本身也不乏见地。可对照柴会群的报道，可以发现新闻和评论的逻辑起点根本是错的。苛刻点说，这让从前的报道不过是一堆废墟，那些指证接近于一场误会。

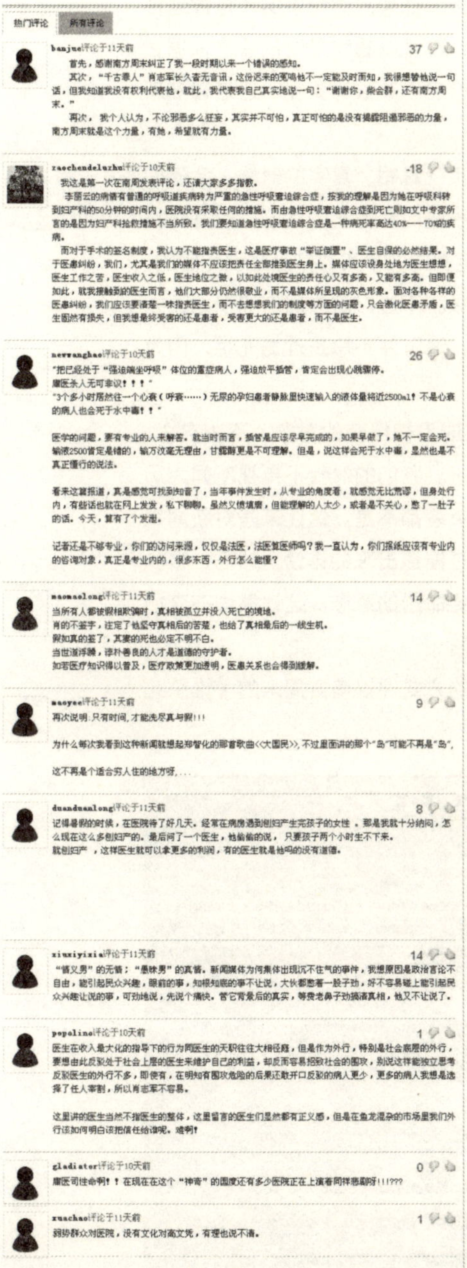
热门评论 所有评论

banjue评论于11天前 37

首先，感谢南方周末纠正了我一段时期以来一个错误的感知。

其次，“千古罪人”肖志军长久杳无音讯，这份迟来的冤鸣他不一定能及时而知，我很想替他说一句话，但我知道我没有权利代表他，就此，我代表我自己真实地说一句：“谢谢你，柴会群，还有南方周末。”

再次，我个人认为，不论邪恶多么狂妄，其实并不可怕，真正可怕的是没有揭露阻遏邪恶的力量，南方周末就是这个力量，有她，希望就有力量。

zaochendeluzhu评论于10天前 -18

我这是第一次在南周发表评论，还请大家多多指教。

李丽云的病情有普通的呼吸道疾病转为严重的急性呼吸窘迫综合症，按我的理解是因为她在呼吸科转到妇产科的50分钟的时间内，医院没有采取任何的措施。而由急性呼吸窘迫综合症到死亡则如文中专家所言的是因为妇产科抢救措施不当所致。我们要知道急性呼吸窘迫综合症是一种病死率高达40%——70%的疾病。

而对于手术的签名制度，我认为不能指责医生，这是医疗事故“举证倒置”、医生自保的必然结果。对于医患纠纷，我们，尤其是我们的媒体不应该把责任全部推到医生身上。媒体应该设身处地为医生想想，医生工作之苦，医生收入之低，医生地位之微，以如此处境医生的责任心又有多高，又能有多高。但即便如此，就我接触到的医生而言，他们大部分仍然很敬业，而不是媒体所呈现的灰色形象。面对各种各样的医患纠纷，我们应该要清楚一味指责医生，而不去想想我们的制度等方面的问题，只会激化医患矛盾，医生固然有损失，但我想最终受害的还是患者，受害更大的还是患者，而不是医生。

nevvanghao评论于10天前 26

“把已经处于“强迫端坐呼吸”体位的重症病人，强迫放平插管，肯定会出现心跳骤停。
庸医杀人无可非议！！！”
“3个多小时居然往一个心衰（呼衰……）无尿的孕妇患者静脉里快速输入的液体量将近2500ml！不是心衰的病人也会死于水中毒！！”

医学的问题，要有专业的人来解答。就当时而言，插管是应该尽早完成的，如果早做了，她不一定会死。输液2500肯定是错的，输万汶毫无理由，甘露醇更是不可理解。但是，说这样会死于水中毒，显然也是不真正懂行的说法。

看来这篇报道，真是感觉可找到知音了，当年事件发生时，从专业的角度看，就感觉无比荒谬，但身处行内，有些话也就在网上发发，私下聊聊。虽然义愤填膺，但能理解的人太少，或者是不关心，憋了一肚子的话。今天，算有了个发泄。

记者还是不够专业，你们的访问来源，仅仅是法医，法医算医师吗？我一直认为，你们报纸应该有专业内的咨询对象，真正是专业内的，很多东西，外行怎么能懂？

maomaolong评论于11天前 14

当所有人都被假相欺骗时，真相被孤立并投入死亡的境地。
肖的不签字，注定了他坚守真相后的苦楚，也给了真相最后的一线生机。
假如真的签了，其妻的死也必定不明不白。
当世道浮躁，淳朴善良的人才是道德的守护者。
加若医疗知识得以普及，医疗政策更加透明，医患关系也会得到缓解。

maoyee评论于11天前 9

再次说明：只有时间，才能洗尽真与假!!!

为什么每次我看到这种新闻就想起郑智化的那首歌曲<<大国民>>，不过里面讲的那个“岛”可能不再是“岛”，

这不再是个适合穷人住的地方呀，...

duanduanlong评论于11天前 8

记得暑假的时候，在医院待了好几天。经常在病房遇到刨妇产生完孩子的女性 。那是我就十分纳闷，怎么现在这么多刨妇产的。最后问了一个医生，他偷偷的说，只要孩子两个小时生不下来。
就刨妇产 ，这样医生就可以拿更多的利润，有的医生就是他吗的没有道德。

ziuziyizia评论于11天前 14

“情义男”的无情；“愚昧男”的真情。新闻媒体为何集体出现沉不住气的事件，我想原因是政治言论不自由，能引起民众兴趣，眼前的事，知根知底的事不让说，大伙都憋着一股子劲，好不容易碰上能引起民众兴趣让说的事，可劲地说，先说个痛快。管它背景后的真实，等费老鼻子劲搞清真相，他又不让说了。

popolino评论于10天前 1

医生在收入最大化的指导下的行为同医生的天职往往大相径庭，但是作为外行，特别是社会底层的外行，要想由此反驳处于社会上层的医生来维护自己的利益，却反而容易招致社会的围攻，别说这样能独立思考反驳医生的外行不多，即使有，在明知有围攻危险的后果还敢开口反驳的病人更少，更多的病人我想是选择了任人宰割，所以肖志军不容易。

这里讲的医生当然不指医生的整体，这里留言的医生们显然都有正义感，但是在鱼龙混杂的市场里我们外行该如何明白该把信任给谁呢。难啊！

gladiator评论于10天前 0

庸医司性命啊！！在现在在这个“神奇”的国度还有多少医院正在上演着同样悲剧呀!!!???

xuachao评论于11天前 1

弱势群众对医院，没有文化对高文凭，有理也说不清。

若说南方周末这个报道的贡献，其实很简单。那就是纠偏，它还原了李丽云夫妇在医院就诊的整个过程。由此，李丽云不再是突然出现在妇产科的剖腹产人选，而是一名经呼吸科首诊为重症病人，进而被分诊至妇产科的不幸之人。她不是毫无由来地、必然要接受剖腹产的孕妇。在整体事实的参照下，比照院方诊疗方案是否合适，肖志军是否签字不该是重点，后者是被强行“制造”的重心。

绝大多数的新闻媒体，都搞错了重点，对于肖志军的妖魔化负有直接责任。在当时的情况下，李丽云死亡的完整逻辑被切断。更恐怖的是，没有媒体希望独立地了解整个事件，陷入整体性的癫狂中，合作完成了一次压倒性的、道德错误的及不可抗拒的舆论潮流。肖志军夫妇既是新闻的主角，却又被新闻的作者与传播者忽略了。没有记者去关心人的具体悲伤，这是无法谅解的。

尽管仍有细节需要确认，但南方周末的报道让我们更了解这个事件。这在客观上把医院的责任重又拉回公众视野。这是事实使然，是完整还原事件自身具有的力量。至于院方责任的认定，不属于南方周末报道的任务范围。即便南方周末的报道有利于李丽云家属的诉讼，但只要李丽云就诊的程序没有被凭空抹去，又有什么可以指责的呢？

报纸对完整的事实负责，是“完整”这个词增强了控诉的可能。

在柴会群的报道出版以后，据说也产生了质疑和争论。我更希望质疑是技术性的，动机是纯净的，而不是为了质疑而质疑——毕竟，我们自上而下遭受的诛心之论已经不胜枚举。在事实的框架内讨论事实才是被理性许可的正道。比如对胎儿年龄的不同算法，这可以看作是对剖腹产依据之一的讨论。可是，为什么剖腹产本身是否恰当不该被讨论呢？这是曾被新闻掩盖的问题，新闻又做了什么补救？

最常见的情况是，在我们谈论诸如事实、真相、真实的时候，会随即体验到无可辩驳的无力感。它们不仅仅是一些闪着光芒的词汇，也是身临其境时遭遇的一堵堵壁垒。在媒体涉猎的范围内，事实通常是坚硬无比的，逼迫新闻不得不停滞在它们之外，变得消极。不过，南方周末的李丽云之死再调查说明，事实和真相并不总是虚幻，消沉并不总是理据充足，因为真实可以被真正地反映出来。

我们正在经历这样的时代：新闻往往成为被俘获的对象，不由自主，容易成为扭曲事态本真面貌的一种常规手段。我们的时代不再视新闻为历史的形式。记者不再书写历史，甚至连记录者都不是。这让某些对新闻媒体的概括，例如媒体审判这个说法，更像是捏造出来的诽谤。然而，极少数媒体仍拥有反省或企图解决所处时代重要命题的意志，这让媒体在李丽云报道上犯下的过错更像是自暴自弃的结果。

因此，尤其想要申明的是，选择这样的方式评议南方周末的《谁杀死

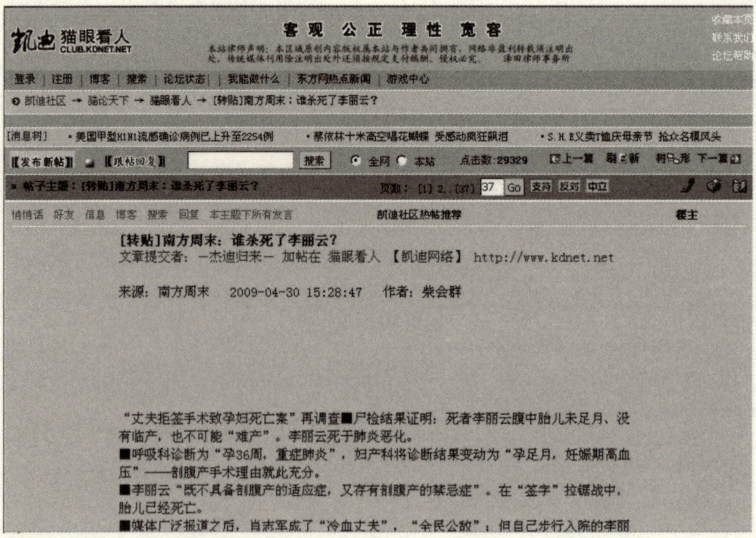

了李丽云？》，没有拔高它的意思。恰恰相反，正在谈的以及应该谈的都是新闻的常识，都是新闻界之所以称得上存在必要的基础。只要确实地追问并尽可能圆满地道出事实，新闻报道就根本不需要在是否中性、是否客观上耗神费力。事实及其质量决定成败，少事实导致大失败。新闻回到事实，就等于新闻界回归常识。

李丽云究竟死于签字导致的延误，还是死于延迟诊治的谋杀，或者死于不可避免的医疗事故？对这些判断的识别超出了新闻的能力，但新闻应当准确、不缺损地供应全部事实。否则，按照原有的报道印象，李丽云的死只不过是命运使然。这很像是一个类型的比喻，有人乐见其成，因为它可以涵盖大多数有意遮蔽新闻的努力。事实或常识是有力量的，区别只在于新闻人能否去争取。

新闻媒体是不是一种怪物？它们能做什么来促动深层的审视？新闻留痕，当初的报道如今看起来很是轻佻，其密集而遗憾种种，并在柴会群的报道下显得有些丑陋。这不是拿一篇填补事实空白的报道去贬低劣质新闻，后者的颓废与偏废是它们自身的特征，这令人触目惊心。在这件事上，舆论导向并非被所谓“正确引导”的，而是媒体主动或被动选择的，这更令人深感顿挫。

在现有的生存境况下，无论是把关人还是编辑记者，都被深切的无力感笼罩。所有品质的问题已经被搁置；很可能，品质的问题会被一再搁置。报纸会因精准地掌握事实而成功，也可能因此受到遏制。即使如此，新闻的优劣仍主要来自于陈述事实，体现为对事实重视的精确度，以及被陈述的事实与真相的关联程度。以这些标准来衡量，《谁杀死了李丽云？》无疑是一个重要的报道。

南方周末的报道并不是一个完美的报道。我们也无须要求它是一个完美的报道。由于涉及医学的复杂结论，《谁杀死了李丽云？》所透露的事实也显示了其限制性。记者极小心地建立行文的逻辑，它树立了不同以往的主题，就必须要涉入莫衷一是的诊疗判断领域，而后者据说是难有清晰定论的。也正因为有了南方周末介入，李丽云的死亡产生了转折意义，对其死亡前传的探究才有价值。

南方周末的报道动摇了原初的结论，它提醒医院在分诊及救治方案上存有的问题，而这可能会拯救许多人。由事实产生的、对具体责任人的问责压力，比原先集中在手术签字制上的空泛争论更有效用。错误的医学行为造成的是个体的痛苦，如果新闻界漠视于此，很可能丧失真正的荣誉。

因而，柴会群的报道不仅批判了在省略李丽云就医程序前提下作出的医院结论，对重申和重温新闻人的正派作风也是必要的启示。

除了真相，一切都已说尽。用事实说话，有赖于持续地积累事实，目的只有一个，亦即：粉碎谎言，打破站在公义对立面的那些封锁——它们毫不妥协地尊崇某些东西，已然玷污了众多纯粹的公共事务及价值，诋毁新闻界的信誉。就像李丽云之死再调查那样，真正的新闻不是撰写出来的，它是抗议的产物。因此，它不仅要和平庸的新闻报道竞争，还要和历史的篡改者竞争，它就是历史。

补记：

成文之后，看见腾讯网制作的所谓质疑性质的网页。看似将所有方面都摆放出来，可却将事态以及事态现今的进展再一次混淆在众声喧哗中。我对新闻网站主动寻求和坚守新闻职业道德的主观意志向来存疑。这些聚拢在一起、成堂皇大观的新闻集纳究竟说了什么？还是什么都没说就掩盖了什么？

最不可思议的是，在周遭充斥着谎言的环境中，某些努力的方向竟然不是自觉地去识别，或帮助人们去识别，增强新闻和社会能见度，而是运用某些似是而非的举动、言辞，间接地令谎言的生命力更持久。若是这样，相较于新闻品质的真实含义，这些做法离慈悲甚远，担任的是搅局者的角色，掀起不安，总之都是反动的。

我们面对着庞大、精密、时刻运转的谎言制造系统，该系统从未与新闻界纯粹的追求相脱节。谎言永远成为不了真相，它们只会让真相湮没，甚或让虚伪演变为坚硬的、可耻的生活方式。但问题是，我们的胜利远未可期，在反对谎言的过程中已经失败了无数次，挫折成为最常见的现象。

我们已作了太多的颂歌了，这是一种坏的品质，是不文明的。承受病态意志的侵蚀，我们可以捍卫的不过是一个观念：重掌对真相的阐释权利。孤独地面对谎言系统，我们让自己保持清醒的一剂反省之药方是：若要成为真相的绝对朝圣者，那就不该成为无脊椎动物，不该成为终将到来的审判日之丑角。

（作者系南方都市报评论员）

李丽云事件：南方周末与时代周报的技术性分析

□周海燕

周海燕

媒介的责任是传达事实，但每个媒介所传达的则是记者和编辑在事件中所选择的事实，媒介呈现的倾向及其差异由此而生。这种呈现的倾向性差异一直以来都是传播学者所关注的研究对象，例如对于女性凶手的媒介呈现，或是在关于少年儿童犯罪者的报道中通俗小报与严肃大报间报道路径的明确分歧，等等。此类研究多选择一定数量的样本，通过文本细读的方式进行分析，或是通过定量研究的方法，建立若干指标，以在宏观层面上描述出不同媒体针对某一类事件的报道差异。在个案研究中，此一方法很少被运用，因为它无法描述出长时段内某一媒介与其它媒介在报道倾向上的歧异。不过，当报道的不同媒体陷入对事实的争论及相互攻击时，通过对报道对象的呈现的比较来深入探讨和比较报道的专业性，仍然具有一定的价值。

近日，南方周末与时代周报在关于李丽云事件（即“丈夫拒绝签字致孕妇死亡”的后续报道）的调查中陷入了争论，其间双方就关键性事实显示出完全不同的立场，也引起了相关人士的密切关注。本文在此拟使用此一方法，对陷入相互争论的南方周末报道《谁杀死了李丽云？——“丈夫拒签手术致孕妇死亡案”再调查》（作者柴会群）与时代周报报道《孕妇之死，谁是真相的诠释者》（作者高兴翔、张金玲）进行报道专业性上的横向比较，比较的几个方面包括：关键性事实的准确、核心信息源的占有、涉及不同利益方的信息平衡、叙事逻辑的清晰和缜密等。

一、关键性事实的准确度比较

反复阅读双方报道后笔者认为，事件判断和定性的关键在于患有肺炎的孕妇李丽云究竟应该转送妇产科救治还是应该立刻进行抢救。

必须承认在这个非常重要的问题上我无法作出判断。事实上，笔者以为，这里应该提供权威专家的关键性证词来说明医院正确的处理流程。但双方涉及此处的相关证词中，南方周末的信源为地段医院理疗科医生陈晓兰，缺乏权威性；而时代周报信源是匿名的“广州市妇幼保健院和暨南大学附属医院的产科主任医生”，缺乏可信度。在关键性证词上双方没有能够给出兼具权威性和可信度的事实，导致读者无法判断争论双方哪一方的观点更具有说服力。但笔者以为，如果在反复争论中双方无法说服读者，这个事实本身就说明，两家报纸的记者其实都没有建立对关键性事实的优势话语权。

争论要点	南方周末	时代周报
是否孕足月	胎龄36周，实际妊娠周为34周，未足月	胎龄36周不能说明胎儿未足月，妊娠满28周至不满37足周期间分娩称为早产（注：此处其实反过来间接证实了柴会群的说法，因为不满37周，只能称为早产）
“孕足月与否”是否为判断应该送产科的关键	因为没足月，难产说法与剖腹保胎说法不成立，李丽云死于肺炎恶化	无论是否孕足月，只有去产科才能最有条件地同时监测孕妇和胎儿的安危，及时抢救孕妇
医院是否进行了及时的救治	在转诊过程中耽误50分钟，延误了抢救时机。	只有在产科才能及时抢救孕妇
要求肖志军签字是为了遵守手术签字制度还是将责任推卸给肖志军	将责任推卸给肖志军	肖的反应是弱势群体面对防卫心理过强的体现，这种对医务界的不信任是不公正的

二、核心信息源占有比较

在路透社评价稿件质量的几个标准中，“好的信源”是一个极其重要的指标。所谓“好的信源”，指的是越接近事件中心越具有发言权，核心信源提供关键事实、关键意见并且在很大程度上保证了报道的权威性。例如，在李丽云事件中，这个事件中心毫无疑问是指几方面的当事人：死者李丽云的家属、丈夫吴志军、朝阳医院的收治医生和护士、现场救治全过程的其他目击者、以及司法鉴定方和具备权威性的妇产科专家。

在这里，笔者列表来说明南方周末与时代周报对核心信源的占有度。

名称 / 信源	南方周末		时代周报	
	核心信源	补充或替代信源	核心信源	补充或替代信源
李丽云家属方	代理律师王良斌	无	无	无
肖志军方	无	父亲肖家善	无	无
朝阳医院医务人员	无	无	无（拒绝接受采访）	无
救治现场目击者	无	无	无	无
司法鉴定方	明正司法鉴定中心主任霍家润	法医胡志强（身份未知）	无	无
医疗专家	无	打假专家陈晓兰、一位医务人员（匿名信源）	广州市妇幼保健院和暨南大学附属医院的产科主任医生（匿名信源）	多位三甲医院妇产科主任医生（匿名信源）
其他信息源	一位采访过此事的记者（匿名信源）		中山大学政治与公共事务管理学院教授郭巍青、天涯网ID“平儿医师”	

注：本文只研究直接引起此次争论的相关两篇报道，此前关于李丽云的早期报道不列入此次研究范围。

通过对上述记者直接采访到的信息源的列表可以看到，六方面的核心信息源中，南方周末记者仅仅采访到了司法鉴定中心一个核心信息源，死者李丽云家属的委托律师王良斌以其代理的身份亦可被视为准核心信息源，而其他核心信息源均付诸阙如。在替代性信源和补充性信源中，只有身份未知的法医胡志强及并非临床诊疗专家的医疗打假者陈晓兰女士。

衡量一个事件中的信息源是否能够提供有价值的相关事实，应该考量的是两点：1. 是否接近事件核心；2. 是否具备权威性。获得好的、权威的、最接近事件核心的信息源，是此类涉及争论的调查性报道的一个基础（如同在审判中需要关键性证词和证据一样）。柴的报道，可能在这一点上予人口实。例如，在选择陈晓兰女士作为医务界专家方面的信息源时，记者可能更多着眼于其知名度和社会影响力，但很显然，陈女士地段医院理疗科医师的专业资历难以说服公众认可她在这方面的权威性。不过，从比较可以看出，《时代周报》的报道中，同样也缺乏关键信源。甚至可以说，试图反驳柴会群报道的《时代周报》，本该用扎实的各方核心信源，为读者提供更加准确和权威的事实，以举证推翻柴的证据，但上述列表比较说明，《时代周报》不但信源缺失度更为严重，且更加依赖匿名信源，其反驳的核心事实完全依靠匿名信源提供，可靠性更不理想。

三、信息平衡比较

信息的平衡度也是考量报道是否公正和全面的具体指标之一。在这方面，需要考证的包括：

1. 来自代表不同利益的各个方面的陈述或者声明。
2. 该新闻事件中所有重要的事实。
3. 各方面不同的意见。
4. 尽量找到被指控者并且将其回应安排于指控附近。

简言之，记者需要让各关键当事人发言，并且根据这些陈述梳理出关键事实和证据，在此基础上，综合各方面有价值的意见，尤其是具备权威性、能够为报道结论提供有力支持的意见，尤其重要的是，要给予被指控方以充分的辩白机会。所谓“充分”，衡量的标准之一是各方面陈述所占有的篇幅，这个标准相对直观；其二是提供的事实的重要性和准确性，重要性可以参照信息源的核心度来衡量，准确性由于缺乏相关资料，目前笔者还无法判断；其三则是在引用当事人的陈述时是否存在曲解与误读，在这方面，我们认为，直接引语要比间接引语更为准确。

由于我们此前已经列出了核心信息源的占有状况，这里，我们通过计算各方面信息源所占有的陈述篇幅来直观分析报道的平衡度。

名称 信息源	南方周末	时代周报
死者家属方	450字（来自代理律师王良斌）	0
肖志军方	194字（来自其父肖家善）	0
朝阳医院	0	170字（此处文字为说明对方不接受采访的说明性信息而非关于李丽云事件本身的信息）
救治现场目击者	0	0
司法鉴定方	780字（来自明正司法鉴定中心主任霍家润）122字（来自法医胡志强）	0
医疗界人士	133字（来自匿名信源“一位医务人员”）323字（来自理疗科医师陈晓兰）	690字（来自匿名信源“广州市妇幼保健院和暨南大学附属医院的产科主任医生”）

注：这个统计不包括对背景资料的回溯。

在双方都没有采访到核心当事人肖志军的前提下，比较医疗界人士与司法鉴定双方的多种意见的呈现就成为比较平衡度的一个重要标准，可以看到，《时代周报》的报道完全缺失了司法鉴定方面的意见。

细读文本，还可以发现，《时代周报》与《南方周末》共同的问题是都只选择了对记者所做结论有利的意见进行呈现。例如，南方周末记者在提及“平儿医师”的长文时说，由于它“采用大量指鹿为马、避重就轻、移花接木之手误导公众（对此文本人另外批驳），由于其只是一个ID，作者也根本无需对其真实性及产生影响负责，因此并未认真理会。”个人以为，网络意见的确存在可信度较低的问题，但对多种观点的呈现还是必要的，它能够保证报道的平衡。

四、报道用语倾向性比较

在调查性报道中，当涉及关键性事实和疑点时，一个重要的原则是应当使用直接引语，以表明记者没有断章取义或曲解被采访者的谈话。但是，在仔细阅读柴会群的报道后，笔者的确存在这样的疑问：“记者是否曲解了当事人的谈话？”

例如：

【李丽云死因是：妊娠晚期患双侧弥漫性支气管炎合并小叶性肺炎，继发重度水肿、急性呼吸窘迫综合征，最终出现呼吸循环衰竭死亡。

对于这一专业性结论，霍家润解释说，这表明李丽云死于呼吸系统疾病。但对于双侧弥漫性支气管炎合并小叶性肺炎这种并不严重的疾病，如何“继发”为重度水肿、急性呼吸窘迫综合征，以至于最终呼吸衰竭死亡，霍家润拒绝作出进一步解释。“我们主要是按法院委托要求出具客观的尸检鉴定意见书，而不是认定医院在治疗中是否有过错。”霍家润说。

即使如此，霍家润承认，在明眼人看来，鉴定意见书已经很能说明问题。

当年，面对媒体的炮轰，失去妻儿的肖志军曾屡次辩白：我们是来看咳嗽的，不是来生孩子的。然而众口一辞之下，几乎没有人相信这位湖南农民的话。

而如今，霍家润承认，尸检结果其实恰恰支持了肖志军的这一说法。】

类似这样的表述还包括：

【尽管时过一年，霍家润仍然出言谨慎。他坦言当时是“被迫”承担此事。】

作为一个读者，我，无法不从这样的表述中建立如下因果链：司法鉴定机构承认鉴定意见书能够说明问题——尸检结果支持了肖志军的说法——医院存在严重过错。

目前医院是否存在严重过错仍然不得而知，但我个人以为，且不说“承认”、“坦言”这样的用词本身就带有很强烈的暗示，即使霍家润的确是承认了上述事实，那么，为什么不给出直接引语？为什么不用被采访人的原声证明，记者对这段关键性事实并无曲解？

报道的倾向性还表现在记者春秋笔法的写作用词中：

【尸检鉴定意见用语极为考究，显得经过了深思熟虑。如对所怀胎儿是否足月问题，鉴定意见巧妙作答：】

《时代周报》的报道中，比较注意控制具倾向性的表述，不过，在报道正文的结尾，记者使用了评论的方式进行报道，这个结尾的倾向性是很明显的：

“如郭教授所言，微观层面上的信任、责任与秩序被破坏掉以后，个人的日常生活决策变得异常艰难。而肖志军恰恰是陷入了这种艰难之中，对医生及医院无法信任，大喊“是医院害死我老婆的啊！”但是，同样的，这些失语的医生们又何尝不是陷入了另外一种不信任呢？——对媒体的极度不信任以及院方对医生发言的近乎严苛的纪律约束。

截稿时，天涯网的一个ID为“平儿医师”的网民发表了一篇长达八千多字的文章——《也谈谁杀死了李丽云？——〈“丈夫拒签手术致孕妇死亡案”再调查〉批判》，就李丽云之死的诸多疑点进行了详细的医学解析，并留下了电子邮箱，表示欢迎对话。如此坦荡的态度，或许恰恰是这个信任秩序已经普遍破坏的社会所需要的，也是肖志军们和医生们乃至于媒体们所需要学习的。”

五、叙事逻辑的清晰缜密

笔者在此从一个普通读者的阅读理解角度，冒昧勾勒双方记者的叙事逻辑。

《南方周末》：

■ 李丽云入院时能够步行，说明病非危急；

■ 胎龄36周的李丽云并非足月孕妇，不应该进入产科进行治疗；

■ 院方将李丽云转入产科，其间辗转占用的50分钟导致了病人病情急转直下；

■ 产科的诊治水平低下，是导致李丽云死亡的最主要原因；

■ 肖志军拒绝在通知书上签字，并非疯癫和偏执，而是“明白”之举；

■ 院方要求肖志军签字，是为了推脱误诊责任，未果，遂将责任推到肖志军头上。

■ 鉴定方的承认支持了肖志军的说法，由此可以判断，是朝阳医院杀死了——起码是加速杀死了——李丽云。

《时代周报》：

■ 南方周末的报道对孕期解读有误，胎龄证据不能说明李丽云并非孕足月；

■ 孕足月与否，与李丽云是否应该进入产科治疗无关；

■ 李丽云当时的情况进入产科是正常合理的；

■ 肖志军的“医院阴谋论”是在弱势地位下防卫心理过强的体现，这种对整个医务界的不信任是不公正的。

基于我对这两篇报道的理解，姑且整理出以上叙事逻辑链条。如果这两个链条的描述成立的话，则立刻可以看到，南方周末报道的问题在于：

1. 能够步行进入医院，是否可以等同于病非危急？这个判断似乎还是应该参照病人入院时的各项身体指征来判断，并且应该尊重法医鉴定的定论，如果对此定论有异议，则应该寻找更具说服力的意见来驳斥该定论。

2. 能否给出可靠的排他性证据，证明按照正常诊断流程，非足月孕妇在生病时绝不应该转入产科？如果存在两可的可能性，即进入产科亦可，进入ICU亦可，则柴“死亡加速器”的指责就有失偏颇；此外，柴的报道，是以陈晓兰女士提供的意见为事实基础，但笔者以为，以陈女士地段医院理疗科医师的身份，这个证据的确存在权威性上的疑问。

3. 记者所展现的鉴定方的微妙态度，完全依靠对引语的裁切来呈现，而非完整的直接引语引用，有断章取义之嫌，这引发了“在使用引语时是否存在倾向性”的怀疑。

当证据链中存在如上疑问时，报道，以及它所公布的惊人结论，是很难不引起争论的。

《时代周报》记者的问题，如前所述，主要在核心信息源缺失、匿名信源使用过度等方面，此外，着眼于反驳周末观点的报道，却没有提供更为强有力的证据来证明医院不应承担主要责任，是其很关键的一个软肋。

以上的分析是基于一个技术化的指标，需要说明的是，这些指标本身的建立有其不足之处，例如，仅仅通过对报道篇幅的比较，并不能完全说明平衡度问题。报道是否达到了平衡，还需要从双方提供的核心事实的重要性来判断。但由于目前真相未明，我们很难判断哪些事实为准确可靠的核心证据。因此，从篇幅上进行判断，应该说是一个可行的方法。再如，对引语的使用的质疑，是从字面上进行推断的结果，如果记者可以提供完整的采访录音整理资料，证明写作过程中没有断章取义，我愿意收回在这一点上的质疑。

我时常想，所谓学院派的、技术化的报道内容分析方法也许有一点冬烘的气味，不过，近日爆出的一系列假新闻事件——例如小林浩的报道等——说明，技术操作上的基本要求，如全面、平衡、核心、交叉质证等并非过时教条，而是保证报道质量的基础。当记者严格遵循这样一些报道原则进行操作而非“事急从权”时，所披露的惊人事实才能够更加令人信服，而报道也能够凭借其专业性立于不败之地。

（作者系南京大学新闻传播学院副教授）

传媒产业结构步入大调整时代

——中国传媒业“体检报告”

□支庭荣

支庭荣

凤凰涅磐日，浴火重生时。如果说从巅峰跌落的难忘的体验，2000年是互联网，2005年是报纸的话，2008年应该是绝大部分媒体的共同经历。将来的媒体还会继续繁荣，但是在危机逼人和衰退难消的当下，所有的体格都遇到外力的强大挤压，曾经的健壮是骄人的，曾经的肥胖却未始不充满了痛苦。

传媒业是否享有自己的生命，在繁荣期不会有人追问，在紧缩期如果追问恐怕又有点灵异的色彩。不过，无论灵魂不灭与否，传媒业的躯壳都存在于所有官营、公营和商营的专业主义的出版物和视听、网络、移动产品中。如此说来，尽管万物皆流，不妨怜取眼前。为此，特提供一份中国传媒业“体检报告”。

肌体：链条倾斜 浮华与滞涨共生

在与世界传媒市场的对接中，西方的媒体产业不止一次地令人叹为观止。好莱坞的梦工厂，为世界改写了创意工业的生产规则。罗琳阿姨从一本书开始，为全球创造了超千亿美元的哈利·波特产业价值链。

相比之下，中国传媒业发展遭遇的最大瓶颈：是产业链的不对称、不贯通和不均衡。试举三例：

2008年10月，全球第二大广告传播集团WPP以11亿英镑收购全球第三大市场研究公司TNS（法国索福瑞集团），透过TNS，间接控制了央视-索福瑞和CTR。年底，WPP迫使1984年即进入中国，知名度甚高的AC尼尔森，从2009年起退出中国市场两年。试问今日之收视率，竟是谁家之天下？

WPP控制收视调查市场80%以上份额的事实，将中国电视传媒业推入一个新的窘境。从产业链看，上游的产权和投资环节，依然受到严密的管控；中间存在高度市场化的环节；收视市场服务则面临外资的强力钳制。整个链条就像农家的腊肠，有很多节，也有很多结。如果说政府作为公共利益的“守夜人”，以国有独资的形式尚能补救市场失灵的话，那么外资垄断者会不会竭泽而渔呢？

例二是数字电视产业，由于匮乏节目源，轰轰烈烈的数字化改造和机顶盒入社区行动，悬浮在行政干预和利益纠缠的产业格局中。收视费在上涨，服务质量无明显改善，无疑对上游内容的供应和控制都提出了挑战。

例三是所谓“网络寄生虫”。传统媒体历史悠久质地优良的新闻产品，进入虚拟空间后，大多被网络吞噬。每一条刚刚上网的新闻，都可能会迅速地被网络蜘蛛所抓取，链接到门户网站以及其他资讯网站，同时经由各大网站的广告系统，匹配上各种形式的广告，再免费供用户点击。一两分钟之后，搜索引擎就成功抓取到了这条新闻，从而出现在了负载关键词广告的搜索引擎结果页中。在传统媒体是数万名媒体记者和编辑的劳动成果，在门户是几百名编辑的聚合和加工，在搜索引擎是自动生成，甚至不需要一名编辑。网络对传统媒体的“榨取”，不独中国为然。美国的版权保护虽然比较到位，但是传统媒体在考虑用法律手段对付“网络寄生虫”。

腊肠式产业链并不新奇，但是如果这种比萨斜塔状的产业链严重遏制了产业的发展，令浮华背后滞涨丛生，则必然面临结构性的调整和再造。

四肢：结构极化 看空与看多并存

国家工商总局发布的数据显示，2008年全国广告经营额共计1899亿元，同比仅增长9.11%。在产业式微的背景下，纸媒本已沾上夕阳的色彩。在金融危机的冲击下，广告资源愈加向强势的产业和企业集中。若以报刊、广播、电视、互联网为传媒产业的“四肢”，那么其传统的角色格局正在极化。平面媒体最被看空，强势媒体最被看好。

在尼尔森发布的我国2008年报纸、杂志、电视、互联网四大媒体广告收入结构中，电视占广告投放总量的比重高达80.9%，报纸和互联网分别为14.6%和2.4%。报纸与电视之间的差距，渐行渐远。2009年一季度，在四大传统媒体广告投放中，报纸市场份额占比仅9%。同期国内网络广告和户外电子屏广告市场首现同比、环比同时负增长现象，而央视广告收入超过35亿元，同比增长19%。反映了广告投放在向强势媒体转移的趋势。危机之下，广告投放结构在极速变化。

据艾瑞咨询的数据，2008年美国的报纸广告收入37.9亿美元，同比下降16.4 %，其中《纽约时报》的广告

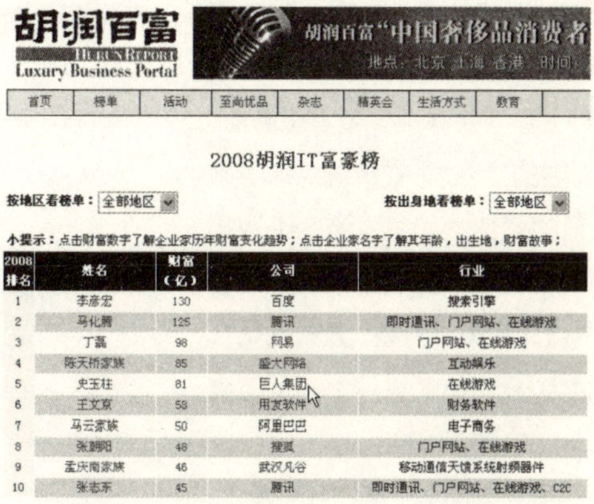

2008排名	姓名	财富（亿）	公司	行业
1	李彦宏	130	百度	搜索引擎
2	马化腾	125	腾讯	即时通讯、门户网站、在线游戏
3	丁磊	98	网易	门户网站、在线游戏
4	陈天桥家族	85	盛大网络	互动娱乐
5	史玉柱	81	巨人集团	在线游戏
6	王文京	58	用友软件	财务软件
7	马云家族	50	阿里巴巴	电子商务
8	张朝阳	48	搜狐	门户网站、在线游戏
9	孟庆南家族	46	武汉凡谷	移动通信天馈系统射频器件
10	张志东	45	腾讯	即时通讯、门户网站、在线游戏、C2C

收入下降了13%。美国不乏百年大报都处于挣扎求存，乃至随时倒闭的境地。当我们隔岸看着美国报业面临破产大潮的时候，这可能正是下一轮西方媒体业再次走强的起点。美国报业的阵痛，是我们理应担忧和警觉的一个充足的理由。

维旧邦以新命，报纸受宏观经济的影响最大，报业自救的力度也最强。但是报纸中兴不见得有多大的希望。当《21世纪经济报道》介入经济之声的广告经营时，报纸成为服务提供商。当《北京晚报》联手北京电台开播体育时间栏目，报纸成为内容提供商。旗帜变幻，只有商业永存。

新媒体的不景气似乎让人意外，但仍然占据财富的高地。在《2008胡润IT富豪榜》前十名中，新媒体占有7席。不过，在股市上走下神坛的分众，很好地诠释了江南春的独特观点："不要说是什么数字媒体业，或者服务业，都不是，我们是无聊产业，是帮助别人打发无聊的产业。"在传统媒体与网络之间，在赢利模式上始终未能找到打通关节的管道。如果主流的纸版报纸式微，那么网络版或电子终端版报纸将会取而代之，免费的网络新闻也必将会为收费的网络新闻所取代。可如果传统媒体的未来无法"嫁给网络"，那么我们不得不猜想，是什么阻止新旧媒体的融合，如同物种之间的阻隔机制一般在发挥作用？

媒体领域似乎不存在"口红效应"，如果有，那支"口红"一定是财经媒体。据悉，2008年英国报纸中读者占有率增长最多的是《金融时报》。近期，《南华早报》已悄然进军台湾，《财经》在筹划发展成彭博、道琼斯那样的通讯社。

视觉：内容偏倚 资本与娱乐一色

如果说有什么力量正在铺陈中国的媒体版图，那么必然要提及三个因素：资本、电视剧和娱乐节目。

2008年，在依靠广告投放的单一模式下，国内数十家省级卫视处于收入增而营业亏的境地。2亿元左右的"落地费"，消耗了左支右绌的大部分营收。于是资本就像汛期的潮水，在市场流动性局部充裕的情况下，竞相逐浪媒体。虽有青海卫视曾与外资背景的星空传媒和灵通网的合作，先后被广电总局紧急叫停的先例，内蒙古卫视汉语频道和陕西卫视的广告经营权代理权，均为纳市上市的中资新华悦动传媒辗转俘获，新疆兵团卫视也在私募基金的重资助推下，成功转型为音乐频道，安徽卫视与搜狐深度合作，云南卫视引资滇虹药业试水电视剧《新五朵金花》的制作，资本市场前赴后继。长沙广电南下海口、北上山西合作办台，瞄准全国市场，实现频道资源的“流转”。预期在我国传媒产业，国有、民营和外资或将三分天下。

电视剧是电视版图的幕后推手。一方面，观众在晚间黄金时段只认电视剧和晚会。北京电视台2009年提出“用独播剧立台”，北京卫视的全国收视排名迅速攀升。另一方面，除新闻外的各节目向电视剧看齐，浅斟低唱的戏曲式清谈节目，大有被场面热烈火辣的情景剧式娱乐节目所席卷之势。湖南卫视主推娱乐、年轻最为成功，并获得了它独有的竞争力，拉动了广告。2008年的广告收入接近15亿元人民币。流风所及，曾经强调以“人文内容”立台的陕西卫视渐渐开始加大娱乐内容方面的投入，过去主打文化的浙江卫视也宣布将战略调整为“综娱发展”，以求突围。在“刘老根大舞台”胜利进京的2009年，辽宁卫视主打“一山二刚”：赵本山、王刚、郭德刚，睥睨天下。还是娱乐全无敌。

人总是需要一点精神的，美剧《越狱》，留给人们一个灰暗的结尾。越狱和围城，最能体现中国人无意识深处那头狮子在昏睡与觉醒中的挣扎。热播剧《潜伏》，在首轮和重播之间，出现了不同版本的结尾。潜伏和围城，在城市化进程中再次唤起了人们的认同。在对时政的狂热、对体育的狂热相继消解后，对娱乐的狂热、对网络表达的狂热，陆续花开。体育的沉沦以“国字号”的体育媒体《中国足球报》坚持15年后宣布休刊为标志，尽管《华尔街日报》体育版却从每周一天增至每周六天。足球是人家的好，娱乐却是自己的好。据尼尔森2008年12月份的报告，本土社交网站的表现要优于外资，腾讯SNS甚至超越Facebook成为全球第一大社交网站。这些“无聊产业”，本土自是盛产。

2009年，《快乐女声》、《新五朵金花》行将绽放。韩国人愣是把皇帝后宫厨房中一个女人的故事演绎成了80集的《大长今》，我们群芳竞艳的舞台至少看上去不会不美。

弹跳：改革加速 体制与机制齐飞

在危机面前，肃杀的气氛虽一再被渲染，逆市增长的亮色也不断获得掌声。他们送旧，我们迎新，《中国周刊》、《成都女报》、《中国日报•美国版》等逐一问世。

对中国媒体而言，体制是一大优势，或者如新闻出版总署所说，也是一大弱势。从保护媒体生存来说是先天强，从促进媒体发展来说是后天弱。比如“走出去”固然是好事，不过阿Q式地一想，走不出去可能是我国没有遭遇更大范围冲击的原因之一。

逆市是不是调整的好机会？南方报业传媒集团采取“一媒体一公司”的原则，严格执行了“采编经营业务两分开”，试水体制改革。浙报集团继2008年聘请德国罗兰•贝格等三家管理咨询公司对其战略目标及管理体系进行设计后，又一次斥百万元巨资寻找高水平的品牌咨询公司进行全面规划，旗下的《钱江晚报》组成“钱江报系”，借机转型升级。

逆市倒是为改革提供了机遇。穷则变，变则通。尤以新闻出版总署大力推动出版机构的国转民进，为长期处于地下半地下，却贡献了畅销书排行榜上85%的作品的民营工作室正名松绑。总署一边对报刊主要负责人的资格和任免程序提出了明确的要求，特别是针对时政类报刊作了特殊要求，一边开展经营性出版单位等级评估，鼓励末位退市，鼓励24家出版集团跨地区重组，鼓励49家报业集团改制上市，一时军号嘹亮。

改革为增强中国传媒产业从低位向高位的弹跳能力提供了可能。这不仅要求传媒企业具有抗摔打的素质，也要求传媒人具有坚强的意志和良好的体魄。不过，据北京市2008年底发布的一份5年跟踪数据显示，逾九成的媒体从业人员存在亚健康状况。媒体人可能将比普通人群提前10年进入亚健康状态，激烈的市场竞争，和超长时间的工作负荷，令媒体人习惯了一直端坐在电脑前，白天不懂夜的黑。放眼未来，传媒业态面临大调整，传媒人的心态也需要有一个良性的自我调适。

（作者系陕西师范大学新闻与传播学院副院长、媒介研究所所长、教授，北京大学信息管理系博士后）

新闻体制改革的突破与趋势

——解读《关于进一步推进新闻出版体制改革的指导意见》

□郭全中

郭全中

为了进一步深化文化体制改革，今年3月25日，国家新闻出版总署推出了《关于进一步推进新闻出版体制改革的指导意见》(以下简称《意见》)，在充分总结以往成功经验的基础上，对进一步推动新闻出版体制改革提出了指导性意见。《意见》的出台，不仅是顺应当前传媒业大变局而采取的顺势之举，而且充分借鉴了我国国有企业改革30多年来的经验，在很多方面都取得了重大突破。

一、传媒业大变局推动新闻体制改革

改革开放30多年来，我国传媒业快速发展，取得了巨大成就，但是随着传媒业的改革与发展的深化以及新的传播技术和媒介的出现，我国传媒业正处于大变局的前夜，传统的传媒集团需要转型以适应这种大趋势，而体制机制问题已经成为传媒集团顺利转型的主要制约因素，这就需要进一步深化传媒业的体制机制改革，《意见》就是在这样的大背景下出台的。

1．地市级市场逐步走上传媒业舞台的中心。

首先，地市级传媒业市场处于新一轮黄金发展期，必将给传媒企业带来重大机遇。传媒业市场规模主要受GDP、人均GDP、社会消费品零售总额、

人均可支配收入、人均受教育程度和人口数量六个主要因素的影响。随着我国次中心城市经济不断发展和社会不断进步，影响传媒业市场规模的六个因素也在快速发展，其传媒业市场将处于新一轮黄金发展期。其次，地市级传媒业市场的成熟期会有5－10年的时间，但是由于新媒体的快速发展，留给平面媒体的时间不会超过5年。第三，地市级传媒业市场的兴起对中心城市的优势媒体既是重大的机遇也是很大的危机。

2．奥运会进一步加剧了传媒业市场格局的分化，平面媒体的市场地位进一步削弱。

奥运会这种重大体育事件对报道的要求必然会促进不同媒体的分化。奥运会报道要求及时迅速，报道量大，展示性要求高。这就要求媒体有足够的空间和容量以及具有很好的终端渠道以及时地把最新最快的消息传递给读者和受众。移动媒体和网络媒体最能符合这种要求，而平面媒体最不能符合这种要求。实践证明，网络媒体借助奥运会奠定了自己的主流媒体定位，新浪网2008年的广告收入达到17.5亿元，一举超过了广告收入最多的广州日报（刊例价为22.06亿元）。

3．网络媒体、移动媒体等新媒体不断创新商业模式，进一步分流平面媒体的读者和人才，给平面媒体带来越来越大的挑战。

一方面，网络媒体和移动媒体的用户数巨大，基础越来越好；另一方面，新媒体也在不断蚕食着报纸媒体的读者市场和分流其人才；而且如中广卫星移动广播有限公司这样的新媒体在不断创新商业模式。

此外，新闻纸的大幅度涨价，进一步把平面媒体逼入尴尬的境地。

二、新闻体制改革的突破与趋势

由于传媒业有很强的意识形态属性，我国对传媒单位采取的是行政许可的管理方式，因此，传媒业的管理体制和政策就成为影响传媒业发展的最大变量。《意见》的出台，充分借鉴了我国国有企业改革30多年来的经验，在以下几个方面实现了突破。

1．坚持分类改革的原则。

《意见》中指出，要坚持一手抓公益性新闻出版事业，一手抓经营性新闻出版产业，促进新闻出版业全面协调可持续发展。国有企业改革的历史经验表明，分类改革能够保证国家对支柱企业的控制，同时能够放开搞活产业和市场。传媒业的分类改革不仅能够实现政府舆论导向的意图，也能在较短的时间内实现传媒的产业化和传媒业的繁荣与发展，更有利于市场化能力强的优势传媒集团快速发展壮大。分类改革目前尚未进入实质阶段，尚处于研究制定公益性报刊基本标准阶段，可以预测，人民日报、光明日报、经济日报和求是杂志社可能被划归为公益性报刊，但是其它公益性出版业还很难界定。

要真正实现分类改革，还需要认真研究和解决如下问题：

首先，《意见》主要面向的是报刊，但广电、新闻网站以及新华社等长期以来受到政府扶持的媒体应该怎么划分？

其次，一部分中央级报刊可以界定为公益性单位，但省级党报、党刊、电视台、新闻网站怎么划分？尤其是很多地市级目前只有一个党报、电视台，而尚未有市场化的媒体。

第三，目前具体的分类标准尚不清楚，但可以预测舆论导向功能将成为一个主要的标准，省级党报将有可能被划分为公益性媒体，但是地市级党报将可能被划分为非公益性媒体，这对于当前实力尚弱的地市级媒体来说，一方面必须通过改制、改革提升内部活力，另一方面通过和外部强势的媒体合作来更好地培育和开发当地的传媒业市场。

第四，今后划归为公益性的媒体是否还允许具备经营业务和能力。毫无疑问，未来划归为公益性的媒体将主要依靠政府拨款补贴，但是全部费用都由政府补贴而禁止所有经营职能，还是基本费用由政府补贴而允许公益性媒体具备目前所有的经营职能？从长远发展角度考虑，应该给予公益性媒体以一定的经营职能，因为如果不给予其一定的经营性职能将导致媒体不从受众的角度考虑问题，最后就变成自说自话，最后丧失自我发展能力。

2．实现经营性出版单位的改制，建立现代企业制度，使之成为真正的市场主体。

当前制约传媒单位发展的主要体制性问题是传媒单位尚未成为真正的企业，尚未建立起“产权清晰、权责明确、政企分开、管理科学”的现代企业制度，更谈不上成为真正的市场主体，管理层激励约束机制缺失，导致传媒单位缺乏自我发展的内在动力。而《意见》明确指出，要实现经营性出版单位的改制，建立现代企业制度，使之成为真正的市场主体，这从企业制度层面为传媒企业的可持续发展打下了坚实的基础。

当然，媒体单位要想真正建立健全现代企业制度，成为真正的市场主体，在改制之后还要做好如下几个方面的工作：一是传媒领袖必须从发散型思维转变为管理型思维；二是从重采编轻经营管理上转变为同等重视采编、经营和管理；三是在转制改企、建立现代企业制度的过程中，必须深入研究和理解相关政策；四是高度重视企业发展战略；五是传媒集团的管理体制应从单体企业管理体制转变为"控之有序、分之有度"集团化管理体制；六是建立健全科学合理的公司治理机制；七是传媒集团应强化总部职能部门能力建设，提供高质量的服务和实施有效的监管；八是建立起"人尽其才、才尽其用"的人才环境；九是建立起"精神激励与物质激励并重，短期激励和长期激励有机结合"的激励约束机制，充分发挥人才的积极性、主动性和创造性，使传媒企业和人才成为真正的利益共同体，更好地实现传媒资产的保值增值；十是强化经营管理人才的市场化建设力度。

此外，在当前情况下，企业改制成功后，由于其仍然为国家独资或者国家绝对控股，在公司治理结构方面，关键是健全决策机制，形成科学高效的决策机制和机构。并随着产权的多元化，逐步建立起科学合理的股东会、董事会、监事会和经理层相互制衡的法人治理结构。

3．推动跨媒体、跨地区、跨行业、跨所有制的战略重组，开拓融资渠道，培育一批大型骨干出版传媒企业，打造新型市场主体和战略投资者。

首先，当前，制约传媒业快速发展的主要因素和矛盾是传媒业的区域化分割和行业化分割，这些矛盾导致优势传媒集团难以发展，本该淘汰的传媒单位苟延残喘。而要真正改变西强东弱的世界传媒业大格局，抵御国外巨型传媒集团的入侵和走向世界，就需要培养我国自己的大型传媒集团。而培养我国的大型传媒集团，必须走市场化道路，充分发挥市场机制的"优胜劣汰"作用，鼓励和支持强势传媒集团跨媒体、跨区域、跨行业和跨所有制的兼并、收购和扩张。

其次，由于我国传媒单位长期以来采取的是"事业单位企业化运营"，导致自我积累较少，而且传媒业的主要资产都是品牌资产和人才资产等无形资产，固定资产和净资产较少。但传媒集团要想实现跨区域、跨媒体扩张，必须有大量的资金，这就需要传媒集团通过上市打通直接融资通道，或者引进战略投资者等方式拓宽融资渠道。此外，如果真正要实现传媒业的跨区域发展和扩张，也必须改变或完善当前的"属地化管理"政策，为真正有实力的传媒集团的跨区域扩张提供强有力的政策保障。

目前，已经有南方报业、广州日报、华商传媒集团、凤凰出版传媒、成都传媒集团等大型传媒集团在跨媒体、跨地区、跨行业和跨所有制等方面进行了一定的尝试，并取得了一定的经验，但是囿于政策限制，尚未取得大的突破和发展。随着政策壁垒的打破，我国优势的传媒集团将迎来大发展的春天，对于优势传媒集团来说，当前的关键要积极研究相关政策和整个传媒业市场，及早应对政策变局和进行战略布局。

4. 加快新闻出版传播渠道建设，推进连锁经营、物流配送、电子商务，规范出版产品物流基地建设，形成统一开放、竞争有序、健康繁荣的现代出版物市场体系。

目前，我国传媒业市场条块分割、市场秩序混乱，所在地的传媒单位通过行政的或者其它手段对外来的传媒单位进行封锁，以达到垄断当地传媒市场的目的。但是，传媒发展的实践证明，竞争是一地传媒业市场繁荣的根本，哪里有竞争，那里的传媒业市场就被激活，那里的传媒业市场就繁荣。因此，要进一步打破地方保护主义，规范市场秩序，真正建立起有序竞争的全国统一的传媒业大市场。

5. 实现政府职能的根本转变，形成调控有力、监管到位、依法行政、服务人民的宏观管理体制。

这预示着政府的管理体制将由“微观为主”转向“宏观管理为主”，实现“高效的小政府”管理方式，这也完全符合政府职能转变的方向。而且下一步的改革方向将是实现党政分开、党资分开与政企分开，未来改革的关键在于如下两点：一是确立出版单位的统一管理主体；二是建立健全完善的文化资产管理体制。

6. 鼓励和支持非公有资本以多种形式进入政策许可的领域。

虽然受到诸多政策的制约，非公有资本在逐步渗入传媒领域，目前，主要进入的是网络媒体、期刊杂志、户外媒体以及广告公司。但是市场实践已经充分证明非公有资本传媒企业的发展情况远比传统的传媒单位好得多！

当前，关键的是要给予非公有资本以国民待遇，当然，现在很多非公有资本在政策方面和国有资本相比享受了很多特殊的政策和待遇，因此，在给予非公有资本以国民待遇的同时，也要给予国有资本以国民待遇。

综上所述，《意见》在很多方面都取得了突破，但是还没有出台具体的配套措施。按照国有企业改革的经验，基本上是企业先试点，然后相关部门再进行经验总结，然后再在全国推广。

（作者系南方报业传媒集团战略运营部副主任）

采写编

采写编

周报周刊如何报道“两会”

——以南方周末近三年的全国“两会”报道为例

□李红平

李红平

每年的全国“两会”，都是一场媒体大混战。据全国人大常委会新闻局负责人透露，2009年仅跑全国人大会议的持证记者就有3000多人，已经超过了代表人数，全国政协那边估计也差不多。如果再加上众多无证记者，则每年3月份全中国可能有上万名记者聚集北京拼抢“两会”新闻，其阵势不可谓不壮观。

“两会”记者人数的激增，反映了各媒体对两会报道的重视程度。然而，“两会”报道同样必须面对“做什么、怎么做”这个新闻人永恒的诘问。对于日报与网络媒体而言，操作路径要相对清晰：凭借日报类媒体特有的“人海战术”，针对读者关注的热点事件与话题，在会上会下全力扑堵代表与委员，以获取足够丰富与鲜活的信息流。

因此，体现日报核心竞争力的主要有三个方面：一是获取采访资源的能力。这主要体现在“两会”采访证获取数量与等级上的竞争；二是记者现场的突破能力。尤其是无证记者的个人突破能力——因为竞争日趋激烈，为了提供更丰富的信息流，一些市场化媒体派遣了大量无证记者，全凭个人能力与资源“混会”，这是一个很有意思的新动向。三是各媒体对热点话题的预设与组织能力。

相对于日报与网络媒体的“人海战术”与全天候信息覆盖，周报周刊类媒体应该如何面对“两会”？完全不做吧，3月毕竟是“政治月”，全国

"两会"毕竟是各界社会精英讨论国是最集中的一个平台，时政类周报周刊按理不应该缺席；做吧，"两会"年年开，如何选择角度与思路，使周报周刊的区区一两期报道，在海量的"两会"信息中脱颖而出，做出风格与特色？

简而言之，如何避免使"两会"新闻对周报周刊而言成为"鸡肋"？

2009年"两会"前夕，南方周末编辑部就面临着这样的疑问。为此，在2月初，南方周末北京记者站把广州总部的时政编辑与时政高级记者请到北京，与北京记者站的时政团队一起开了个策划会。大家先对前两年南方周末的两会报道进行了一番回顾。

07年——预热十七大，聚焦"政治新星"

之所以要回顾前两年，是因为在2007年，南方周末终于获得了两张采访全国人大会议的记者证，而且是享受"中央媒体待遇"的，即持证可以进出全国所有代表团驻地与会场。这是南方周末"两会"报道上的大突破，同时，也被海内外视为全国人大新闻改革的重大突破——在当年，包括南周、京华时报、新京报在内的少数几家市场化媒体，终于获发了中央媒体资格的采访证。在此之前，地方与市场类媒体基本上只能持有在所在地代表团随团采访的记者证。对此，央视当时还专题做过报道。

有证后，南周对两会给予了更多的重视。在07年的前期策划时，编辑部认为，南周07年两会报道的当务之急，是如何用好来之不易的这两张采访证。这就涉及到对07年两会"特性"的判断——受刊期与人手限制，你必须事先便寻找到每年"两会"的"特性"。对07年来说，最重大的政治事件，就是在当年秋天中共十七大即将召开，将有一批新领导人进入政治核心圈。海内外都很关注哪些人可能最有希望，这些在很大程度上影响未来五到十年中国命运的人有什么样的风格与个性。而07年的"两会"，则给媒体提供了近距离观察那些有可能"上位"的政治明星的最佳机会。

所以，07年南周两会采访的重点，就放在了利用难得的两张记者证，近距离围堵与观察"政治新星"上——对这些外界关注的政治明星与重点代表团，能做专访的争取专访，哪怕只有短短半小时甚至十分钟，不能做专访的，则做"直击"，即近距离的观察。

然而，这又几乎是一项不可能完成的任务。众所周知，在中国的政治逻辑中，越是被外界认为呼声很高的政治明星，越是会在党代会前夕尽可能对媒体保持沉默。所以，这是一项即使在编辑部内部也被视为大胆的决定。

事后证明，虽然呼声最高的几位"政治明星"经多番努力仍未能接受

两会专题

2007“两会”十大言者

南方周末

两会专题

“赶考”2007

访谈 直击

高强：医改绝不能市场化

戴相龙：天津一直醒着

王珉：吉林应该走什么路？

张春贤：用互联网听民意集民智

李克强：执政者民生为重

韩正：加强行政权力监督

“围堵”薄熙来

高强：医改绝不能市场化

2007 全国“两会”十大言者

南周专访，但凭借南周记者的个人突破能力，还是有四位重要的省部级官员接受了专访，他们分别是卫生部部长高强、吉林省委书记王珉、江西省委书记孟建柱、天津市市长戴相龙。与此同时，李克强（时任辽宁省委书记）、薄熙来（时任商务部长）、韩正（上海市市长）、张春贤（湖南省委书记）等政治明星的言语、风格与观点，亦通过南周记者会上直击的方式，呈现在公众面前。这便是《赶考2007》。

此外，为更充分地利用这两张记者证，南周当时有一个更大胆的设想，那便是在总理记者招待会上试图争取到提问的机会。但事后看来，在现阶段，这肯定是一个不可能完成的任务。

这里顺便说一下南周编辑部对时政新闻价值的判断。坦率讲，即便是在南周内部，对于到底该不该做时政新闻一直存在争议。南周高峰时期是纯粹以社会新闻见长的，所以在内部亦有一些同事认为，在中国现有环境下，做时政新闻，首先便难以保持独立性，更别说批判性了。而且费了很大功夫，还只能传递一些受限制的信息，这样的时政新闻，可能不如不做。

但南周为什么自2002年以来，不仅没有放弃时政新闻，反而不断在加大力度呢？个中原因很多，但我想有两点，第一，读者显然还是关注政治新闻的。在国外，政治新闻肯定是严肃新闻媒体的重头戏。在国内，政治新闻同样是广受各阶层关注的，只不过受中国式政治文化与媒体环境的限制，媒体无法充分提供罢了。而且越是受限制和稀缺，读者兴趣反而会更浓。

第二，以终极标准来看，中国现有格局下的时政新闻或许价值不大。但就如同中国改革一样，如果一开始便要从计划经济转向完全的市场经济，那么，中国改革可能完全不是现在的局面。所以在中国，操作与看待时政新闻，恐怕也只能抱着这种态度，即目标明确、手法渐进。在这个特定的历史时期，时政新闻的最大价值，就在于通过一步步看上去很微小的努力，逐步去除政治的神秘与封闭，逐步推动政治文化的透明与公开。既让政治人物逐步适应面对媒体与公众，也让媒体与公众能逐渐参与到政治议程之中。

就以2002年-2003年南周的第一个时政报道高点为例，在十六大闭幕后第二天，南方周末推出《他们眼中的胡锦涛》，虽然采访点只是胡锦涛的舅奶奶、小学中学同学等相对外围的信息源，但它开创了媒体提供中国最高领导人个性化信息的先河。事实上，随后几年，无数媒体在报道相对低一层级的政治人物时，均采用了相同的路径。这表明，很多事情在中国都有一个逐渐“脱敏”的过程。

同样，在02年两会期间，南方周末在头版刊登《本届政府这一年》的述评，同样开创市场化媒体点评中央政府表现之先。虽然它的确是受限制的评论，但媒体与公众，至少开始可以相对自由地对政府作为发出自己的声音。

因此，惟有以历史的眼光、以更长的时间段来看待中国当下的时政新闻，才能对其价值做出合理评估。这，应该是南方周末在07年中专门设置了4个版的时局版块、并对历年的“两会”报道给予足够重视的重要原因。

08年——高层大换届，聚焦“退休官员”

在策划08年“两会”报道时，南周编辑部同样先对当年“两会”的特性做了一个预判。08年两会是一次“换届”的大会，但十七大召开已经半年，“谜底”毕竟已经基本揭开。因此从读者兴趣点来看，如果07年是预热“政治新星”，那么08年“两会”更多的是送别“政治明星”。在当年“两会”上，有一批公众非常熟悉、人气很高的明星官员，因年龄原因即将告别政治前台。比如人称“中国铁娘子”的国务院副总理吴仪、身兼学者与官员身份、经常对重大政策发言的全国人大副委员长成思危、在位十年、锐意推动司

时局·两会特别报道 之 他们这些年

吴仪：女副总理的"侠骨柔情"

南方周末

时局·两会特别报道 之 他们这些年

铁面审计长谢幕

对话李金华之 十年审计路

李金华："我们最多七十分"

法改革的最高法院院长肖扬、人称"铁面审计长"的李金华等。

于是，08 年"两会"南周编辑部的方案，便是"一个中心、两个侧翼"。即以吴仪、成思危、肖扬、李金华等明星退休官员专访为中心，构成"他们的背影"系列。因为报社的提前准备，国家审计长李金华把他审计长任内的最后一次专访机会留给了南方周末，是为《铁面审计长谢幕》；全国人大副委员长成思危亦在离任前一周接受南方周末专访，是为《别了，成思危》；极少接受媒体专访的肖扬，也是在即将受访前，才因种种原因推掉专访，改由最高法多个部门出面接受南方周末采访；吴仪则是南周记者依据在多年前即已成熟的政治人物采写路径，访到接近吴仪的诸多消息源。这组《他们的背影》系列，成为当年"两会"报道的一大亮点，传播面甚广。

至于"两个侧翼"，一个是指关注当年热议的"大部制"改革，通过改革过程中的人物命运，来对中央政府近十年来的机构改革路径进行梳理。这是当年两会的一大热点，媒体无法回避。

另一个，是继续在"两会"上抓访热点官员。比如，南方周末记者对山西省省长孟学农进行了一个多小时的专访。孟在 03 年非典期间于北京市市长任上丢官、沉寂几年后出任山西省长，而就在 08 年底，亦因山西襄汾特大矿难再次去职，实属中国当代政治人物中的一大"奇观"。南周在 08

年3月对孟学农的访谈，亦因此具有了独特的价值。如在采访时，孟曾提到了出身山西的唐朝名将郭子仪。“郭子仪很有意思，当初给他修汾阳王府的时候天天去看，后来工匠说我们修了这么多府第，都是府第好好的，但是里面的人下台或被杀了，郭子仪听了之后就再也不来看。”孟由此感慨说，“铁打的营盘流水的兵啊。”此话从孟的嘴里说出来，别有一番含义。

09年——危机下的两会/聚焦“经济危机”，回归“两会”本源

回顾2007、2008这两年南周的“两会”报道，可以发现有两个基本经验可以总结：其一是一般必须事先确定当年两会可能的焦点、或者说本媒体对两会的关注点。在07、08年这两年，因为十七大与国家领导人换届，所以南周关注的焦点是政治人物，且分别是“政治新星”与“退休官员”。这个思路是对的，应该坚持。

其二则是利用上会记者来扑堵高官。对这一点，前两年的上会记者均提出了疑义，认为南周上会记者只有两个，如果全部重点放在这上面，将使记者疲于奔命非常焦虑，而且投入与产出严重不成比例。关键是大家认为，经过十七大年与政府换届年后，官员将不再是09年“两会”的天然焦点。而且这几年来，各媒体的高官报道日渐增多，高官新闻的边际效应是在明显递减的。

再反观2009年的两会，这本是一场平常年份的两会，使其不平常的，是这场席卷全球、并对中国也产生了深远影响的历史性危机。所以，09年两会的最大新闻，应是“危机下的两会”。南周的两会报道，应该紧紧围绕着这一主题来展开。

但“危机下的两会”这一点，各媒体都能意识到。在思维框架中，这应是一条横轴，但必须还有条纵轴相交叉，才能产生南周特色的关注点。而这条纵轴是什么呢?

这就要回到各媒体对“两会”的认知上来。在不少观察者看来，一些媒体眼中的“两会”越来越像一场“嘉年华”，但“两会”真正的精神，反而被遗忘了。在南周看来，“两会”的精神至少有二，一是政府就其过去一年的表现，向人大代表或人民述职，接受人民的评议。二是政府提出新一年的财政预算，就纳税人的钱怎么花，供民意代表们审议与“讨价还价”。惟有做到这两点，才能体现出“两会”的真正价值，也才是真正回到了人民代表/人民政府的本义。而且越是在危机之年，这两点越显重要。

两会特别报道
经济危机中的总理们
温家宝：昨天，今天和明天

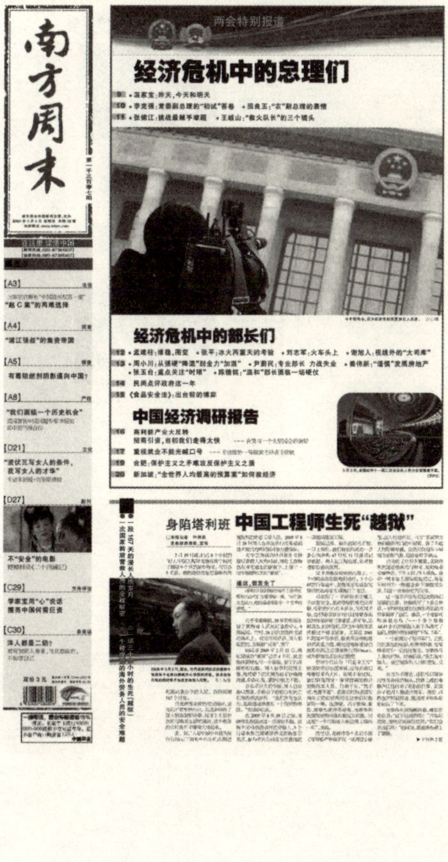
南方周末
两会特别报道
经济危机中的总理们
9 ·温家宝：昨天，今天和明天
10 ·李克强：常委副总理的“初试”答卷 ·回良玉：“农”副总理的表情
11 ·张德江：挑战最棘手难题 ·王岐山：“救火队长”的三个镜头
经济危机中的部长们
12 ·孟建柱：维稳，图变 ·张平：冰火两重天的考验 ·刘志军：火车头上 ·谢旭人：视线外的“大司库”
13 ·周小川：从强硬“降温”到全力“加温” ·尹蔚民：专业部长 力战失业 ·姜伟新：“谨慎”发展房地产 ·张玉台：重点关注“时艰” ·陈德铭：“温和”部长面临一场硬仗
14 民间点评政府这一年
15 《食品安全法》：出台前的博弈
中国经济调研报告
16 高耗能产业大反转 招商引资，当初我们走得太快
17 重视就业不能光喊口号
19 合肥：保护主义之矛难攻反保护主义之盾
20 新加坡：“全世界人均最高的预算案”如何救经济
身陷塔利班 中国工程师生死“越狱”

正因为这两点很容易被媒体与公众遗忘，它便构成了南周 2009 年两会关注的“纵轴”。横轴与纵轴一交叉，几个报道重点自然而然地产生了：

其一，“危机下的国务院”。在过去一年来，尤其是经济危机发生半年来，政府是如何应对危机的？在经济危机面前，中国政府交出的是一份怎样的“成绩单”？

对这一点，3 月 5 日的总理工作报告会向人民代表们报告。但这个报告相对比较笼统和正式。巧合的是，南方周末在 3 月 5 日正好有一期报纸，那么，可否在总理做政府工作报告的当天，拿出一份“民间版本”、或者说“媒体版本”的“政府工作报告”？当然，这个报告的形式会明显不同，考虑到传播性，它是对国务院主要组成人员，即总理、副总理和重要部委负责人，在应对危机时的表现进行逐一的梳理。在最开始，这组报道的主题暂定为“危机下的国务院”，后来为了准确与安全，最终确定为“经济危机下的总理们”与“经济危机下的部长们”。

这实际上是延续南周从 02 年开始尝试过的“本届政府这一年”的思路。当然，在实现方式上，改变了过去一篇稿子笼统式总述评的思路，而是细化为政府主要组成人员在这一年的表现，变成一篇篇人物述评稿。这一操作，既在一定程度上增强了可读性，也大大增加了难度——既要求记者对具体政治人物的一年表现、以及相关领域的工作要有整体的了解与认知，亦需尽可能获取一

些个性化的细节。而这，是对记者采访能力与宏观把握能力的巨大挑战。

限于时间仓促以及缺乏足够的积累，这组报道不能说篇篇精彩，记者做得也很痛苦。但关键的架构还是搭建起来了，有些稿件的反馈也不错。比如，有一个重要部委负责人在见报第二天，便特地委托秘书打电话给南方周末记者，认为稿子把握得当、切中实际，特地表示感谢。

其二，“民间点评政府这一年”。对于政府过去一年交出的“成绩单”，人大代表们会通过投票的方式表达观点，但能不能让普通民众也能有所表达？南周在09年首次尝试请普通民众回答，“这一年政府出台的政策中，哪些你印象最深？哪些对你影响最大？”、一年中，你关心过的国事有哪些？你对其中的政府举措如何评价？”、“你觉得政府和你的距离是亲密还是疏远？”、“你对政府最满意和最不满意的地方是什么？”实际上是通过这种方式，由民间来点评政府这一年。

南周的这一尝试，首先是在形式上回归了人民与政府关系的本义，即政府是全体纳税人的政府，纳税人有权利对政府表现“评头论足”。其次，从这些普通民众的回答，也体现出一些有意思的东西。比如，在回答“你对政府最满意和最不满意的地方”时，有民众说，“我最满

经济危机中的总理们
张德江:挑战最棘手难题
王岐山:“救火队长”的三个镜头

经济危机中的总理们
李克强:常委副总理的“初试”答卷
回良玉:“农”副总理的表情
张德江:挑战最棘手难题
王岐山:“救火队长”的三个镜头

政情报告

年度政治"盛宴"细节观察 你可能不知道的"两会"

2009,"船长"胡锦涛的中国道路

政情报告

你可能不知道的"两会"

年度政治"盛宴"细节观察

意的地方是，我是自由的；我最不满意的地方是，我自由得好像不存在一样。"再如有民众说，除中国政府外，最喜欢的是朝鲜。"人家虽然穷，但孩子上学国家负担。"

由民间来点评政府表现，南周今年是第一次做，在形式具有很强的突破意义。当然，最理想的状况，是不仅仅随机抓取民众代表，而是采用国外媒体常用的严格社会学意义上的民调方式来操作。但要做到这一点，显然有很长的路要走。

其三，"危机如何改变中国"。利用两会提供的集中采访的机会，通过大量采访两会代表中的产业行业代表与地方官员代表，从行业与地方政府一条一块两个层面，呈现经济危机到底是在怎么样影响与改变中国的，试图展现出一幅经济危机在中国的全景图。

其四，"预算中的财与政"。每年的人大会议，都会审议政府预算。但事实上，限于代表结构与专业素质，加上提交审议的预算报告本身过于概括性不够具体，导致每年的"两会"，并没有把多少精力放在审议预算上面。以至于对每年高达几万亿的政府预算审议，在一定程度上变成了"走过场"。而比照发达国家，其议会非常重要的一项功能，就是审议政府提交的各项预算。因为，纳税人的钱，只有民意代表才能决定如何支配。在经济危机下，有评论者更是提出，“审议政府预算，就是审议政府应对危机的蓝图”。

因此，09年南周上会记者苏永通的主要目标，就是试图搞清楚，每年政府庞大的预算报告究竟是怎么出台的？在两会上，受人民重托的那些人大代表们，究竟是如何审议的？从而试图把真实而鲜活的一面呈现在公众面前，以引发社会各界对这一长期被忽略的重大问题的关注。

以上四部分，构成了南方周末视野下09年两会报道的主要内容。虽然最后在操作上离理想状态无疑有一定距离，但在设计上，还是充分体现了南方周末的理念和价值观。并在一些操作方法上进行了大胆而有意义的尝试。

此外，09年南周两会报道的另一个重点，是让连续三年上会的记者马昌博，把他2007年的一篇两会手记改写成了特稿。每年的全国两会，大家都知道它很重要，但毕竟只有极少数代表委员和记者能身临其中。从而使公众对两会本身充满了陌生感。每年的两会是怎么开的、官员是怎么样应对记者的围堵的、各省市是如何与发改委财政部等部委讨价还价的、各代表团驻地是怎么安排与分配的、是怎么样为代表委员服务的？

2007年两会后，马昌博曾就此写了一篇记者手记，以其新鲜与生动，给编辑部留下了很深的印象。于是，在2009年让马昌博有意识地进行补充扩展采访后搬到了报纸上，是为《你可能不知道的两会》。原因很简单，能够让编辑部有很大兴趣的稿子，一般而言也能够吸引读者。事实的确如此——很少有媒体曾把诸多鲜活丰富的两会细节呈现在读者面前，让民众对两会本身能有一个更感性的了解。而这，不仅仅是“八卦”——虽然在一定程度上，“八卦”是新闻的本原——它对促进政治的透明与公开，无疑是有裨益的。

其他周刊类媒体的两会报道

解析完南周之后，我们再看一下其他周刊类媒体在今年的两会报道。

《财经》作为双周刊，对两会新闻的动态式报道，主要是由其所属的财经网来完成。但其杂志本身，仍在两会结束几天后，推出名为《真实新医改》的一期封面报道。该报道既有就新医改方案对卫生部部长陈竺的专访，也有一组专家与从业者的座谈，还有对珠海医保以及厦门长庚医院这两个个案式报道。可以看出《财经》杂志认为，今年两会最值得他们关注的，是历经多年论证后终于即将面世的新医改方案。与此同时，在胡舒立的专栏中，也表达了对预算透明问题的强烈关注。

《三联生活周刊》的两会报道，主要是3月5日那期的《让利于民与经济振兴》。这个看上去可读性不高的标题，同样体现了《三联生活周刊》对今年两会重点的观察与判断。即认为本次全球经济危机，中国政府40000亿刺激计划中有一个很重要、体现智慧的设计，那便是通过让利于民来实现经济振兴。让利于民，既体现在政府补贴家电下乡上面，也体现在医改与农村改革上面。该刊在综述的同时，也选择了几个个案来展现这些内容。

《中国新闻周刊》则在3月11日做了一期封面专题《"游说"人大》。着重关注房地产商、教育专家等一批特殊利益集团，试图参与到法律制定与政府决策中来的这种趋向。体现了其对两会精神的判断，即应该是各种力量集中公关游说的大舞台。与此同时，该刊还做了一个小专题《聚焦60后省长》。

《南风窗》在此期间，没有明显与两会相关的封面专题。其3月16日的封面《力保"市场中国"》，主要关注了一下中国政府的40000亿刺激计划，看上去与两会有一定关系。《瞭望东方周刊》在3月19日有一期《强国战略元年》，主要关注政府出台的十大经济振兴计划对各行业的影响。《南方人物周刊》则没有操作与两会相关的封面报道。

小结

通过对南方周末连续三年、尤其是对09年两会报道的个案式分析，并且浏览了其他周刊类媒体今年的两会报道后，可以看出如下几点：

其一：在上万名记者拼抢两会新闻的大背景下，在刊期与记者人数上不占优势的周报周刊，虽然面临很大的困难，但仍然是有可能找到合适的切入点，在众声喧哗中做出有影响力的报道的。

其二：因为刊期与人手有限，所以周报周刊的两会报道，一般而言要根据各媒体对当年两会"特性"的判断，提前策划与确定报道主题，不能完全寄望于上会记者的临场突击。

其三：在关注重点上，要尽可能寻找当年两会主题与所在媒体价值观与兴趣点的交叉点。而这种寻找与选择，又在很大程度上体现了各媒体的风格与对时世的判断力。

其四："两会"报道总体属时政类报道，一个媒体的两会报道，只要做到或是在传递真正有价值的信息、或是在促进政治文化的透明与公开、或是在试图让媒体与公众能够参与政治议程，那么，哪怕它因为现实环境的限制以及操作经验的欠缺有种种缺陷，但仍不掩其独特价值，应该给它发育与成长的时间与空间。

当然，如何做到操作更专业、更具传播性与可接受性，也是两会报道者、乃至于所有时政新闻报道者在实践中，必须不断探索与面对的一个命题。

（作者系南方周末编委、北京记者站站长）

党报深度报道的南方探索

□胡键 胡念飞

胡键

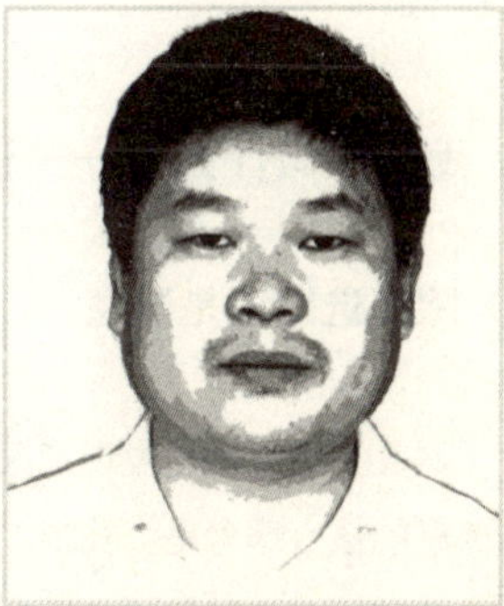
胡念飞

深度报道已成为现代报纸应对网络挑战的共同选择。

但每一家报纸，都按自己的理解做“深度”，国内媒体因此呈现了百花齐放的深度报道形态。

2007年，南方日报在第六次改版中加强深度新闻报道力度，组建机动记者部，并重点打造《深度》版。从2007年10月26日推出第一期报道至今，《深度》一直尝试着以全新的理念、模式探索党报的深度报道。

《深度》版被评为2008年广东新闻奖专栏一等奖。这是在紧张与忐忑中，在摸索和前行中的意外“惊喜”。

一年来，我们得到了教训也收获了经验。

一、我们要做什么？——存在与价值取向

党报，特别是省委机关报，是媒体生态中非常特殊的一个品种。在一般人的眼里，机关报面孔比较“严肃”，对一些话题的讨论与表述比较“克制”。

这种“严肃”与“克制”有时是出于办报策略与办报智慧的需要，但也常常由于“惯性作用”，使党报的报道陷入刻板化，在新闻竞争中处于被动局面。

让党报在众声嘈杂中能发出明确且响亮的声音，这是南方日报深度报

道努力追求的方向。

深度体现在哪里？我们确立了两个标准：

一是深入扎实的采访。只有靠深入扎实的采访才能层层拨开事件表象，取得真正第一手原创新闻。

二是深刻独到的分析。只有靠深刻独到的分析才能让新闻真正给读者以启迪和共鸣。

二、我们在做什么？——选题与运行机制

（一）除了选题还是选题

经营《深度》最难的是发现“深度”，并迅速地做出来。

我们选题的核心理念是：扎根广东，关切中国。紧追热点，透视冰点。

坚持做“广东深度”

在广东，我们既有丰富的新闻报道线索，也有便捷的采访条件，更有强大的报道影响力。广东是南方日报的根。做好广东的深度报道是我们在深刻体悟这些属性后的自然选择。

为了挖掘广东的新闻选题，我们也颇费心思，主要从以下几个方面入手：

一是密切关注新闻报料。利用机动记者部负责全省报料新闻的优势，挖掘报料新闻中的深度题材。

二是密切联系跑线记者。与南方周末等报纸不同，南方日报的新闻资源多掌握在跑线记者手中，他们对广东的各行各业都很熟悉，不少新闻线索都是从他们这里来的。

三是注意到广东省各个地市论坛抓题目。这条经验，我们是从都市报的《网眼》栏目受到启发的，事实证明是行之有效的。

四是与南方农村报展开密切合作。南方农村报关注基层，与他们合作，明显地延伸了机关报深度报道的新闻触角。

一年半的实践证明，什么时候很好地坚持了上面四条，什么时候的广东深度报道就会做得比较出彩。

《深度》版开设至今，推出的作品70%以上与广东有关，包括《从SARS果子狸到红烧果子狸》、《一个城市与“杀人”泥头车的持久战》、《砂霸》、《东莞“亿元红包”争议中发放》、《中山崖口：当“人民公社”开始卖地》、《云浮市委书记亚行任职》、《广东空心村调查》、《北江河盗》、《广州地下菲佣

A06 深度

果子狸的
“经济学”和“生物学”

■南海“庆丰食品城”狂卖果子狸
■南方日报记者六入市场、追踪贩运货车
■林业部门展开非法拦狀围基

从 SARS 果子狸
到“红烧果子狸”

A06 深度

“亿元红包”
争议中发放

市场调查》、《家电下乡的蛋糕农民难吃到》、《农村学校撤并弊端凸现》等具有鲜明广东地域特色的报道。

坚持做“调查深度”

1. 典型个案的深度调查

舆论监督曾是南方日报的“三大拳头产品”之一，而深度新闻的本质属性之一就是调查新闻。过去一年半的实践证明，具有舆论监督性质的调查报道是最有威力的深度报道。

深度开设了具有舆论监督功能的《南方调查》子栏目，先后推出了《联合国友好理事会疑为“洋人牙防组”》、《信用卡套现的秘密江湖》、《广东中小企业遭遇离奇跨省追罚》等大量舆论监督报道。

我们刊发《广东中小企业遭遇离奇跨省追罚》一稿后，引起了湖南省省委、省政府的高度重视，该省主管工商的副省长特别邀请南方日报记者前去调查整治情况，一批涉案官员被撤职。

《联合国友好理事会疑为“洋人牙防组”》一稿刊出后，联合国专门给本报发函调查有关情况，并在南方日报澄清联合国友好理事会与联合国无关。

2. 突发新闻的深度透视

《为什么一场风暴夺走这么多生命？》、《阜阳：怪病背后的怪状》、《杀人者陈文真灰色少年史》、《珠海“杀人”泥头车事件中的心理末路》、《北江河盗》等作品是南方日报做此类报道的典型作品。

此类报道，首先是具有重大突发新闻的特点，同时又具有深度报道的可延展性，我们就迅速做出努力，抢在第一时间告诉读者突发新闻背后的东西。

尤其以《为什么一场风暴夺走这么多生命？》这篇稿件为代表。为什么一场风暴夺走这么多生命？这是缅甸风暴发生后，全世界的疑问。作为中国记者，我们率先向世界回答这个问题。这也就是为什么这篇文章刊出后，能马上占据各大网站的头版重要位置的原因。这是一次以生命为赌注的亲历式采访，具备突发新闻报道应具有的勇敢、迅速、准确、全面的全部品质，这对一份地方党报来说难能可贵。

深度 03
缅甸巨灾 直击
■本报是最早进入缅甸重灾区采访的中国媒体
■特派记者揭秘"纳尔吉斯"风暴的凶猛之谜
为什么一场风暴夺走这么多生命？
中国救援物资陆续发给灾民

中央电视台《朝闻天下》、凤凰卫视《有报天天读》均对文章进行采读，让国内外读者了解到缅甸的灾情，以及让国内华侨亲属了解到在缅亲人的情况。

3. 热点前瞻 冰点解剖

深度新闻首先是新闻，只有热点才能吸引目光。

这一类报道追逐国内外社会、时政、经济类新闻热点，关注民生、关注改革。严格意义上说，第一和第二类报道中的很多内容都从属于这一类报道，但为了突出强调，才把他们独立区分开来。

《黑瞎子岛：一岛两国期待精彩》、《与沃尔玛"讲数"》、《卧龙告急》、《中山崖口：当"人民公社"开始卖地》、《摆平——深圳启动第二轮行政改革》、《"深圳"号访日》、《广东空心村调查》、《东莞"亿元红包"争议中发放》等报道应该是算做此类。

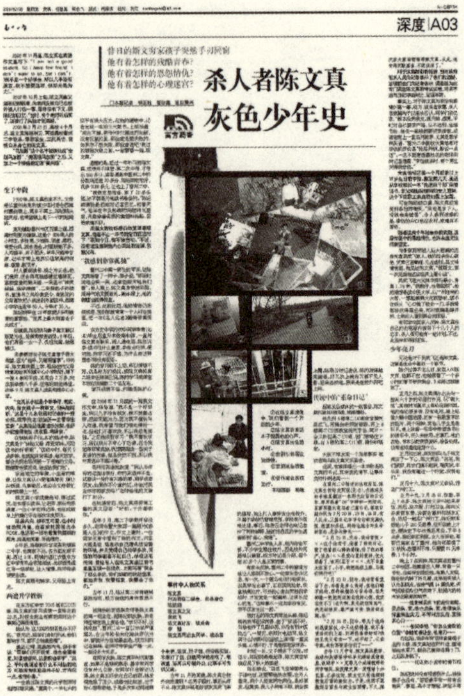
深度 A03
昔日的斯文寄家孩子突然手刃同窗
他有着怎样的残酷青春？
他有着怎样的恩怨情仇？
他有着怎样的心理迷宫？
杀人者陈文真灰色少年史

但是，作为深度报道还要“潜水”，发现冰点。《“农民工司令”张全收》，关注艾滋病三部曲《悲喜》、《赌命》、《断背》，《杀还是不杀——一个家庭所经历的死缓案》、《奶妈》等报道属于此类。

其中尤其以《“农民工司令”张全收》一稿反响最大。张全收带领一万多农民工在广东打工的事迹报道推出后，张全收很快成为明星人物。各家媒体纷纷前来采访，他本人也成功当选为本届全国人大代表，圆了当面向温总理报告的梦想。

（二）运行机制

1. 拓宽线索机制：我们尽量利用报料新闻资源，着力打造新闻信息产业链：把读者报料分为，报料新闻→报料调查→网视焦点→深度报道→新闻内参。充分利用新闻线索，把新闻做透做深。注意积累各种报道资源，加强与国内媒体、国际友好华文媒体的合作，扩大新闻资源。

2. 编辑主导机制：从选题一开始，编辑就是深度报道的主导力量，与记者共同确定选题方向，撰写选题提纲，跟踪记者的采访情况。打破编辑“来料加工”的角色，全面介入采编全过程。

3. 采写联动机制：南方日报负责深度报道的专职记者数量很少，故采取与其他线条记者合作的方式拓展报道领域，鼓励深度记者与地方记者、跑线记者合作写稿。倡导机动记者分领域关注，培养专家型记者。

4. 跟踪推广机制：不少媒体的深度报道，虽然内容与文本都非常好，但报道了也就报道了，少有反馈与效果。我们在选题的确定时，就力图把报道推出后可能出现的延展性进行综合考虑，强调报道的二次包装，及时在电视、网络等媒体进行推广。强调报道的追踪反馈，不断扩大报纸影响力。

三、我们做的有用吗——反馈与影响评价

机动记者部内部同事在讨论时经常会说这样一句话，如果这篇稿子不挂“深度”报眉，第二天评报绝对是一篇好稿子，考评时分数也会很高。而如果以深度版的名义刊出，估计评价会偏低。

为什么？因为大家已经对深度品质形成了很高的期待，深度就应该有深度的样子，否则还不如不叫深度。

在一篇讨论南方都市报深度报道的文章中有这样一段话：为什么我每

天打开报纸，仍然要忍受这样一种忐忑不安？不少记者都说，每打开几大门户网站的新闻主页，如果看见我们的报道被高高挂起，就兴奋不已，如果遍寻不觅，便失落难言，为何如此虚弱与不自信？为何仍然要面对许许多多这样的“天问”——来自读者、同行、以及内部同事。

笔者亦有此感，深度报道本身面临着反馈与评价的压力要远远大于一般稿件，因为一个记者可能一个月或者几个月才写出一篇稿件，如果评价偏低，对个人的打击确实会很大。一个记者一个月就可以写十几到几十篇普通稿件，个别稿件评价偏低，对个人的影响并不大。

对于南方日报的深度报道来说，限于人员素质与采编水平，我们更多地只能是基于南方日报原有采编水平基础上的一种运行方式。呈现出来的产品，与南方周末等优秀深度报道媒体自然存在差距，压力之大可想而知。

做得虽然非常辛苦，但经过一年半的探索，我们也体会到新闻记者的快乐与自信。

比如，我们刊出《从SARS果子狸到红烧果子狸》一稿后，广东有关方面召开了大规模的拯救野生动物行动，严查贩卖野生动物的违法行为，甚至关闭了涉案的动物交易市场。

近期我们刊出的《20年恶疾谜团笼罩廉江小村》一稿，在当地引起巨大反响，该市市委书记等主要领导第二天就赶到报道中的癌症村考察，并立即组织有关方面给村民检查病情，还按照村民意愿，承诺解决村庄的问题。

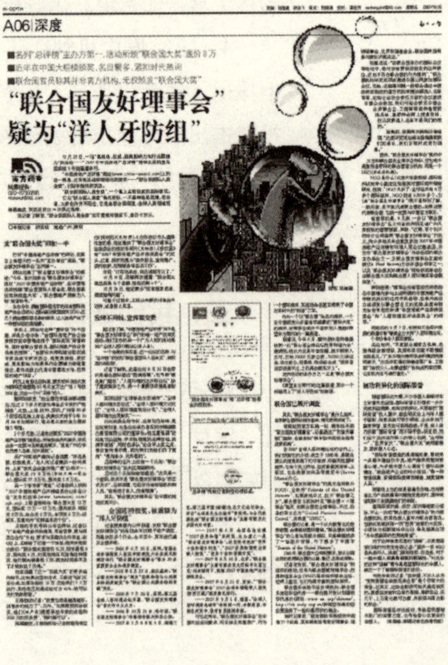

就报道事件的解决性角度来考虑，南方深度报道并不逊于都市类报纸，这个体现的就是南方日报在政府层面的影响力。这也是从根本上积极推动我们努力下去的动力。我们不特别追求报道的轰动性，但很在意报道的实际效果。

四、我们还要做什么——问题与未来探索

凤凰卫视的杨锦麟曾专门给南方日报深度报道来函表示，“你们很努力，很独特，有南方的风格。”我们理解这句话是对我们的鞭策和鼓励。

党报做深度报道盛行于近一两年，目前还处于探索阶段，也存在这样那样的问题需要克服和解决。

目前南方日报深度报道从单篇报道来说，不乏精彩之作。但是，如果要强调品牌、特色，我们任重道远。

统计分析我们一年半以来发表的文章就可以发现，虽然总体数量不少，但相对较杂，几乎各个领域的都有，很难看出一个相对稳定的脉络。

针对这个问题，在目前人力有限的情况下，我们需要采取有所为有所不为的原则，重点关注上文所说的广东新闻和调查性新闻。当然，我们并不排斥国内以及国际上发生的一些重大新闻。

此外，党报的薪酬体系相比与集团旗下媒体，不具有竞争力，发挥平台也有一定的限制，所以很难吸引到优秀的深度报道人才加盟。针对这个问题，我们目前采取的是立足于现实，发挥已有人才的优势，采取内生式的人才培养模式，不断培养自己的深度报道队伍。

（作者胡键系南方日报机动记者部主任、胡念飞系机动记者部深度报道组副组长）

南方周末“加沙”采访攻略

□张哲

张哲

今年 1 月中旬，以色列的“铸铅”军事行动正在加沙地带如火如荼地进行。而国内大部分的媒体对巴以冲突的报道“太硬”，除了每天的伤亡数字更新，就主要是各方政府的说法，各种机构发言人的政治说辞，或者学者观点和历史背景介绍。“我们想要‘人’的故事。”编辑郭力说。

从 1 月中旬的选题策划、前期准备，到 3 月 4 日启程前往耶路撒冷，14 日返回北京开始写作，再到 19 日、26 日两期报道刊出，中间经历了大约 2 个月的时间。

3 月 19 日的报道刊出后，不少同事和其他媒体同行大多数给予了报道热情的肯定，包括“最过瘾的巴以问题报道”、“国际新闻就应该这么做”，等过奖之辞。

同时在南方周末内部的评报中，也有同事给出了“缺乏历史知识背景交代”、“采访深入度不足”、“图片使用不当”等批评意见。还有的同事或同行提出，我们不能“为了战地而战地”，应该把报道精力放在与中国国家利益更加密切相关的国家和地区。

此外，我接到了以色列驻华使馆新闻官的电话，他对图片的使用（尤其图示标注为“哈马斯士兵”而非“恐怖分子”）、巴以双方报道内容的比例等问题提出了异议，称这组报道在中文媒体中前所未有，让他在外交部和军方面前“非常难堪”。

南方周末

艰难时世:大学毕业生的"生死"抉择

本报记者现场直击

"世界最大监狱"加沙

加沙：困坐危城

我想如果就这次报道要总结经验教训，可以从采访安全、国外采访的一般经验和采访资源发掘，以及最终报道呈现等几方面来谈。

安全第一

编辑部发到我手中一份“赴加沙采访报道方案”，其中最后一句话是：“安全第一，有任何问题，毫无保留地回来，即便一条稿子也不做。”同去的摄影记者麦圈第一次打电话给我就说：“兄弟，咱俩还都没结婚，可千万要完完整整地回来啊！”

决定去以后，我们首先想到的是上保险。但从国外的保险公司到国内的保险公司，“战争、军事冲突、恐怖袭击和武装叛乱”一律都在“责任免除”之列。于是我们对保险意兴阑珊，甚至最后连最普通的出国旅行人身意外险都由于时间仓促没有来得及买，现在看来，不免有些后怕。建议同事们今后若有出国采访，一定要买好境外旅行保险。

保险之外，我们当时想到的是防弹衣和头盔的准备。去之前跟凤凰卫视曾经去加沙采访的记者周轶君通电话，问到防弹衣时，她说：“从对你安全负责的角度考虑，我不能让你不带，但你要真碰上空袭什么的，都是导弹，你穿防弹衣也没用！”最终，虽然带了防弹衣去，但我和麦圈都没有真的穿。因为一是太热，二是行动不便，三是穿防弹衣与当地人太有距离感，采访不便。

再次就是一些小细节，比如编辑郭

力告诉麦圈，让我们在身上准备一面五星红旗，必要时可以拿出来挥舞（可惜麦圈忘了）；又比如，在加沙尽量不要脱离当地向导单独行动，以防语言不通带来的麻烦（当地人大部分只讲阿拉伯语）。

实际上，在采访哈马斯政府发言人和他们的武装人员时，当时并没有考虑太多安全问题。但我和麦圈事后交流，都很难说完全不紧张。尤其是他们互相之间用阿拉伯语沟通的时候，我们完全不知道将要发生什么事。

比如，麦圈当时一直在担心，政府发言人的办公楼可能被以军侦查系统侦破、锁定方位而被导弹袭击，说在我采访时他一直在用耳朵仔细听窗外是否有“导弹划破空气的尖锐的声音”。但不管怎样，我们并没有由于危险而缩短采访，我们是一直聊到发言人要去开会而被迫终止的。

去加沙与埃及边境的走私地道采访时，当地的走私贩子告诉我们，就在这里，前两天还被以色列的空军炸过一次，而现在，随时随地，都可能有导弹打过来。

送我们到加沙边境的是以色列外交部的车，司机临别时告诉我们怎样通过检查站进去。最后一句是：“After there, you are all your own. Take care!”（过了那儿，你们就全靠自己了。保重！）当时，突然有一种悲凉的感觉在心头划过……

但这些都不是在我们能控制的范围之内的事。不论怎样，从安全方面来说，我们能准备的非常有限，更多的时候是在听天由命。

现在回想起来，尽管很多安全问题无法预测，但觉得有一点缺失是行前的心理准备。如果我们能做更多情况下的问题讨论和心理准备，我想可能会在遇见类似哈马斯的组织时心态会更平和一些，也许采访也会更加深入。

衣食住行及其他

在语言方面，我们遇到的挑战是事先难以想象的。

并不是所有的以色列人都懂英文——很多普通百姓，尤其教育程度较低的，比如出租车司机等，英文程度完全不足以交流。在加沙，情况则更为糟糕。除了在国际组织工作的，当地人很少能讲比较流畅的英文。商贩、服务员或是有的工作人员会用英文讲一些基本的语句，但也很难做采访式的细致交流。

所以，如果没有当地的向导在身边时，手机里随时储存几个当地懂英文的朋友的电话，遇到交流困难（尤其是给出租车司机指路时），临时请朋友做些翻译是非常必要的。

通讯也是比较现实的问题。出国前，我们打听过关于手机的制式，知道国内的手机在那边可以使用。于是就方便得多，只需要在当地买好 SIM 卡，充值就可以使用。

此外，出国采访另外一个需要注意的问题是电源适配器（adaptor）。不同国家地区使用的插座插口的规格都不一样，有所谓“美标”、“欧标”、“英标”等等不同的。我和麦圈都比较大意，我带了一个美标的适配器，麦圈带了一个欧标的，但在以色列两者都不能使用。

饮食方面，出国就不要有太高要求了。基本上，和国内的东西比较起来，国外的食物有两个主要特点，一是贵，二是难吃。我和麦圈连吃了 10 天阿拉伯的大饼之类的东西，做梦都想回国吃中餐。

当地的风俗习惯，尤其是与宗教相关的习俗问题应该在事先做些了解。

在加沙的一所小学里，我对一位女性的英语老师做了采访，整个采访进行得很愉快。结束采访后，我习惯性地伸出手想要跟她握手道别。但她立即感觉有些尴尬，冲我连连摆手说，“我们不这样做”，脸都有些涨红了。

向导告诉我们，在当地，非夫妻关系的男女是不能在街上同行的，更别提手拉手或是其他亲密举动，否则有可能被警察送进监狱。对于外国人，政策可能会宽松一些，但还是应当注意为妙。好在我和麦圈是两个男人，并没有这方面的顾虑。

找谁寻求帮助

在一个陌生的国度，要应对语言、人文、交际资源的种种樊篱，应付完全陌生的交通、通讯、货币、饮食起居等环境，还要在短短的时间内完成采访任务，难度不可谓不大。

从这次的经验来谈，我想首先是要在出国前做尽可能细致的准备。因为以色列和巴勒斯坦不同于欧美等比较为中国民众熟悉的常见境外旅行国家，所有的环境、习俗甚至生活常识都需要了解，做些心理准备。

在出发前，除了与以色列当地的中文媒体驻站记者通电话，还与曾在以色列和加沙驻站的多名记者进行过电话和面对面的交流，要来了以色列的地图、当地一些联系人的电话，并详细询问了各种细节问题。与中东问题专家、中国社科院殷罡老师的两次深夜长谈更让我受益匪浅。

很重要的一点，要与驻华使馆随时保持沟通。以色列驻华使馆不但帮我们办理了签证，还帮我们联系了以色列外交部的采访，给我们写了需要在以色列国内使用的推荐信，这给我们在当地的采访带来了巨大便利。我想，这也是为什么他们最终发现我们并没有写出偏向以方的报道，而感到不愉快的原因之一吧。

在国外，最重要的采访经验就是要倚重当地媒体同行的资源。由于与当地媒体不存在竞争关系，总体上，媒体同行间更多的是让人感到“春天般的温暖”。

此前从未谋面的国际广播电台驻耶路撒冷记者不但带我们找旅馆、指路、兑换货币、请我们吃饭，还带我们去约旦河西岸的城市拉马拉采访，提供了加沙当地向导的联络方式，给我们帮了大忙。

外媒同行的帮助也让我们从中获益良多。麦圈联系了自己的偶像，一名美联社的著名摄影记者。他不但告诉我们哪里可能有好的新闻线索，还介绍了美联社和路透社的记者同行，带我们去巴以边境参与报道了一起示威活动。

去年11月我们去美国报道总统大选时，提前和洛杉矶时报驻华盛顿的记者写过几通Email。到华盛顿后，他不但请我和同事喝咖啡、带我们去报社参观，还提供了不少美国选举的报道指南，比如如何迅速掌握选举信息、去哪些地方采访、找什么人，甚至直接带我去了一个选举站，介绍工作人员给我认识，并帮我索要联系方式。

此外，这次我们出门太过匆忙，

A2 纵深

——专访以色列外交部发言人 Yaniv Ovadia

『建设加沙，还是毁灭以色列？他们可以选择』

“他们只想杀死更多的以色列人”

“孩子们该拥有梦想，而非恐怖主义”

“他们唯一想往加沙走私的东西是武器”

——专访哈马斯政府发言人 Taher al-Nono

『我们将用尽所有办法建立我们的国家』

“我们的火箭弹还在向以色列发射”

“我们用石头传达一种信息”

“我们不要美国的钱”

与哈马斯士兵面对面

“我们永远在等待以色列人”

没有年龄下限也没有上限

耳边30厘米的枪击

忘记准备一些小礼物。我想，如果出国采访时能够给当地媒体同行准备一些报社的小礼物，哪怕是一些有中国特色的小礼品，甚至茶叶，都会是很有帮助的。这样我们可以和当地的同行或者其他采访对象，都可以更好更迅速地拉近关系，获得采访帮助。

稿件呈现

出发前的策划里，报道主题被集中在两个方面：一是加沙地区的战后重建，包括基础设施重建与“人心”的重建，即当地民众从战争状态中走出的心理恢复；二是巴以矛盾的现实状况，在这里，编辑提出的要求是——不是国际政治层面上的、坚硬的巴以矛盾，而是在活生生的人的层面上，能触及心灵的巴以矛盾。

相应的选题则被策划为 4 条稿子：1. 写战地家庭的特稿，要求将巴以矛盾具体化，最好能选取巴以双方各一个家庭进行描写，告诉读者真正的战争是什么；2. 战地加沙观察稿，侧重于介绍加沙现状，人们在想什么、干什么，怎样重建；3. 访谈——采访对象首选巴以政要，尤其是哈马斯的发言人和官员；4. 战地的国际人道组织，以国际红十字会或医生无国界在极端环境下的工作体会，反映出他们对战争、人道、民族矛盾等宏观话题的思考。

世界最大“监狱”加沙

我们在加沙实际上只有不到 3 天的工作时间，我们更多地是把精力放在了解这个地区的整体情况，尽可能多地跟当地普通人交流，即与第二条稿子相关的采访工作上，即在南方周末 3 月 19 日头条报道“直击世界最大‘监狱’加沙”中的大部分内容。由于并没有找到具有典型性的，可以以特稿方式进行描写的家庭，因此第一条稿件并没有很好地完成。

访谈的两篇稿件则中规中矩。虽然没能约访巴以双方的高层政要，但无论对当地媒体还是国际媒体而言，哈马斯政府发言人和以色列外交部发言人已经是媒体常规采访中相当权威的讲话者。比较遗憾的是，由于双方都比较情绪化且预留的时间不是十分充裕，这两个访谈都并不深入，没能起到与主稿配合并拉开层次，深层剖析中东局势的作用。现在看来，如果能够在以色列约访希伯来大学的某位学者，在加沙地区采访某位公众知识分子或社会贤达，想必会有更加出色的访谈稿。

至于战地国际组织的报道，刊发于南方周末 3 月 26 日时局版。比较遗憾的是这篇稿子采访的并不充分——本有机会在加沙时采访到联合国近东巴勒斯坦难民救济和工程处（UNRWA ，在加沙其地位几乎相当于当地的第二政府。）驻加沙的负责人约翰 · 金 (John Ging)，可是他的秘书 1 点半打电话要求我们 3 点前去采访，而当时我们正在前往埃及边境的走私地道途中，无法赶回。

现在看来，如果调整好采访行程，是有可能做出相对比较深入的描述加沙国际组织的稿件的。此外，如果通过当地向导尽早联系当地的官员，比如加沙城的市长，或哈马斯武装的相对高层人物，恐怕也不是完全不可能做到的。

出发前我和国内的中东问题专家殷罡老师、南方周末的李红平老师交谈时，都认为如果能去到一个哈马斯士兵的家里，进行单独聊天，甚至能跟他们的家人、母亲谈谈，自然是最好的。

但当哈马斯武装人员蒙面、荷枪实弹出现，甚至随便朝天空或是地下乱开枪时，这样的采访现场也就超出了我们之前的预计，难免有些不自在。有些问题问了心里都有点没底，比如我问他们知不知道被别人叫做“恐怖分子”时，麦圈事后说，当时简直害怕他们不高兴就直接开枪把我们杀了。

并且，没有预想的是，他们极其讲究“采访纪律”，采访时必须一个小组一起，而且头领也在现场。一半以上的问题，“小弟”们的讲话会被头领打断，由头领来进行非常有宣传口吻的表述。可以说，谈话的“场”并不是很好。

当然，事先我对如何与这些被西方主流媒体叫做“恐怖分子”的人交谈，准备得也不是很充分。如果行前能对问题进行更好的设计，也许效果会好些。

马后炮

此次加沙报道，是南方周末第一次进行出国战地报道的尝试。事后总结起来，我想教训一定多过经验的。

关于国际新闻报道，尤其是到高危地区采访参加一些培训是非常必要的。据我事后所知，有专业的安保咨询公司（主要是外国的），可以提供从安保计划、风险评估、目标隐蔽，到应对爆炸、恐怖袭击、绑架，以及最基本的医疗救护常识的相关培训。

之所以说这些培训相当重要，是因为我们在国外的战地或其他高风险地区采访，所遇到的困难是不能与国内相比的——即使是汶川大地震的现场。在国内，我们有长期以来积累的丰厚资源、经验和崇高声誉，且绝大多数情况下人身安全的威胁并不突出。

在国外的高风险地区进行采访，且不说面对可能发生的枪伤、爆炸冲击伤，或是恐怖分子的绑架，在我们一无保险、二无基本自救常识，当地又缺乏必要医疗条件的情况下，就是简单的在树林或废墟中骨折受伤，恐怕后果都难以设想。

是否愿意投入相关的成本，继续尝试在世界其他地区的报道，取决于媒体对自身的定位。媒体在国际报道的比重和投入上，有不同的道路可供

时局

另一个"政府"：国际组织在加沙

"这不是解决问题的办法"

G20 峰会：
华丽的前景

巴以问题的出路：
一国方案？二国方案？三国方案？

我们参考。

一种是《纽约时报》、《时代》杂志的道路，它们自身并不定位于美国的媒体，而定位于国际媒体，关心全世界的一切热点问题。在取得巨大话语权的同时，他们的国际影响力也不言而喻——它们几乎在为全世界的其他媒体设置议程，它们自身一点一滴的故事也将成为全世界媒体、公众和研究学者关注的焦点。

另一种则是《华盛顿邮报》这样的报纸，它非但不把自己定位于“国际”，甚至不把自己定位于“美国”，而只是在自己的一个区域精耕细作：华盛顿邮报密切关注的是华盛顿地区。白宫、国会、法院和其他的政客、智囊和政治组织的边边角角几乎被这家报纸吃透。他们甚至会让一个记者紧盯一个国会议员十几年，直到对他的一言一行了如指掌。当然，即便如此，华盛顿邮报的国际新闻报道也是颇为用心的，在全球各地的分站建设中，它也并不甘于落在竞争对手之后。

我想，此次加沙报道，对南方周末更多的意义在于“吃螃蟹”。这组报道远远说不上完美，有着各种各样先天和后天的问题。但在中国的企业和国民越来越多地走出国门、中国的国家利益在全球各地迅速拓展之时，对南方周末国际新闻和海外高风险地区新闻的报道方式、参与程度与关注角度进行更多地讨论，并尽早着手进行各种准备，恐怕是应当提上日程的。

（作者系南方周末记者）

从“冯翔自杀”报道探索突发事件中的党报作为

□徐剑桥

徐剑桥

4月22日，冯翔追悼会上，其孪生哥哥冯飞声泪俱下地发表致词。他称冯翔是“党的好干部，一个优秀的共产党员，一个好父亲，一个好儿子，一个优秀的作家，一个纯粹的人。”

这是冯家人努力维护的，或者说是他们希翼媒体能够展现的冯翔形象。

那一刻，我在想，如果冯翔最终是累倒在灾后重建的岗位上，或许，这个评价，不用冯飞自说自话，而会转化成一篇感人通讯，作为先进典型出现在报纸版面中。

从4月20日事发，到4月22日相关报道纪律的下达，有关冯翔自杀的媒体报道，其实留下了太多的语焉不详。而初涉江湖的我，在事件中，同时感受到了记者在现场的责任与无力。

一、退房

4月20日，我刚到成都，准备稍作调整后前往绵阳做地震一周年的采访。

当天下午2点18分，刚吃完午饭回酒店准备小憩片刻，同事胡亚柱给我发来短信：“中共北川羌族自治县县委宣传部副部长冯翔于今日凌晨2:00左右，在家中去世，初步勘验系自缢身亡……”。

震惊。睡意全无。

这则短信长达 196 个字，短信的最后，胡亚柱给了我北川农办官员曾国和的电话。去年 10 月 3 日，北川农办主任董玉飞自杀后，他曾第一时间前去采访。几分钟后，同事胡念飞给我打来电话，让我介入采访，当天发稿回报社。

赶紧打开电脑，各大网站在显著位置挂出的消息均为同一条——这是一则 292 字的简讯，最早由四川新闻网发出。除了这条简讯，并没有更多延伸信息。

我很快找到了冯翔开设于腾讯网的 QQ 空间、其地震后再无更新的新浪博客，以及媒体之前有关冯翔的零散报道，这成为我最初的信息源。

二、疾奔

退房时，我遇到了同住酒店的南方日报摄影记者莫伟浓。一拍即合，我们决定一起包车去绵阳。但他担心赶过去拍不到照片，我也担心现场被严密封锁。只能赌一把，的士在加满油后，朝绵阳疾奔。

事发当天早上 9 点 19 分，天府早报原编委党青在其腾讯博客上发表了《我的挚友－北川宣传部副部长冯翔自杀》一文，在文中他提到了冯翔自杀地点：绵阳市区现代花园 B 区。我们依据网上搜索得到的这个信息，直扑现代花园。

的士在飞奔，我一路昏沉，一路也在担心：进入不了现场怎么办？找不到核心信息源怎么办？采访能推进到哪一步？这些我都心里没谱。给在成都的同

A06

难忍丧子之痛?与人发生纠葛?

北川县委宣传部副部长自缢身亡

不堪身心备受煎熬?

博客留下玄机?

多年至交在"逼"他?

网友建纪念馆悼念冯翔

熄灯1分钟 燃烛点亮爱

国内新闻

A9

北川宣传部副部长冯翔自缢亡

痛失爱儿 无意恋世? 遭人逼迫 无路可走?

有人对他"下手"不留情?

事陈枫发短信，让他通过四川日报的关系联系党青。我想，如果我在绵阳受阻，那么能通过党青这些冯翔的生前好友，来讲述还原冯翔的生前故事，也算一条途径。

我联系上了曾国和，试图了解北川官场的反映。但他告诉我，他们刚刚结束在外地的学习，在赶回绵阳的路上，他打电话问了北川农办的同事，他们都还不知道冯翔自杀的消息。

下午 5 点半左右，我们赶到了绵阳高新区。现代花园大门前有两名保安把守，没有看到警察。我和莫伟浓两人带了四大包行李，很容易被认出。因此我们决定，到旁边找家酒店先把行李寄存好，由我先进去，视情况两人再电话联系。

三、闯入

迎着两名保安逼视的目光，我昂首走进小区。我努力表现出镇定，为了保险，兜里只藏了一支圆珠笔和很小的一个采访本。几位居民正围坐在一起聊天。我凑上去，与他们攀谈。一位居民告诉我，冯翔家住在 2 栋 2 单元 202 房，当天已经来了很多警察。

站在 2 单元一楼楼梯口观察，202 房的房门大开。我心想，我要迈开步子往三楼走，不能表现出是来打探的神色。在二楼楼梯口，我往 202 房里面瞅了一眼，发现除了几个男人坐在沙发上，并没有其他人。

我折转步子，径直走到 202 房门前敲门，沙发上的男人们好奇地打量着我（事后几日，我才知道这几名男子其实是绵阳市与北川县委宣传部的）。这时，一个酷似冯翔的男子和女子从内房走了出来，问我是谁，来此何事。

男子正是冯翔的孪生哥哥冯飞，女子是冯翔的嫂子。

我直接表明了来意，同时掏出我的工作证。知道我是南方日报记者后，冯飞的态度明显有了变化。他开门见山地说，我愿意接受你的采访，因为你们集团的报纸敢说真话。他同时告诉我，警察刚刚撤离现场不久，上午有记者过来，但进入不了现场。

按冯飞的说法，我是警察撤离后第一个进入家中与家属对话的记者。

在这将近半个小时的独家采访时间里，冯飞向我讲了冯翔自杀前后的许多细节。他又领我看了自杀现场，展示了冯翔的遗物，在冯家人的帮助下，莫伟浓顺利地拍到了很多照片。

半个小时后，全国各地的同行 20 多人一起赶了过来。其中有新京报、京华时报、中国新闻周刊、齐鲁晚报及四川当地多家媒体。冯飞重复了部分对我讲过的话，但很明显，接受完一次采访后他累了，在多家媒体联合提问的氛围下，有些细节他不愿再讲。

十多分钟后，冯飞接到电话称要出去办事，采访告结束。

四、错位

稿子怎么下笔？花重笔墨来对冯翔的死因悬疑设问吗？这个思路貌似常规，但很快被我否定。我决定在文章主体架构上，对准冯翔被地震改变的一年人生，写其与儿子冯瀚墨、孪生哥哥冯飞的感情，以与其它媒体错位经营。在文本上，我确立的思路是：不渲染悲剧，尽量写得有人性关怀。

我给文章打上主标题：《回望北川，他已不在》。采访中冯飞告诉我，冯翔生前正在负责编撰《回望北川》一书，我想将这本书名与我的主标题衔接起来。

4月21日的南方日报内部评报会上，该稿是否挂“南方独家”曾引起了讨论。我仔细对比了第二天全国媒体的见报稿，在细节上该稿确有独家之处，比如发现冯翔自杀后，冯飞半个小时嘴对嘴的人工呼吸、花3.98万元买奥拓转赠冯翔、《回望北川》策划案上还保留着冯翔修改圈点的墨迹等。

但稿子也有很多遗憾，比如

NATIONAL
A06 中国
南方日报
南方独家
回望北川，他已不在
北川县委宣传部副部长冯翔昨于家中自缢身亡
曾做过记者站站长
生命最后4个小时
与双胞胎哥哥心灵相通
曾想再要个孩子就叫“想墨”
他有未实现的三个愿望
错借讲解再揭伤疤
冯翔这一年
愿你在天堂和儿子团聚
人民日报今日发表评论员文章，一论坚持和完善民族区域自治制度
新中国的基本国策 社会主义的政治优势
失踪机械师遗体搜寻近8天找到
主要责任人被立案调查

在文中点出“神秘电话”后，冯翔博客中的遗文《很多假如》摘录部分，考虑到字数和版面因素，最终被我自行把关删除，没有在见报稿中得以呈现。

五、次深度

除了跟得最紧的南方日报、新京报、京华时报、齐鲁晚报等几家媒体，4 月 21 日的采访，南方人物周刊加了进来。

当天下午，在绵阳市内一家宾馆，冯飞决定接受上述几家媒体的联合采访。他给记者打招呼说，宾馆里到处都是宣传部的人。担心记者采访受阻，他让记者不要一起上楼，免得引起注意，他还专门找了一个房间接待记者。

冯翔死因成疑，网络追问直指其发表于博客中言有所指的遗文。一帮记者都想追问“您”的真实身份，但无论怎么旁敲侧击，冯飞一直以时机成熟再说为由谢绝。他最终的回应是：不要因为猜测，穷于追究，产生舆论暴力而杀人。

其实，经过两天的采访，对于“您”所指何人，记者们早已对上号。如果此时抛出这记重磅，不仅整个事件的关注焦点将陡然转向，也很可能出现冯飞说的舆论暴力，因为在网络上，一些网友已经提出要将“您”人肉搜索出来。

当天晚上回到宾馆，我琢磨起稿子的角度。冯飞已经强调，与挚友的矛盾，只是在特定场合和情境下，对冯翔自杀起到了放大效应。此时再去热炒“您”的身份制造悬疑，不在我的认知范畴内。

我开始朝着深度方向写，但写着写着发现，两天的采访所得貌似很多，但似乎也不够深度的分量。一是信源单一且不对称，大部分讲述来自冯飞和家属、朋友，官方几近沉默；二是在如此短的时间下，调查本身不够深入，想要表达的主题必然缺乏说服力。

于是，我将稿子拆解为三部分，一是次深度：探讨地震一年来，在冯翔身上到底发生了什么，悲剧怎么产生；二是对话，冯飞回忆冯翔生前，还原其人生故事；三是写一个冯翔追悼会的动态稿。

稿子最终写了 4500 多字。见于 4 月 22 日南方日报 A08 中国版《由“站立”到“倒下”：在冯翔身上发生了什么》。当日，南方都市报用两个版的规模，全文转载了该文，只不过，南都所拟标题为：《冯翔孪生哥哥恳请：别因猜测产生舆论暴力而杀人》。标题出自我文章主稿中的一句话。

很多网站转载时直接用了南都的这则标题。据我了解，这是冯翔事件中，首有媒体发出这样的声音。

六、转折

4月22日早上，绵阳市殡仪馆里，记者云集。东方早报简光洲、南方都市报左志英，还有若干报纸、杂志的首席记者和深度记者纷纷到场。

晚上7点多，我正准备写稿，胡念飞告诉我，不能再做报道了。但我还是坚持写了1400字的稿子。

4月23日，齐鲁晚报、潇湘晨报等少数媒体依然刊发了消息；4月25日，中国经营报发表了8000多字的深度长文：《“负重”的北川》、《心理危机：聚光灯下的压力》，标题虽未出现冯翔的字眼，但内文须臾未离开冯翔自杀事件。

媒体的报道，在短暂喧嚣了几日之后，终迅速归于沉寂。在这之后，网络上对冯翔死因的探究，有几篇颇具见地的短文。但这一切，随着地震周年的来临，很快遗落在缅怀与祭奠中。

七、几点因素

回顾冯翔自杀一稿的采写，如果说基本完成任务，有几点因素不可或缺。

第一，运气。事发当天，我正好赶到了成都，部门领导意识到这条新闻的重要性，第一时间指派我前往，争取了时间；而赶到绵阳冯翔家中时，正好警察撤离，我获得了独家采访机会，并由此与冯家人建立了联系，这

NATIONAL 2009/04/22

A08 中国 南方日报

由“站立”到“倒下” 在冯翔身上发生了什么

冯翔与母亲、妻子及儿子的全家福，一场地震使这个幸福的家庭阴阳永隔。本报特派记者 莫伟浓 摄

《风吹过的街道》的背景音乐，在空间里循环播放，设置音乐的主人，永远走了。

在将博客背景换为忧郁的黑色仅仅两天后，冯翔以其突然的死亡，震撼了这个世界。这一天，离“5·12”汶川大地震周年仅有22天，距北川农办主任董玉飞自杀199天。

“告诉您，不要逼我”

仅有的疗伤之旅

冯翔追悼会今日上午9时举行

孪生哥哥冯飞追忆冯翔——

他带走了我生的一半 我负责他死的一半

在我后面两天的采访中发挥了很大作用。

第二，前后方良好的联动机制。这是南方日报在重大突发事件中屡次使用的手法，即前方记者负责主抓现场、抓独家，后方记者负责掌控网络最新动态，挖掘纵深。这种手法，能够使前方记者在庞杂的突发场景中解脱出来，做到心中有数，省却信息焦虑，也能使最终的稿件呈现发挥最大效力，做到有血有肉。在今年 2 月 22 日山西屯兰矿难、5 月 17 日株洲塌桥事件中，南方日报的前后方联动机制都发挥了威力。

第三，注重了现场采访与网络文字的有机结合。冯翔自杀事件中，一个显著的特点是，其在博客中留下了可供发掘的大量文字。这些文字，大体展现了地震一年来其个人的心迹和经历，这些文字与家属讲述结合，能够提炼出大量信息，有力丰富文章的主题结构。

第四，结合南方日报特点，文章的切入角度未出现偏差。首日的见报稿，没有刻意写成悬疑剧或悲剧，而是在主标题、小标题的拟定、文本的呈现方面，在大量采访细节支撑的前提下，充分考虑了切入角度，凸显了悲剧背后的人性成分。

第五，在确保安全的前提下，时机掌握得较好。面对类似重大且敏感事件，对媒体来说，比的是介入速度，谁先介入谁主动，文本呈现反而退居其次位置。南方日报对于冯翔事件中的报道，无论是版面量、见报字数还是文本呈现，之所以做出较好的效果，与及早的介入、迅速掌握细节有关。

事实上，在持续三天的采访中，媒体一直在与时间赛跑。因为大家都明白，在地震周年的时间节点，灾区干部自杀很敏感，报道存有不可预见

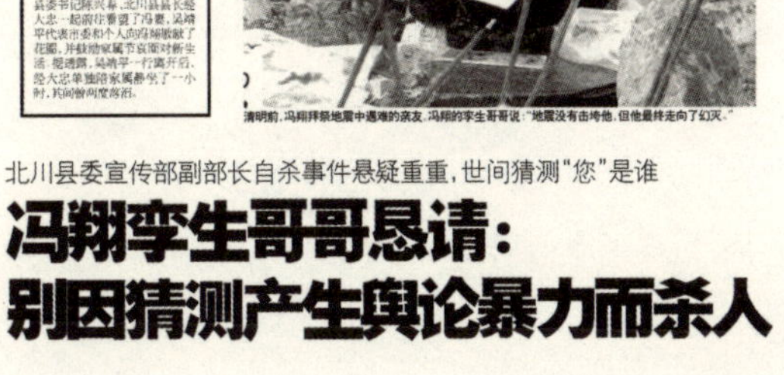
A18-19

冯翔追悼会今日举行

北川县长经大忠看望家属时无声静坐一小时并两度落泪

本报讯 记者昨日了解到，自缢身亡的中共北川县委宣传部副部长冯翔同志追悼会将于今天上午9时在绵阳殡仪馆举行，绵阳方面将为冯翔举行隆重的遗体告别仪式。

记者另外了解到，前日晚上7时许，绵阳市委书记吴靖平、北川县委书记陈兴春、北川县县长经大忠一起前往看望了冯翔家属，吴靖平代表市委和个人向冯翔敬献了花圈，并鼓励家属节哀面对新生活。据透露，吴靖平一行离开后，经大忠单独陪家属静坐了一小时，其间曾两度落泪。

清明前，冯翔拜祭地震中遇难的亲友。冯翔的孪生哥哥说：“地震没有击垮他，但他最终走向了幻灭。”

北川县委宣传部副部长自杀事件悬疑重重，世间猜测“您”是谁

冯翔孪生哥哥恳请：别因猜测产生舆论暴力而杀人

的风险。新京报 4 月 21 日的报道便没有上电子版，京华时报 4 月 22 日的报道也因故未发。

4 月 21 日，南方人物周刊记者卫毅抢在截稿时间前写出了《冯翔 不再飞翔》一文，最后见于 4 月 27 日的人物周刊。而更多媒体，特别是一些杂志的深度报道，与我事发第三日的文稿一样，夭折在电脑硬盘中。

在采访现场时，有同行得知我是南方日报记者，很惊讶地问我，没想到你们党报反应也这么迅速。

此话道出了党报的某些尴尬，其实也让党报从业者思考：如何在重大突发事件中有所作为，而不是垂垂老矣？如何在竞争激烈的新闻战役中，也能如高度市场化的都市类报纸般嗅觉灵敏、动如脱兔？

（作者系南方日报机动部记者）

新闻策划思维主导的越界行动
——对“网民调查委员会”与“躲猫猫”事件的再思考

□邹高翔

邹高翔

3月7日，参加全国两会的云南省委书记白恩培在被记者问及“网民调查委员会”调查“躲猫猫”事件时，表示这一行为出发点是好的，是一个积极的尝试，也是一个积极的信号，说明我们的政府是阳光的，不怕被追问。这是从政府对待民意、公众参于社会事务的角度评判，无疑具有积极意义。但就事件操作本身而论，回头冷看，恐有不少可值商榷之处。这一事件的关键词在于“身份”，宣传部及官员的身份、司法机关的身份、网民的身份、媒体的身份，因事件而交织，因事件更清晰。

管理部门与“新闻策划”的关系

记者出身、新官上任的云南省委宣传部一名副部长是事件的最大推手，也许是十几年新闻从业的惯性思维，他的操作显然带有强烈的新闻策划风格。

接“料”就跑，时效为王。1月30日，李荞明因盗伐林木被刑拘关进看守所，2月8日下午受伤住院，2月12日在医院死亡。2月15日，晋宁县政法机关宣布调查结果为“躲猫猫”致死，引起网上热议。18日晚副部长上网发现“躲猫猫”已成网络热点。19日上午即召集政法机关开会商讨，决定“网络的事情以网络的方法解决”；19日下午3点，云南省委宣传部发布“调查委”招募公告，2月20日上午“网调委”即赴晋宁，21日凌晨写出调查报告并上网发布。是典型的“拼时效”、“抢新闻”采访式手段。正如副部长所言“当时包括公安的同志、政法部门的同志说时间太仓促了，来不及准备。我说真相不需要准备，越准备越无法找到真相，就是要来不及做任何准备。”

“真相”至上，抓住核心。从招募“英雄贴”上表述，“为满足社会公众的知情权”，到副部长所言“这个世界上没有什么是可以隐瞒的。一切公开透明，就不怕网友来挑毛病，(就算)挑出毛病来，能比‘躲猫猫’这个事件本身的毛病还大吗？”,体现了追求“绝对真相”、把问号进行到底的记者思维。要求“调查委”探究李荞明的死因，不涉其它，也是这一思维的延续。

以我为主，自我造势。通常，有关部门遇到此类公关危机，觉得有必要时会向宣传部门求援，此次，宣传部主动出击。不管是有意为之还是无心插柳，以前在幕后指挥媒体、略带几分神秘色彩的宣传部门此番高调走上前台，宣传部官员成为新闻人物，而且言语非常“有料”，诸如“我们决定不用其他地方通常的做法，完全公开、完全透明”、“ 从宣传部门说来没有必要去找‘托’，把自

南方都市报 网眼 A19

云南邀请网友调查“躲猫猫”

510余人报名，今天10名网友将加入调查委员会前往晋宁县看守所

网友担任调查委员会主任

此次调查“不预设结果”

“号码百事通奖上奖”中奖牛人榜火热公布

己引火烧身。”新闻策划的特点之一，也是追求形式手段创新，天马行空，出奇制胜，“没有做不到，只有想不到”。

后期“制作”，追求“呈现”。宣传部出面组建“调查委”，虽然声称不干预其活动，但显而易见，没有宣传部这顶帽子顶着，“调查委”不可能得到晋宁县公安局“通报情况”、“提出请吃饭”的接待。尽管副部长对“调查委”的报告很失望，批评其“像流水账，没有观点”，但毕竟有了一份报告，可以对公众有所交代。新闻策划也追求采访的呈现效果，以“包装”弥补“原料”的不足。

查有关党的知识得知，党委宣传部的职责之一是“负责引导社会舆论，指导、协调各新闻单位的工作”。职责之意，既不能失位，也不能越位。云南省宣旨在平息舆论对警方“躲猫猫”说法的质疑，尽快将真相告知公众，杜绝有关部门“罗生门“式的企图，避免出现另一个越描越黑式的“周老虎”笑柄，动机没有问题。

问题在于，其一，宣传部引导社会舆论，应该以何种方式？是亲历亲为，还是通过现有的传播工具？宣传部是党委的组成部门，是社会意识形态领域的管理部门，引导舆论应通过方向性的政策，当然也不排除日常对具体事例提出意见。引导舆论需要平台，宣传部自身不宜也不能成为这个平台，否则有包办之嫌。其二，宣传部牵头组织民间性质的“调查委”，依据何在？所谓“调查委”，不是有法律授权的调查机构，对公众也不具有代表性，仅仅顶着“网民”的旗号临时拼凑，出具的“调查报告”也无任何法律效力，也满足不了公众对真相的需求。由于宣传部出面，办案部门不得不腾出精力来应付，对这种性质的“调查”，办案部门并无法定义务予以配合。其三，宣传部是否达到引导社会舆论的效果。“调查委”报告出台后，宣传部表示不满意，网民更不满意，李荞明死因未得到解释，反而引发新一轮对“调查委”活动的质疑，宣传部自身成为质疑的对象。不知这该算正面还是负面？

“网民”与公民的关系

“网民”当下俨然成为一个新兴的话语群体，国家领导人与网民对话，标志着承认了这一群体的话语地位。网民与传统新闻学概念“受众”的区别，在于它不仅是“受众”还是“施众”，不是被动地接受媒体信息，还能迅速、充分地参与新闻事件，与媒体具有强烈的互动性，能形成舆论合力，从而影响事件进程。

但是，在法律意义上，网民只是拥有宪法赋予“表达权”的自然人，不具有职务和技能背景。无论是否由公权部门牵头组建，只要未经民政部门审核批准，网民组成的团体就不是真正意义的社团，责权利皆无从谈起。

在“躲猫猫”事件中，“调查委”对网民不具有代表性。首先，它未得到也不可能得到全体网民的授权；其次，不能要求所有网民都关注“躲猫猫”，泡在网吧玩游戏的、借网络做生意的，也是网民；再次，对“躲猫猫”发表意见的网民未必都理性，表达方式便捷，且不需要承担责任，催生了网上的“热闹”，很多时候，这种“热闹”是一种表象，并不都意味着都有公共价值。

所以，基于新兴传播平台——网络而产生的网民，回到现实中，与普通公民并无二致。网民的公共意义，在网上发现新闻线索，对传统媒体而言，他是报料人；发现案件线索，对办案机关而言，他是举报人；对新闻事件发表个人意见，他是网络舆论的参与者。只是利用网络作为工作娱乐工具，不能强求他们参与公共事件，也许称他们为“网虫”更准确。

民间调查与司法独立的关系

宪法规定，政党须在宪法和法律框架内活动。但现实政治生态中，权大于法的现象并不鲜见。调查事件的推动者对宣传部的“能耐”相当自信，“英雄帖”对调查的方式、程度并未说明，事先与办案机关虽有沟通，但显然遇到阻力，仍坚持进行调查。召集齐人后，

A04 重点 南方都市报

警方：玩的是“瞎子摸鱼”游戏

网友公布“躲猫猫”调查报告

报告称查看监控录像和会见当事人的要求都被拒绝，探寻真相还是要靠司法机关

再“不停地说服”办案机关接受采访。事后，对办案机关临时“变卦”拒绝“调查委”进入看守所见嫌疑人，还表示了一定程度的不满。“我也没想到他们拒绝会见”、“早知道，我们可以给相关领导打招呼，应该可以解决”、“特事特办”。这些话语，体现出官员法律意识的缺失。

“调查委”完成调查后，云南省宣称，“调查委”并没有宣布解散，将继续履行舆论监督的职责，搜集和整理网民意见，以委员会的名义递交相关司法部门，进一步督促案件侦破工作。这与办案过程中，饱受诟病的“专家论证意见”何其相似。虽然组织者称，“是舆论事件的真相调查委员会，而不是对躲猫猫事件本身的一个调查”，但这两个“事件”有很大的差别吗？或者说，有差别吗？

对公共事件的民间调查，可视为舆论监督的一种形式。固然有其长处，也有其局限：无强制约束力、无固定程序、易摇摆。司法案件尤其有严格程序，对参与者有严格资质要求，如提审或会见在押犯嫌疑人，只能是与案件相关的公检法安全部门及律师。普通公民能随意进入看守所并参与“调查”在押嫌疑人的话，那么司法调查也就无从进行了。

正如全国律协刑事委员会一名副主任所言：“民间舆论对司法活动的影响有积极的一面，也有消极的一面。问题的关键在于民间舆论所基于的观念和所依据的信息。公众只有对案件信息充分掌握，才能准确地认定事实。有时多数人的意见不一定是正确的。”基于对办案机关的不信任，“调查委”亲自上阵，但即使不信任它，也得以它的体制自我纠正。在这里，如果要两害相权取其轻的话，我选择专业主义，而抛弃民粹主义。

“真相”与“知情权”的边际

追寻真相是新闻从业者的目标，但真相是相对的。在公法领域，原则是“能公共的都公共”，以政府信息公开条例及司法机关办案机密为界限。在私法领域，原则是“当事人同意公开的才公开”，以保护商业秘密和个人隐私为界限。由此衍生出的知情权，也是一个相对的概念。

“躲猫猫”事件以警方推翻原有说法，定论为李荞明被同仓人员殴打致死，公安检察相关人员受到处理而告终。这是一个符合公众心理期待的结果，于是网络回归平静了。诚然，原有说法太不符常理，挑动起公众的“知情欲”，于是形成舆论合力，当这种欲望得到满足后，舆论合力消失。要警惕另一种倾向：如果只是以民意是否汹涌，作为衡量知情权是否得到满足的标准，那么，这样的知情权并不能保证知道了真相。我们有权追问，有权在每个问号后面再打一个问号，但只能在某处停下。

黑龙江“宝马撞人案”发生后，坊间盛传肇事者苏秀文是黑龙江政协副主席韩桂芝的媳妇，其实，韩桂芝的小儿子陈红涛和苏秀文的丈夫是生意场上的朋友，两家素有往来，以致出现类似传闻，并以讹传讹。试问，就这一事件组织一次民间调查，难道非要得到苏秀文就是韩桂芝的媳妇的结论?

同样是在全国两会上，云南省检察院副检察长倪慧芳谈及这一事件认为，组织一批网民到看守所里调查，这种介入很不对，因为他们没有执法权。另一方面，检察机关等到舆论热起来才介入，时间上滞后了。云南省检直接进行调查后，很快就把事情查清楚了。“出发点”先不论，“调查委”毕竟对揭开事件真相起到了强劲的推动作用，就效果而论值得称许。但类似事件是否都能得到如此结果?

“真相”和“知情权”不能矮化，另一方面，也不能神化。在信息发布和交流越来越畅通的今天，蔽塞言路搞愚民政策已不可行，但无论如何公开，都有道德、法律、行业诸方面的底线。中共十七大提出要“保障人民的知情权、参与权、表达权、监督权”，但此四权并未入宪，亦即尚处于党的执政理念阶段，还未形成法律规范，不能以法条形式细化，也不存在可诉不可诉的问题。从积极意义理解，实现知情权没有固定框架，施展空间大，此次由宣传部组织“调查委”，形式上是干预司法，但也没有禁止性条文；从消极意义理解，实现知情权无法可依，易产生以此为旗号的干扰或寻租行为。若以后在矿难、火灾等重大公共事件中，要继续采用这种网民调查的方式，其前景着实堪忧。第一次可谓新鲜事物“大胆尝试”，再进行的话，其违规甚至违法的弊端显露更多。诚如躲猫猫“调查委”一名成员说，“除了伸长脖子不停地看，还能调查到什么？”

（作者系南方都市报广州新闻部编辑）

彩票报道的媒体责任

□王会赟

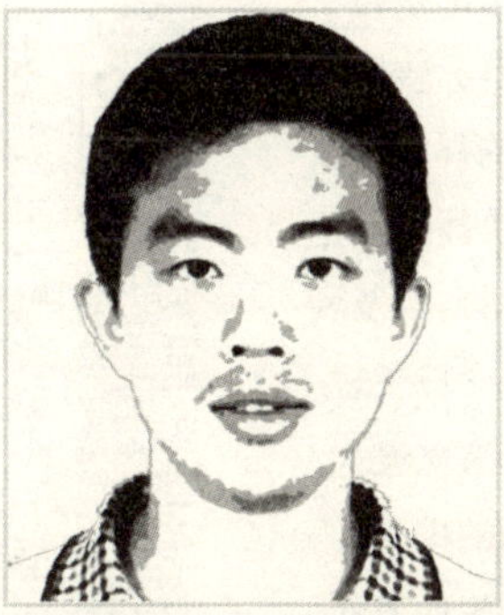

王会赟

去年引发社会关注的广州"8·21"公交车爆炸案，于2009年1月13日上午在海珠区法院开庭审理。据媒体报道，作案嫌疑人黄某的亲戚朋友在购买六合彩时，使用了某报上的"特码"后，却发现并不是每次都能够中奖，得知此事，黄某心生怨气，于是动了威胁报社交出"特码"的念头。为了达到目的，他甚至写信以市民安全为要挟，要求市长张广宁对该报社施加压力。未果后他将自制的定时炸弹放到了125路公交车上引爆，制造了"8·21"公交车爆炸案。

虽然黄某的案例比较特殊，但联系起2005年广州某投注站负责人"肥老张"张民浩"空打2900万彩票案"（注：空打即先打印彩票但未付钱）、2006年广州某合购彩票联盟负责人"彩哥林珂"卷走彩民千万元资金案、2007年邯郸农业银行金库近5100万现金被盗，疑犯任晓峰、马向景用盗来的大部分现金购买彩票等等案件，作为媒体，我觉得我们应该反思一下彩票报道的责任问题。

彩票报道的特点

据官方发布的数据显示，去年中国彩票全年销售额高达1059亿，平均算起来，我国每人每年约有81元人民币花在购买彩票上。可以想见，这是一个多么巨大的市场。目前彩票市场的火爆足以引起各个行业的关注，触觉敏感的媒体自然“首当其冲”。

综观全国的大小媒体，在彩票领域的报道现状呈现以下两大特点：

一是几乎所有种类的媒体都参与了彩票报道。电视台以直播或实况转播的形式最大限度地吸引了彩民的视线；纸质媒体以资料详尽、便于查找翻阅而抢占先机；电台以及时更新资料、以及利用相对多的时段进行报道以争一日长短；网站则综合各家所长，利用信息量大、内容更新快捷而成为彩票报道的排头兵。

二是报道的内容除提供各种资料、彩票开奖公告外，主要以预测结果为宣传卖点，以发布官方的各类彩票资讯、彩票政策为基础、以彩民中奖的种类故事为重点。只要彩民喜爱看、需要用的东西，都会集中报道。

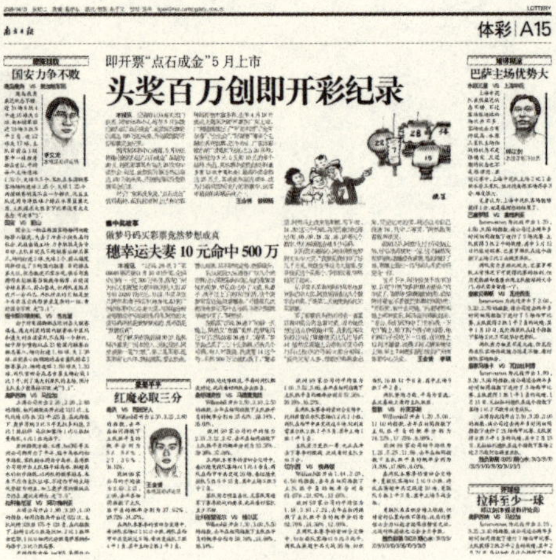

国外的彩票报道

由于彩票性质与国内有所区别，欧美发达国家对于彩票报道是有严格限制的，也因此形成了独特的报道形态。

一是对于数字型玩法的预测性报道，有收窄甚至不报的趋势，基本上只报道开奖公告这类信息。

二是放大竞猜型玩法（如足彩、马彩）的报道力度，电视台、电台用专门的时段、报纸用整版的版面，来介绍这类彩票，但对预测报道还是有限制。

三是公益性、警示性方面的报道，由于这类报道关注度不高，干脆以投放

广告或是软文为主，以此突出彩票的公益性。

四是对于民众高度关注的中巨奖者的报道，亦不能免“俗”。例如由欧盟国家联合发行的“欧洲百万”彩票，因其常出几千万欧元的巨奖而引起欧盟各国媒体的关注，包括英国《泰晤士报》等有影响力的老牌媒体亦不惜版面予以报道。欧美国家的法律规定，中奖者的信息必须公开，这也让他们的媒体在报道时占有先机。而国内的法规规定中奖者的信息是需要严格保密的。

彩票报道的问题

一是报道不够客观，过多地宣扬中奖者，对社会风气产生的副作用不容忽视，一边倒的报道会使彩民对中奖产生不正常的幻想。

综观这方面报道，大都存有明显的片面性，对获奖者的“运气”渲染较多，而对彩票事业的公益性宣传明显不够，对彩民理性投资的引导明显不够，对长期支持公益事业的普通彩民群体的报道更是少之又少。这样的报道尽管不一定失实，但未必客观，因为在信息不对称的情况下，局部事实容易掩盖整体真实。

这样的报道极大地放大了少数中奖者的幸运，给了人们一种错误的暗示，在某种程度上刺激、助长了一些彩民的投机心理和不理智行为，使之丧失风险意识，突破道德底线，甚至铤而走险，越法律的雷池。这种片面宣传，也容易诱发人们盲目博彩的投机心理，不仅是对彩民不负责任的表现，也不利于我国彩票市场的健康发展。

二是个别媒体为了提高发行量、吸引读者的眼球、采用故弄玄虚甚至是迷信的方式报道彩票，格调低下。例如，有媒体曾经运用周易预测中奖结果。这样的预测很显然会误导一部分层次不高的彩民，与建设和谐社会背道而驰。

笔者认为，媒体报道存在的一些问题，对一些人的犯罪动机起到了强化作用。如果媒体能客观、理性一些，对类似行为应该会起到一定的预防作用。

彩票报道的趋势

结合国外的发展现状以及国内彩票报道存在问题，我国彩票报道将有以下几个发展趋势。

一是竞猜型彩票（目前国内只有足球彩票属竞猜型）预测报道的加强。以欧美彩票发达国家的经验来看，彩票报道发展到一定阶段，对乐透型（纯数字型）和即开型彩票的预测报道限制会越来越多，而且这类玩法的预测性报道容易陷入“伪科学”的陷阱，不如提前舍弃。而由于竞猜型彩票的预测报道可有客观存在的资料为依据，对彩民而言有比较重要的参考价值，这方面的报道应予加强。

二是中奖故事更加注重突出正面性。包括欧美的媒体，也会对中巨奖的彩民给予重点报道，毕竟民众不可避免地会对大奖得主产生好奇心理。而在中奖者的故事当中，不少是通过科学的、理性的方法进行投注，而且在投注的过程当中、中奖之后会有不少正面的、感人的故事，这方面要积极报道。而有部分中奖故事会与迷信产生联系，这方面需要严加批判。

三是突出彩票的公益性，彰显媒体责任。让彩民知道国家需要通过发行彩票来帮助弱势群体、兴办公益事业、对重大自然灾害进行救助、支持全民的体育事业等等。比如去年汶川大地震后，体育彩票和福利彩票就及时推出了赈灾类型的彩票，给灾民的重建带来了帮助。这方面媒体都应不余遗力、不惜笔墨给予报道。

四是树立诚信典型，挖掘人性美好的一面。比如 2002 年广东体彩销售员林海燕，在完全可以将 500 万大奖拒为己有的情况下，将中奖彩票还给委托人。如此诚信的典型经广东等媒体的报道后，感动了国内外不少民众。这类的报道已经跨越了彩票报道的局限，上升到挖掘人性美好一面的高度，因此在任何时候都应该成为不吝笔墨、版面以重点报道的内容。

五是更加注意反面报道的教育性。对于媒体的受众来，过多的正面宣传可能会引起反效果，还不如用一些反面案例来引导他们。把“血淋淋”的事实摆在受众面前，或许会收到事半功倍的效果。

（作者系南方日报记者）

3G，开启全民掌握新时代

□谭启锋

谭启锋

2009年是中国的3G元年。2008年12月31日召开的国务院常务会议，讨论并通过了3G牌照的发放和对中国3G标准TD-SCDMA扶持问题。1月7日14：30分，工业和信息化部给中国移动、中国联通、中国电信同时发放3G牌照——中国3G时代的帷幕从此拉开！

3G，即第三代移动通信系统，与前两代的最大区别就是数据通信速度的大大提升，使得3G时代的移动通信系统能够处理图像、音乐、视频流等多种大容量的媒体形式，一改移动通信系统只能语音通话的单一功能，对通信业的影响可谓是革命性的。

但3G技术的价值，不仅仅止步于通信行业。正如IT技术、网络和PC互联网技术的发展推动了传统媒体向新媒体的革命性演变，3G技术以及手机软硬件的发展，必将推动传统媒体的深入彻底转型，以及对当下属于新媒体的PC互联网也会产生变革性影响（以致出现“传统互联网”的说法）。

3G技术对传播领域的革命性影响，简而言之，就是传播将打破时空的限制，无论何时何地，通过手机终端就可以联网交互与获取信息。从这个角度来看，手机媒体依托3G网络实现的传播，是广泛意义上的全民传播。3G也因此有了更广泛的社会学范畴意义，而不仅仅限于通信技术。

本文拟从3G时代手机的本质属性和特点、3G技术对人类社会传播的革命性改变两个方面，叙述3G如何开启一个全民掌握的时代。

一、手机终端所具有的4M特点，依托3G技术无线联网，决定手机本质上由一部通话机器转变为一部个人移动终端

手机作为一部通讯机器，这十几年以来一直在改良演进，从最开始的大哥大到GSM黑白手机，再到彩屏手机，到现在的智能手机。手机功能也从最开始单一的语音通讯，发展到如今已经大为丰富，包括存储处理文档、拍照摄影、使用软件和上网等等功能。在3G时代背景下，笔者以为可以用四个M来概括手机的属性特点，即手机的4M属性。

首先是Moved，即移动性，这是手机终端区别其他终端最基本的特点。正是因为手机的移动性，可以随身携带，让人们能够从家中、办公室的固定场所解放出来，打破时空的分离，无论何时何地都可以联系。可以移动的手机终端，是3G技术实现其变革价值的前提基础。

第二个M是Mini-screen，小屏幕是移动性的保证，因为要在移动状态下更好地手持和实用。屏幕太小影响阅读，太大则影响移动性。近年来，手机终端屏幕越来越大，这是手机在方便阅读和移动性之间寻求平衡的过程，屏幕大小将止步于某个最佳平衡点。手机屏幕不可能发展成电视或者电脑那样大小，所以说手机本质上是属于一种“小屏幕”终端。也对无线互联网的形态具有重要影响，决定无线互联网不能直接照搬PC互联网。

第三个M，是Media即媒体性，这是手机随着功能的发展而具备的最有特色的特点。手机可以处理图文影音各种媒体信息，具有的拍照、录音、录像等功能使手机成为少有的既能获取信息又可以采集信息，乃至3G时代的同步发布信息的媒体源终端，不同于电视机、电脑的只能单向接收信息，或者数码相机之类只能采集信息和不能发布信息。

最后一个M，也就是Myself，个人化，这是手机与其他媒介之间本质的区别。手机出现之前，其他媒介与使用者个人之间是分离的，包括时空

方面的分离和情感方面的分离。前者比较好理解，手机随身携带并具有小区定位、GPS定位等功能，手机透露个人所处的时空位置；情感方面的分离，就是说用户不用将个人情感寄托于电视机、电脑等媒介，这些终端机器只是个人的工具，而不是个人的组成部分。但人们通过手机进行人际交往与人沟通，手机里存储着个人的亲属、同学、同事、朋友等人际关系资料，手机里有用户的友情、亲情和爱情。

在3G技术和系统普及应用之前，手机通过2G网络无法全面互联而略显孤立，手机4M特性并没有体现出来。3G网络普及后，手机与互联网高速连接，人们可以通过手机看电视、玩游戏、搜索地图、处理公务等。在3G时代，手机因其4M特性将由一部简单的通讯工具，而变身为个人移动终端。

二、依托手机这个越来越强大的个人移动终端与移动宽带网络，3G为人类社会开启了一个高效的全民传播时代

正如知名通信产业观察家项立刚所言，3G是传统的信息平台所无法比拟的，它所创造出的价值是人类历史上从来没有的。如本文开头所述，3G无论对通信领域，还是对传播领域都会带来革命性的变革，这些变革最终是引向人们观念、生活习惯的改变。笔者以为，3G的影响在传播领域最为关键的，正是因其为人类信息交流带来的种种变革，进而影响到人类观念和生活。而且随着信息技术的发展，传媒、通信和互联网的融合将越来越紧密，逐渐演变成传播业的一部分。

1．信息传播速度实现质的飞跃，第一时间传播成为现实，包括新闻资讯第一时间的采集、发布和传播。

手机作为个人移动终端，其具有的媒体性特点使得每一个人都可以成为信息的采集者，身边发生的事情第一时间用手机拍照或摄像记录。这使得媒体一直以来孜孜以求的“第一现场”得以实现。比如2008年汶川5·12地震中，四川大学生用手机摄录地震来临时候宿舍和校园内的情景，还加上了语音解说。手机使得“现场采访”变得不再是专业媒体人员的专利，每个“装备”了手机的普通人都能成为“记者”对身边的事件进行报道。

有些传统纸媒也较早地将手机采集信息的功能利用到新闻报道策划中。比如佛山珠江时报2007年开始开辟“第一现场”版，还有广州新快报2008年起推出的“手机部落”版面，都是向读者征集用手机第一时间拍摄的突

发现场、街角百态、社区表情等，发表到报纸版面上。

但我们可以看到，上面这些案例中手机只能实现第一时间的采集，但发布则是延后的，不能同步进行。3G普及后，这个问题即迎刃而解，手机通过无线宽带联网可以将拍摄到的图片、视频之类的媒体信息同步发布到手机互联网及PC互联网上，上述提及的地震现场视屏即可第一时间对外发布（通讯网络被震跨另当别论）。

除第一时间采集、第一时间发布之外，由于移动性的特点，无论何时何地手机用户均可以接收信息或者登陆互联网，所以媒体第一时间将新闻资讯传送到网民手中成为可能。汶川地震后的第二天，5月13日，南都手机报在日间每隔两小时发布一次地震特刊，当日共滚动播报6次，手机报读者无须困坐在电视或电脑前，均可第一时间掌握地震后紧张的救援进程。

2. 手机终端的移动随身性及无线联网的特点，3G时代，人与人之间通过手机进行的人际传播将变得非常便捷、普遍和快速。

2009年4月以来全球蔓延的甲型H1N1流感疫情，前期主要在墨西哥和美国等美洲国家流行，但自从5月11日和13日分别在四川和山东出现两例输入型甲流感病例以来，中国民众马上紧张起来，互联网上对甲流感的关注热度升温。南都手机报于5月14日下午推出的《甲流感全民防范手册》专刊，由

于其实用性，很多手机报读者除自身阅读外，纷纷给亲朋好友转发分享。在这个过程中，南都手机报利用手机便捷的互相转发功能，达到了更大范围的传播。

3. 3G时代手机媒体的传播，主要是占用用户的碎片时间，传播的社会时间成本将大为降低。

在前3G时代，人们在移动状态下，由于条件所限难有什么作为，一块一块碎片化的时间，就这样无声无息地被消耗掉。3G时代，人们可以通过手机随时联网阅读新闻信息，甚至还可以用手机联网学习和工作，碎片化的时间被充分地利用。人们不需要另外专门花时间去阅读新闻，传播的社会时间成本大为降低。

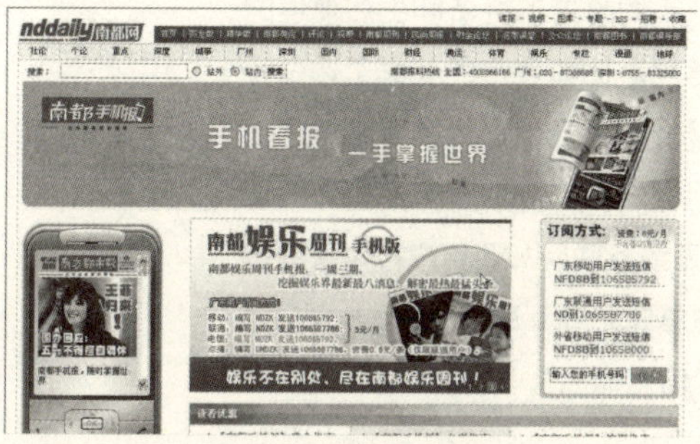

新快互动
手机部落：人人都可当记者
当手机遇到部落
当传统媒体遇到新媒体

4. 由3G组成的网络可以打破城乡、地理、阶层等各方面的鸿沟，在此基础上手机媒体传播的覆盖范围将大大扩大，由于网络和终端问题而无法被传统媒体或互联网覆盖的人群将可以通过3G便捷地迈入信息化社会。

首先是我国农村的信息化，一直远远落后于城市。今年年初发表的第23次中国互联网络发展状况统计报告显示，截至2008年12月31日，中国网民规模达到2.98亿人，但农村网民仅为8460万人，相对于8亿农村人口，普及率更是低得可怜。中国科学院研究员、著名电信专家侯自强曾在多个场合表示，移动互联网对于消除农村与城市之间的数字鸿沟，推进农村信息化，具有很大的现实意义。正如其所言，对于农村普及信息化，一个是终端障碍，一个是网络障碍，而通过3G移动网络和手机来解决这两个障碍，都相对容易。

其次由于地理的距离和阻隔，同样可以造成信息传播不畅，这跟农村的情况有点类似但又不完全相同。比如2008年年初波及我国整个华南地区的雪灾，冰封大地，大量的乘客被羁留在归家的路上进退不得。报纸无发送达，没有电视，没有电脑，等于在高速公路上形成一个个信息孤岛。这个时候，除可以通过电台接收电波信息外，通过手机获取新闻信息或许是更可行的途径。

最后，在传统媒体和传统互联网时代，不同阶层的经济和生活环境的不同，亦会造成信息传播在各种人群中的落差。比如城市的农民工，由于其工作的流动性和经济状况，电视报纸的普及率不高，个人拥有电脑的比率就更小，这些原因使得农民工聚集的工厂区往往成为信息传播极为匮乏的孤岛。但穷人有穷人的活法，《2007中国无线互联网WAP用户行为研究报告》显示，保安、工厂工人等基层职业者占总体无线互联网（wap）用户比例达3成以上。手机使得农民工可以冲出“信息孤岛”，通过无线互联网掌握社会动态。

上述手机传播对于城乡、地理和阶层鸿沟的突破，只是处于初级阶段。3G组成的网络体系是一个广域网，能够覆盖到我们国家绝大多数有人生活的、有社会关系存在的地方。而且相对于现在的2G通信系统，3G具有强大的数据处理能力。笔者相信，3G手机媒体对于各种鸿沟的突破更彻底，带来一个不分城乡、不被关山阻隔和不“嫌贫爱富”的全民传播时代。

（作者系奥一网无线媒体中心总监）

利基市场与农村报策略

□麦倩明

麦倩明

在当前的政治、经济与社会条件下，相信没有人会认为农村报（指报业集团旗下的涉农子报）可以成为主流大报。农村报的策略与使命是以地域为根据地开发一块报业的利基市场。本文试图以南方农村报为例，运用利基原理分析农村报发展的路径选择。

什么是利基市场？利基是英文名词“Niche”的音译，来源于法语。被引入形容大市场中的缝隙市场。利基市场指向那些被市场中的统治者以及有绝对优势的企业忽略的某些细分市场。利基市场是指企业选定一个很小的产品或服务领域，集中力量进入并成为领先者，同时建立各种壁垒，逐渐形成持久的竞争优势。

相对于主流大报的高端化，都市报的市民化，地市报的本土化，留给农村报的生存空间只有专业化这“华山一条路”了。所以，专业化是农村报利基策略的核心。广大农民、广袤农村、农业及其延伸出来的大农资产业链，是农村报生存的空间与土壤，需要探讨的是生存技巧问题。农村报要实施利基成长战略，除寻找利基、进入利基市场，更重要的是占领并保持市场、获得报业的持续发展。

寻找利基：以专业化体现差异化

在南方报业传媒集团中，创办农村报所包含的差异化战略是显而易见的。南方日报社 1963 年创办了第一份系列报，它就是现在的《南方农村报》。十年前该报打出“专门为农民说话，专业为农业服务”的办报宗旨，更进一步突出强化了服务主体与服务功能。而在其他传媒集团眼中，相对于都市媒体市场，农村报业市场由于地域宽广，人员分散，购买力低下，一直被视为瘦田一块，成为“资本荒地”。至今，这张报纸仍然是广东省唯一一家专业的三农纸质媒体。

市场少有同质竞争者并不说明取得成功的希望比较大，甚至只能说明成功需要付出更多。新闻媒体运作有许多公认的普遍规律，农村报需要做的是，把新闻的普遍规律具体运用于三农领域，形成自己独特的一套操作理念、操作手法，然后再以这套基本原理主导日常运作。这个过程概括来说就是：从一般到特殊，再从特殊回到一般。

有人将媒体分四类：宽众宽面、宽众窄面、窄众窄面、窄众宽面。农村报可定位为最后一种，是一份“窄众宽面”的综合性报纸，“专业”可以如此理解，它是为专属的群体提供新闻产品和服务，报纸具有相对宽泛的内容面，内容的综合性意味着大的市场，大的发行量以及旺盛的生命力。农村报、农民报不能收窄为农业报，农村聚集了农工商学，他们的需要是

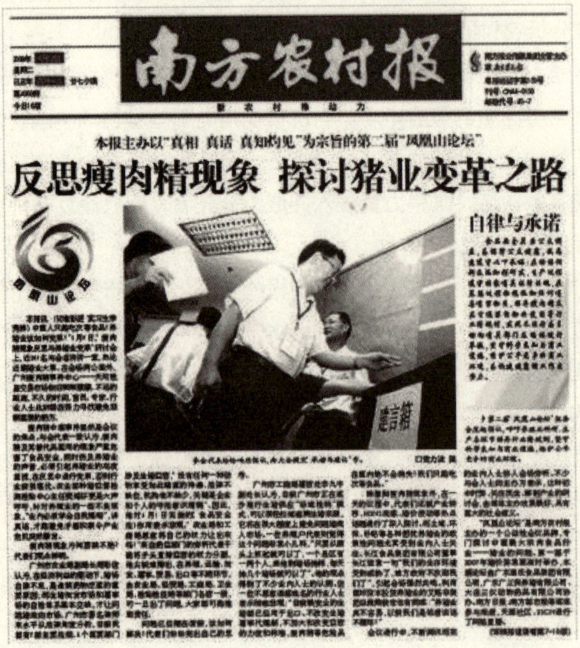

南方农村报

新农村推动力

本报主办以“真相 真话 真知灼见”为宗旨的第二届“凤凰山论坛”

反思瘦肉精现象 探讨猪业变革之路

自律与承诺

多面的。归结起来，一是权利；二是发展的技术与艺术。

首先，农村报必须与现有大的媒体集团的新闻产品体现差异化。

农村报首先是一个新闻媒体，必须回归它作为媒体的存在价值。另方面，它的客户群中的大类就是农民，所以农村报必须“眼睛朝下”，体现对这个社会群体的人文关怀，中国社会正处于急剧转型期，党和政府把三农问题提到相当的高度，如何让农民享有公平的国民待遇，让农民享有对土地合法转让收益的权利，如何让农民组织化后享有与其合作的利益团体平等的话语权，让农民分享改革开放的成果，是农村报应该持续关注的重大题材。

在媒体市场存在一份为社会中广大下层人群利益代言的报纸，对于社会转型期在市场化中一些利益主体肆无忌惮的言行，可以起到一定的制衡作用。媒体坚持这种自我定位，对政府也能起到一定的监督作用，维持社会公正，保证弱势群体不会成为不合理政策的牺牲品。

其次，农村报必须与专业市场中的其他专业出版物体现差异化。在涉农报刊市场，特别是针对某个行业的市场，比如养殖、农资等行业，其实并非没有竞争，甚至竞争还相当激烈。早有一批有政府背景、有协会背景的报刊在渠道上占得先机。这两类媒体都各有长处，有政府背景者，狐假虎威向下属企业团体推行指令性订阅，或者得到一些经费支持；拥有协会背景者，采取会员制收费订阅，广告发行经营都有绝对保证，这些协会往往是利益集团共同利益的集合。相较之下，媒体集团出生的农村报，相对独立于政府和利益团体之外，只有回归新闻媒体的天职，才是唯一的“傍身绝技”。农村报以专业媒体敏锐的新闻触角在大量的产经报道中，剖析新闻事件，挖掘现象背后的真相，作出有前瞻性的判断，而这样的能力与魄力，偏偏是以上两类报刊所不具备的。农村报只要及时发现消费者需求与现实之间的差距，就把握住了占领市场的机会。

在主流媒体、地市报及行业媒体夹击的媒介生态环境下，农村报只有持之以恒地制造并贩卖独特，把独特性贯彻于新闻产品制作及推广服务，才是立身之本。所以，应对竞争其实就是做好自己。与主流媒体相比，要往下沉得下去；与地市报相比，要更有媒体职业精神；与行业媒体相比，要做出色的新闻。

人才的专业化既是体现新闻媒体差异化的显著特征，也是实现新闻专业化的前提之一。从2000年开始，南方农村报陆续吸收了一批有农业相关专业背景的人员加盟，涵盖了畜牧、兽医、水产、生物、农学、植保、农化等专业，涉农学科与新闻专业的嫁接，组成一支交叉学科人员混合的采编队伍，是农村报在利基之路上迈出的重要一步。这批人对专业领域具备天然认可度，在行业积累资源相对容易，团队中文理科人才的融合互补成为一批“独特的种子”，在新闻采编及经营领域如鱼得水。

拓展利基：以专业化实现相对主流化

利基市场在英语中还有一个意思，是指悬崖上的石缝，人们在登山时，常常要借助这些微小的缝隙作为支点，一点点向上攀登。农村报不应仅仅满足于做一份行业报或者是一份小众媒体，偏安一隅不是没有可能，但就此却步则有负于媒体责任与抱负。“向上攀登”与上述所说“眼睛朝下”的人文关怀并不矛盾。在报业集团内、在媒体市场实现相对的主流化，即是在专业化的基础上，在相关领域实现主流化。对于农村报无论是在社会上、在媒体市场、在报业集团内，都是一个守土有责的问题。

农村报不会成为主流大报，但是追求相对的主流化。什么是相对主流？可以作出几个层次的描述。一、在报业集团内，开发有三农领域大量新闻资源，并利用这些资源做出具有社会影响力的新闻，撑起三农题材报道的强大一翼，成为值得重视的力量；二、在同类媒体市场中（包括专业报刊市场），农村报及其定期出版的专业增页（刊）必须争取领头；三、在社会上，在三农领域的政界、学界、产业界农村报应该具有相当的知名度与影响力。

农产业作为第一产业本身就具备公共性与主流性，对于农民，产业是生计所在；对于市民，食品供应与食品安全关系其切身利益，所以农产业公共性非常强。涉农题材中具有普遍价值的新闻，农村报必须、而且有条件比其他媒体快一步在这些题材中找到问题核心之所在。近年在食品安全、重大动物疫病的报道上，南方农村报凭着掌握专业之长，行业资源之长，把握住了一展身手的机会，做出了大量独家的、有社会影响力的报道。包括揭开一系列种养产品潜规则，比如瘦肉精、苏丹红、孔雀石绿、三聚氰胺等。曾经准确预言三聚氰胺将成为下一个苏丹红，比三鹿奶粉事件曝光早了一年多。

以新农村建设及“工业反哺农业，城市支持农村”为标志，中国农村进入了发展新阶段，也是农村报的发展机遇，南方农村报适时提出了“新农村推动力”的口号。农村报与大众媒体对于一些公共题材的关注角度、挖掘的深度，甚至表达的方式都不相同。就如外媒对中国的报道常有偏颇，国内传播中对三农问题的论述也偶有雷人表现。对一些公共语境中的谬误进行修正，也可以视为农村报融入话语主流的方式。

融入主流除了报道内容具有普遍价值，还有赖于传播方式创新。南方农村报在一些重大题材的报道上，无论报道形式，还是传播方式，采用的都是“组合拳”。而背靠国内传媒集团的航母——南方报业传媒集团，作为子报的南方农村报受益不少。而网络传播为农村报扩大影响力提供了前所未有的平台。

2008年末广东柑桔产业出现危机，南方日报、南方都市报等媒体都及时作了报道。南方农村报以内参形式向上转达农民希望政府出手救市的呼吁，省委领导批示各级政府为农民解决实际困难。南方农村报及时联合集团旗下的南方日报、南方都市报向社会公众发出“开心吃柑桔助农渡难关”倡议，在德庆、广州分别举办大型公益活动，在城市造势为市场加温。2009年初柑桔洪峰一过，南方农村报趁势主办了一场“柑桔产业危机与公共服务构建”的大型研讨会，邀请专家，政府官员，柑桔产业链上的从业者，还有一批媒体参会。会议形成共识，提出“优势产业公共服务应该成为惠农政策的首选”，人大代表、政协委员分别向省两会提交建议，会议收集社会智慧向政府建言，建议广东先行先试探索农民持续增收的途径，让优势产业长久造福农民。这一轮“柑桔销售战役”，不同媒体有分工，有竞合，各自优势得到了比较充分的体现。

利基壁垒：以专业化巩固根据地

集中全部资源攻击很小的一点，在局部形成必胜力量，这是利基战略的关键内容；同时，以一个较小的利基产品，占领宽广的地域市场，是利基战略的第二个要素。这就要求企业审时度势，清楚自身的能力和资源状况，量力而行。

南方农村报以单一报纸产品形态打天下走过了许多年，这个阶段可看作利基战略中的集中／聚焦战略阶段。从2002年开始，陆续以“专业增页（刊）”的形式扩充产品形态，满足市场细分以及目标读者的需要。有一些是在特定时期而推出的，比如在猪业面临“集约化养猪以来最大浩劫”的时候，出版发行《猪业革命》有一些是及时跟进产业新的增长点，比如《华南有机肥一本通》、《南方肥料市场透视》；还有一些是专门针对某一类细分市场，比如《植保宝典》、《养殖宝典》，其中《养殖宝典》自2002年以来定期出版，每期约80个版，每月一期。目前它是唯一在养殖产业链上成功地以新闻操作为主打的出版物，出类拔萃。除了《养殖宝典》早年经过培育期，其它专业增页（刊）的推出，基本上都事先经过商业评估，有赢利、有市场才会执行操作。

产品形态的丰富起码有三个好处，一、信息量更大更集中，对目标客户的服务更加精准到位；二、分散单一产品形态给企业带来的风险。三、读者和客户的选择更多。但另一方面，此举也令农村报在专业媒体市场必须直面与其他报刊产品的竞争。南方农村报与这些媒体不同的是，现存的专业报刊大多用于铺渠道，难以到达终端消费者，而南方农村报具备明显的终端优势，这一点对于广告客户很有吸引力，由于产品内容的显著独特性，专业增页（刊）的形式在渠道上认可度也相当高。

根据利基原理，集中建造壁垒是一种根据地原则——在某地域市场获取第一并巩固之后，再向其它地域市场扩展，集中全力成为第一之后再扩展，如此持续下去，最终由各根据地组成一个大的根据地。南方农村报在专业领域的根据地从肥料行业开始，逐步扩展到饲料、动保、农药等行业，《养殖宝典》、《植保宝典》正是根据这个策略而制作发行。农村报的受众集中重合了农产品生产者与农资消费者的角色，相对于大众媒体更加便于精准内容设计。构建壁垒既是技术，也是品牌，还包括数据资源。为了巩固扩大优势，南方农村报建立了各类读者信息数据库，包括各种养产品的专业户、协会、合作社，还建立了农资经销商俱乐部，为读者提供增值服务，目前南方农村报作为华南农资行业的首选媒体的地位已经比较稳固，优势远在电视台之上。并且正在筹备主办“华南（国际）农资产品交易会”，试水展会市场。通过读者市场细分南方农村报还成功开发了摩托车广告市场，并力图成为家电等工业产

品开拓农村市场的首选媒体。

利基策略提示，以系列专业化构筑行业进入壁垒，使其他企业无法轻易模仿或替代，包括顾客群体专业化；产品线专业化；服务专业化；销售渠道专业化。利基策略还要求引导目标顾客的需求方向，引领市场潮流，以延长企业在市场上的领导地位，目标顾客有持续增多的趋势，企业便能够在这个市场上持续发展。

作为媒体，可以利用它作为公共话语平台的功能，设置议题，引领舆论，建立良好的企业形象，见证并且推动社会进程，争取公众更大的认同度。作为新闻的衍生品，媒体以举办新闻公益活动承担这个功能。南方农村报已经连续四年举办"南方农村报·中国农村发展论坛"，经过四年运作，该论坛在知识界和社会上已有相当大的知名度与影响力。

在中国最大的肉类产业——猪业，南方农村报创办了"凤凰山论坛"这一活动品牌，以"真相、真话、真知灼见"为宗旨，选取广东养猪业的"据点"凤凰山为会址，每当养猪业出现大事件、大危机、大转折时举办，还原事件真相，集合社会智慧，推动政府决策，促进养猪产业的健康发展。

以上这些论坛与政府、协会、企业主办的论坛的差异化也是明显的，有着媒体自身独特的风格，就是民间、开放与建设性，通过会议信息的传播，在公众中有效地强化了对媒体功能的认识。

总之，利基可以理解为一种企业成长战略，它的核心是寻找空隙、放大独特性。本文上述三个方面的步骤并不是阶段性的、渐进式的，而是并行不悖的前提下有所选择地进行。利基战略高度重视起点的特性，它的目标就是争当第一，契合了很多中国企业的设计。南方农村报多年前提出打造“中国农村第一媒体”，目前这个地位已经基本奠定。它以同类媒体中数个指标居于前列为指向：一、报纸市场化程度；二、发行量及自费订阅率；三、在专业领域品牌美誉度；四、经济规模。以利基的地域扩展战略，由于农产业天然的地域特性，南方农村报正以广东为核心辐射周边省区。

（作者系南方农村报副主编）

传媒茶座

传媒茶座

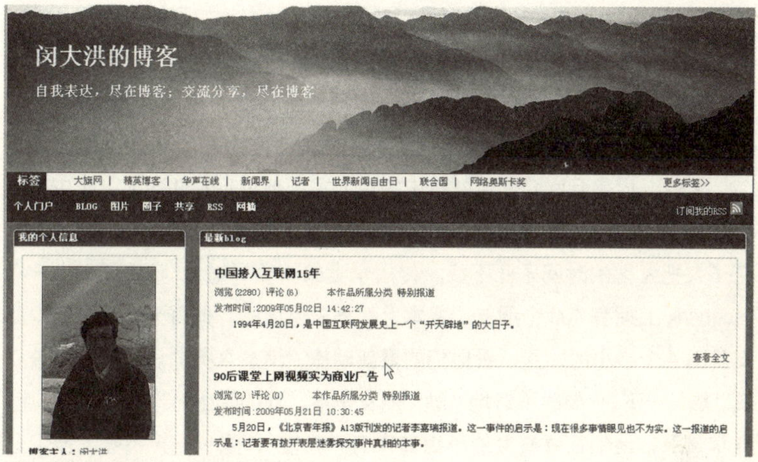

http://blog.voc.com.cn/mindahong

传统媒体的网络社会化媒体使用

□闵大洪

闵大洪

题目有点绕嘴，但却是老媒体在互联网时代碰到的又一个新问题。

“Social Media”是近两年来很火的一个概念，被翻译成“社会化媒体”或“社交媒体”。它的出现是与互联网进入Web2.0阶段后的重要应用SNS（Social Network Service，意为社会性网络服务或社会化网络服务）密切相关的。网络社会化媒体能够给与用户极大参与空间，不仅能够满足网民个人基础资料存放的需求，更重要的是能够满足用户“被人发现”和“受到崇拜”的心理感受需求，能够满足用户“关系建立”和“发挥影响”的需求。

从宏观的角度看，具体的形态包括博客及微博客（如国外的Twitter等；国内的饭否网等）、维基（如国外的

Wiki 等; 国内的互动百科、百度百科等）、图片分享（如国外的 Flickr 等）、播客及视频分享（如国外 YouTube 等、国内的土豆网、优酷网等）、论坛（如国内的天涯、凯迪等）、社交网络（国外的 MySpace、Facebook 等; 国内的开心网、校内网等）和网络社区（如国内的猫扑等）等。

年轻一代是互联网使用群体中的主力军，他们也是任何网上新应用的弄潮儿，尤其是 80 后，90 后。如今，年轻一代对社会化媒体的使用着了迷，花了大把大把的时间乐此不疲。传播学者栾轶玫写道："我的朋友小 F 在 facebook 上拥有 400 个朋友，基本上都是未谋面的。他每天要花在这些朋友身上 4 个半小时，用以看他们的最新动作、消息之类的。时不时地被朋友'触'一下，也要时不时地'触'朋友一下。我的学生 MC 是个老豆瓣迷，非常资深，他们在豆瓣上的小组非常有'粘性'，组长一声招呼，他们这些组员们就会应声而动，或者集体'搬家'，或者集体做个什么事情。"

今天，互联网的作用活跃在所有的领域，即使是搞政治都不能不重视社会化媒体的使用。人们最津津乐道的是 2008 年美国总统大选时 Facebook、Twitter、YouTube、Flickr 等社会化媒体的胜利。无数选民利用文字、图片和视频形式在这些网站上与他人分享自己的体验。奥巴马当选正是因为他深谙此道、纯熟运用，而他的竞争对手麦凯恩连电子邮件还不会使用。

从 5 月 1 日起，白宫网站将其上信息同步发送到 Facebook 和 MySpace。白宫进军社交网站的效果十分惊人，1 天内，Facebook 已有超过 10 万名网民加入成为"粉丝"，在 MySpace 上也有超过 1.3 万名网民加入成为白宫的"朋友"。另外有 2.3 万名网民注册成为白宫 Twitter 博客的"追随者"。 可见互联网不断出现的新技术新应用对人们获取信息、传播信息和彼此沟通的方式和手段，产生了何等的影响。

今年以来，美国几家百年以上的老报已停印印刷版，但仍保留了网络版，以表示自己的生命仍在延续。更值得关注的是，如今，不少著名国际媒体紧随互联网的发展步伐，普遍使用社会化媒体等新应用，进军 MySpace、Facebook、YouTube、Flickr、Twitter 等网站正成为一股新的态势，目的就是抓住年轻的受众群体。走在最前面的媒体，如《华尔街日报》于 5 月 13 日甚至已向员工发布新编"职业行为规范"，其中重点介绍了网站的使用指南，并指出在社交网站的活动中应注意的事项。

当我们购买计算机时，首先遇到的一个关键词是"标配"（标准配置）。随着计算机硬件的发展，其"标配"是不断升级和扩大的。网站的"标配"也是随着互联网新技术新应用的发展而升级和扩大。如论坛、新闻跟贴等先成为网站的“标配”，随后博客、播客、RSS 等又成为网站的“标配”，眼下社会化媒体应用又成为网站新的“标配”——看来中国新闻媒体网站很快也会有一番新动作了。

（作者系中国社科院新闻与传播研究所网络与数字传媒研究室主任）

http://blog.sina.com.cn/anti

新闻平衡的两种模式

□安替

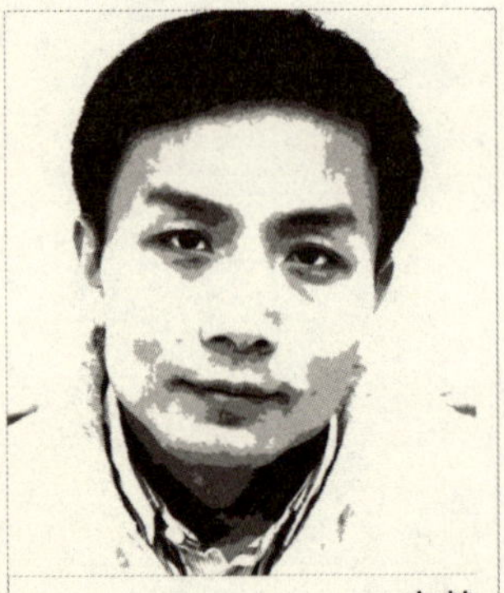

安替

一个朋友刚刚买了Kindle2，这是美国亚马逊公司产的电子阅读器，可以用信用卡订美国的报纸杂志，于是问我有什么推荐。我告诉他，在美国的时候，我的Kindle1只花钱订了3个报纸杂志，《纽约时报》、《华尔街日报》和《大西洋月刊》。另外，无法通过Kindle订阅的，我分别在网上和家里订了《金融时报》和《旗帜周刊》。

作为《纽约时报》的前员工，我离开报社去英美游学的时候才发现，我更爱读的日报是《金融时报》和《华尔街日报》。这两份报纸是政经日报，对所有政治时事的解读，都暗暗遵循着“找出谁花钱（谁提出）、谁受益、谁受损”的政治经济利益分析模式，基本认为这个世界没有无缘无故的爱，也没有无缘无故的恨，一切内政外交都有背后的利益故事，因此报道很硬。反观《纽约时报》，因其“刊登一切适合刊登的新闻”、“不偏不倚”自我期许的新闻原则，反而读起来会觉得不深、不过瘾，太多地方是理想抒情，太多地方是点到则止。

“不偏不倚”这个技术是如何造成报道不深入的？往往在报道的时候，真相是报道追寻的结果，而不是已知的前提，因此如何不偏不倚，无法按照真相为中心坐标边来延左伸右，而是在实践中按照对立立场为左右两端，平衡进行报道。如果记者对这个题目所涉方面很熟悉，那大概没问题，可以在很多层面实现左右平衡，不偏不倚，整个文章的确会很客观。但如果记者对这个领域不是很了解，就会出现所谓的“平衡偏见”，整个文章为平衡而平衡，很不深入甚至都不正确。

例如很多人事后批评《纽约时报》关于伊拉克是否有大规模杀伤性武器的报道，因为记者当时采取了“核查官员至今没有发现武器，但据白宫某官员的情报称，武器早已被转移”的报道模式，让读者既没有得到更深入的调查信息，也无法从表面的平衡报道得出判断到底伊拉克有否武器。

《纽约时报》的理想，其实是一种让新闻平衡在一家媒体出现的方式，在很多情况下，反而会造成两头都不尽兴。因此，我在美国，更愿意直接从《大西洋月刊》和《旗帜周刊》这两份位于自由、保守两端的杂志去加深对美国政治的理解，因为没有平衡限制，它们表达得很彻底。这是另外一种新闻平衡的思路，让真相在新闻自由下的媒体竞争中获得。

如果只能读一份媒体的话，我会选择《金融时报》。英国人的理性，没有随着英国国力衰弱而减退，这份橘色媒体，是真正意义上的世界日报，对每个国家的讨论，都仿佛英国人还在执政，还有那种舍我其谁的责任感。我很怀念那些日子，每天早晨去信箱里面拿当天的《金融时报》，然后到食堂喝咖啡吃早餐，一个小时后，已指点过全球江山，回宿舍的路上还在回味着该报记者对法国人的辛辣讽刺。

（作者系资深新闻人、哈佛尼曼学者）

http:// zcping.blog.tianya.cn

网络时代，禁可噤乎？

□长平

长平

坊间流传一个说法：书一旦被禁，且不说禁书的内容，单是人的好奇心和逆反情绪，就可以造就禁书好卖的事实。所以金圣叹说：“雪夜闭门读禁书，不亦快哉！”细想起来，那真是读书人的一种境界。

经历过“文革”的人，更知道“内部发行”的电影和书籍的可贵。近年有人编印了当年的手抄本，估计也是销量不错的史料。

禁令的这个促销作用，不光针对书和电影有效，新闻也是一样。

谙熟这个道理的人，倒不一定是禁权在握者。

这里有一个刚刚发生的例子。

5月10日，有人把杭州飙车案的新闻发到了我的邮箱。每天发到我的邮箱里的各种东西多得看不过来，我不得不承认，这个新闻引起我关注的原因，首先不是因为交通肇事发生伤亡（我为自己的麻木向逝者道歉），而是它附带的那个提示：当地媒体已被全面噤声。

事情发生在5月7日夜晚。胡斌和朋友当街飙车，撞飞了过马路的谭卓。两个年轻人的命运被改写了：一个不幸身亡，一个等待审判。当晚，杭州《都市快报》等媒体连夜采访，在8日出版的报纸上刊发了消息。同时，现场照片被传上当地热门论坛“19楼”，引发了一些感慨和争论。

然而，9日出版的报纸，相关消息竟然全无，仿佛什么都没有发生。

其实至今没有多少人知道，到底有没有禁令；如果有，又是如何禁法。在当天的网络上，禁令只是根据事实分析出的结论，或者只是一个传说。

但是，这就够了。这个传说如同一针兴奋剂，使得消息立即在各个论坛、博客、twitter、饭否、校内、开心等网络空间以及手机短信上疯狂传播。

杭州市长很快作了明确批示，禁令的传说就不再起作用了。否则，任何一个新的禁令传说，都有可能成为新的助推力，加快其传播速度。不过，在前一天疯狂传播的路上，它已经生长出“富二代”、“官商勾结”等话题来，关注得以持续下去。

另外一个和禁令相关的助推力，就是传说中的“五毛党”。“五毛党”是网民对网络阅评员的贬称。他们的工作是引导舆论，但是一旦被网民识破身份，往往适得其反。

5月11日，天涯网出现了一个帖子，题为《献给丧失理智的人们：“疯狂的三菱”——杭州“飙车撞人案”有感》，为肇事者胡斌进行辩解。网友们发现，发帖者和顶帖者，大多是刚刚注册的ID。于是，它被宣布为“五毛党”作品。

正如网络上很多被认定为“五毛党”的文章一样，这个帖子的真假无从考证，甚至不排除“无间道”的可能。但是，只要被揭示为“五毛党”作品，它对消息传播的反推力就大大增强。这个帖子的访问量迄今达到了近35万，回复量超过了6500条。

在网络世界，读禁书的“不亦快哉”变得更加容易。手握禁权者应该充分意识到这一点，以免适得其反。

（作者系南方都市报传媒研究院首席研究员）

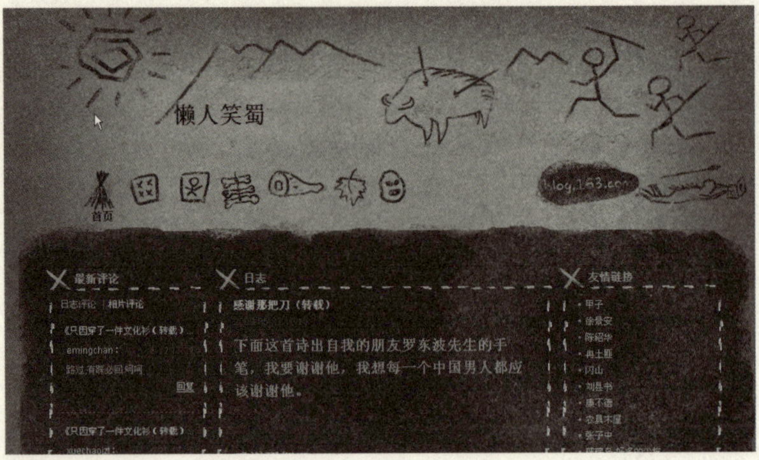

http://blog.163.com/xiaoshugaojian

媒体如何面对民意的失序

□笑蜀

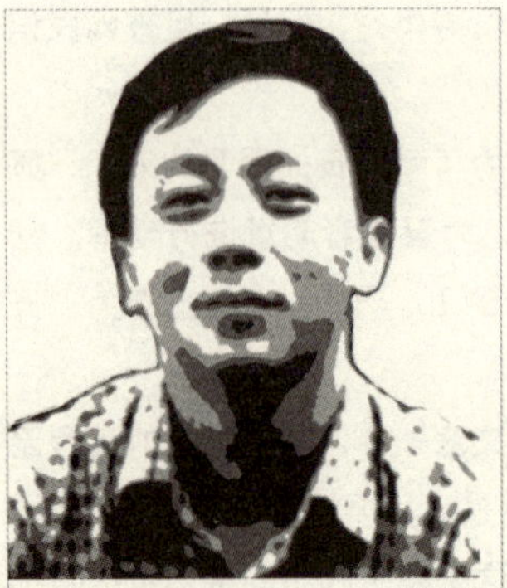
笑蜀

从习水嫖幼案到几个网上诽谤案，从杭州飙车案到巴东邓玉娇案，近期媒体的焦点，都是直接的官民冲突。密度之大，超乎过往任何一个时期。这当然不是媒体有意为之，而是长期积累的社会矛盾和社会情绪使然。

一系列个案，各有其特色，但有一个规律性的现象，就是民间话语的激情和失序。一般都是个人遭遇强权和不公，但地方上民间力量的规模太小，可动用的媒体资源和组织资源都太少，不足以与地方权贵抗衡。而如果诉诸全国的话，又因为苦难太多，媒体和公众早已经存在“审丑疲劳”，通常性质的个人悲剧，根本不可能再吸引媒体和公众注意。

这就要求受害者不只要有悲情，更要研究受众心理，更要有传播技能。公众因而往往对媒体想象过度，但凡遭遇强权和不公，第一本能，就是找媒体诉说，欲从媒体打开缺口。所以现在的苦主和过去的苦主在突围方向上有一个很大的不同。过去他们遇事先研究法律，久病成医，很多人就此成了法律专家。现在他们遇事先找媒体，但不是一般地找媒体，而是研究如何制造新闻由头，如何让案情更离奇，更具有戏剧元素，而使自己从无边冤海中脱颖而出，引来媒体的特别重视。为耸人听闻，他们甚至不惜夸大其词。

无论王帅案，还是杭州飙车案，都有这样鲜明的特点。不是所有的悲剧都有传奇色彩的，而没有传奇色彩就不能成为媒体素材，就不能形成公共舆论，也就不可能实现媒体突围的初衷。过去无巧不成书，现在无巧不成案。

必须添油加醋，越离奇越好，越煽情越好。惟其如此，才能充分刺激公众情绪，才能充分动员舆论来声援自己，改变自己的孤岛状态。编故事的能力就成了个人维权必须具备的一个最基本的能力。犹如过去的苦主往往修成法律专家，从现在的苦主中，大有希望诞生出一批媒体专家。至少，王帅案的当事人王帅本人，其编故事的能力，已不在一般编辑记者之下。

不吓人不哄人就无人过问，就只能冤埋海底。这就够令人心酸了。但更危险的是，经过这样节节拔高的过度刺激，民意的极端化和暴戾化，以及整个民间话语之失去社会信用，会越来越积重难返，客观理性的空间会越来越遭到来自官方和民间的双重挤压。

所以，自巴东邓玉娇事件起，有个别媒体人开始呼吁民意理性。但他们呼吁的方式过于精英化，过多自作聪明，不仅无补大局，反而遭致公众反感，客观上将自己置于公众的对立面。如何在尊重公众感受、理解公众情绪的前提下，有效疏导民间话语，使之渐离失序状态而趋于平和和均衡，这是当下中国媒体人的一个重大课题。

（作者系南方周末评论员）

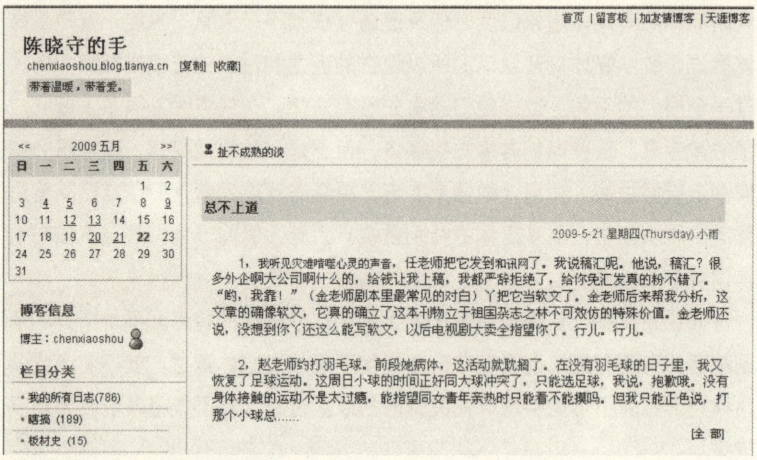
首页 | 留言板 | 加友情博客 | 天涯博客

陈晓守的手

chenxiaoshou.blog.tianya.cn [复制] [收藏]

带着温暖，带着爱。

<< 2009 五月 >>

日	一	二	三	四	五	六
					1	2
3	4	5	6	7	8	9
10	11	12	13	14	15	16
17	18	19	20	21	22	23
24	25	26	27	28	29	30
31						

博客信息

博主：chenxiaoshou

栏目分类

- 我的所有日志(786)
- 瞎搞 (189)
- 板材史 (15)

扯不成熟的淡

总不上道

2009-5-21 星期四(Thursday) 小雨

1，我听见灾难啃噬心灵的声音，任老师把它发到和讯网了。我说稿汇呢。他说，稿汇？很多外企啊大公司啊什么的，给钱让我上稿，我都严辞拒绝了，给你免汇发真的粉不错了。“哟，我靠！”（金老师剧本里最常见的对白）丫把它当软文了。金老师后来帮我分析，这文章的确像软文，它真的确立了这本刊物立于祖国杂志之林不可效仿的特殊价值。金老师还说，没想到你丫还这么能写软文，以后电视剧大卖全指望你了。行儿。行儿。

2，赵老师约打羽毛球。前段她病体，这活动就耽搁了。在没有羽毛球的日子里，我又恢复了足球运动。这周日小球的时间正好同大球冲突了，只能选足球，我说，抱歉哦。没有身体接触的运动不是太过瘾，能指望同女青年亲热时只能看不能摸吗。但我只能正色说，打那个小球总……

[全 部]

http://chenxiaoshou.blog.tianya.cn/

不是嫁给了爱人

□陈晓守

陈晓守

1.第5期《时尚先生》说，《南方周末》是中国少有的几家做的和说的相距不远的媒体。这话不糙。《时尚先生》还说，《男人装》是一本能让中国女明星脱到最少的杂志。它说的这杂志最近我每期都买，主要是满足自己这点含蓄的低级趣味，顺便校正下着装。

2.钭江明同学去了《时尚先生》后，这本杂志有了明显的变化，以前我10分钟翻完，现在需要多耗些时间。我揣测他试图给时尚披上思想的外衣，或者有野心提升时尚的标准，让时尚有某种精神意蕴。很难说这种“改造”会否在商业上取得更大的成功，或许会变成《名牌》——这本杂志期望“家国情怀”可以用时尚的方式承载，但效果却不理想。至于有人吹嘘钭同学办出了《名利场》

和《纽约客》的味道，知识分子的智慧与情趣，渗透到了字里行间，云云。鬼知道会不会毁了这本杂志靓丽的躯壳，先厘清时尚的当下性最好。

3.《中国周刊》第2期了。几次见到了他们的员工，矜持地忐忑着。因为有章立凡和贾樟柯的专栏，我都是从后往前看，这有点流氓，会让人有些多余的联想，可是《中国周刊》就是后面比前面好看，且软，更容易进入。前面多硬啊，竟然没有文化，经济也是什么来钱做什么，比如汽车；图又少，还多是文字记者拍的，既不性感又不风骚。我了解老郭约贾樟柯写专栏的一些曲折，看出他是下了功夫的。事实上我从后面这样阅读《中国周刊》，也是表达对他的敬意。

4.我对小永说，《南方人物周刊》还在左右摇晃啊。报摊上新闻周刊这么多了，何苦还要跟着大家抢同一砣食？还未必有竞争力。差异性我想应该是克敌的有效武器，人物周刊的核心竞争力是解读人物的方法论啊，是能让复杂人性得以生动呈现的最好载体啊，真的可以不再被那些琐碎且无聊的社会新闻淹没人性的美感。哪怕它有价值，价值不是惟一取向。

5.韩寒确是偶像。让他写"这一代人"，他说，这一代人其实也是相当传统的，离婚率居高不下，因为很多人嫁给了岁数，嫁给了住房，而不是嫁给了爱人。一到25岁，人人自危。但从这点可以说明，其实这批人和以前人没有本质的区别。诸如生活放荡糜烂，一夜情，"不正当"关系，迷茫，嗑药，空虚，抑郁等，据我观察结果，这的确是从70年代出生那批人开始的。但我不觉得这是坏事。有信仰自然好，关键是信仰带我们去何方。如果信仰带我们去沟里，那我们还是暂且留在岸上看天色吧。

（作者系中国新闻周刊副主编）

衰落的新闻理想主义

□曾繁旭

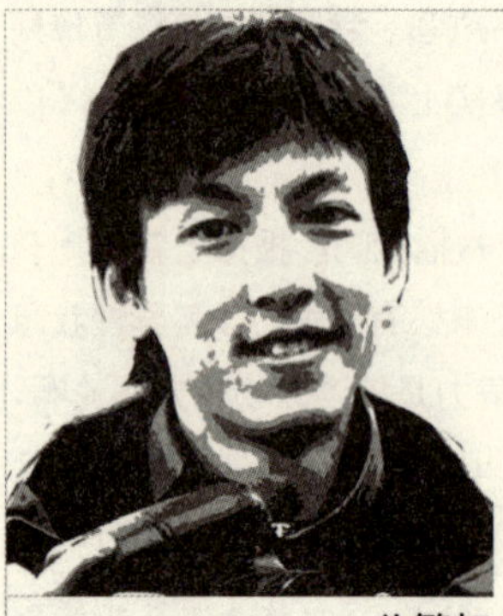
曾繁旭

参加圈内人的一个聚会，本来讨论传媒人如何在现有法律环境下规避风险等技术问题的，后来就变为全方位反思传媒人的职业风险。有些人说起到某地采访，遭遇有关部门的“特殊看管”；有些人说自己被企业告上法庭，疲于应对；有的说出于某种原因，给自己用上了笔名；还有的说一些更琐碎的，比如稿子被毙、待遇不高、居无定所等等。到了后来，就是一片唏嘘。

听起来，大家对于这个职业似乎早已有了普遍不满，只差临门一脚，离开它了。但我一边听着，却一边出神了。依稀记得，90年代上大学时，许多学生，不管文理科，都在看南方周末，文科生觉得最好的工作就是到南方报业来了。后来证实，不仅外面的人心向往之，经历那段时间的“老人们”也承认那是新闻行业、也是自己职业生涯的辉煌。真不知道，当时的职业光环，在后来怎么逐步褪去的？为什么现在连这个新闻理想主义的大本营也泛滥着如此严重的怀疑、厌倦？想来，现在记者们面临的种种困窘，一定也是他们当时要去面对的，为什么他们没有产生一种普遍的、想要唾弃这个职业的共识？

我无法形成任何清晰的判断，只想努力调动对于那个年代浅薄的记忆，与现在进行比较，做一些印象派的思考。

那个时候，最风行的传媒人口号大概都来自南方周末，比如"让无力者有力，让悲观者前行"，比如"你看见我们的时候，我们在纸上；你看不见我们的时候，我们在路上"。我不知道那个时候的从业人员如何看待，但作为读者，我和同学们确是无比真诚地相信这个行业能改变些什么。现在，口号越来越多了，但更多时候它们只是出现在广告推广书上，日常时似乎大家都记不起来了。

那个时候，大家似乎也对现实有普遍不满，但不像今天这样充满无力感。那时候的立场相对清晰，记者是明显的知识精英，他们很多来自底层也同情底层，他们呼吁回到常识。但今天，不少记者可能发现面对芜杂的现状，自己越来越无法选择立场，甚至，底层也是那么复杂。常识不够用了。那个时候，记者的批评还没有被体制化，他们更多时候要不断去够那个"天花板"，他们推着机构往前走，他们的理想主义行为不仅能得到同行的赞赏，也能换来市场激励。但今天，同行越来越分化，没有了统一标准，理想主义不必然换来回报，反而有时招来骂名。媒体的市场化，不再是完全解放的力量，它有时也带来新的压抑。机构的利益变得远比个人理想主义重要，机构总是更加理性的，它有自身的市场目标，它比个人更懂得妥协，它有自身的官僚架构在平衡各种过激的行为。所以，今天的批评声音，必须遵照越来越多的规则，声音也越来越弱。

那个时候，大家的职业身份都是向上走的，写几个文章就成为圈子里的明星，粉丝很多。他们明显是有别于上一辈新闻人的改革派。但现在大家写的任何一篇文章的被阅读次数可能都远远赶不上韩寒博客的点击量，传媒很难出名人了，传媒人也不再奢谈改革。不仅如此，那个时候，从南方的大报出来，很快就可以当上另外一家媒体的总监，新媒体到处都是。但现在，似乎每一家媒体的老总都依然那么年轻，要谋一份好职业不那么容易了。落实在日常生活之中，不如意似乎越来越多。

按照这样粗鲁、毫无章法的对比，似乎这份职业变成了一个特别日常的工作。大家使用得越来越多的词汇是"新闻专业主义"，而不是"理想主义"。在西方，新闻专业主义就是职业规范的一种美化的表达，实际上是职业、机构对于记者的规训。中国的情况可能更加复杂，但这个词汇，的确不像理想主义听起来那么让人心潮澎湃。

一切似乎都让人感到忧伤。不过我又想起，两三年前香港各所大学新闻系的毕业生进入传媒工作，月薪低于一万元，和任何一种体力劳动者持平。我还想起，同事们去台湾采访归来，对那里的同行深表同情，觉得他们活在了历史的尽头，那里读者只喜欢娱乐新闻。所以我又回过头想，在整个社会完成转型之前，这大概还是心怀理想的学生的最好职业之一。我也相信，每年依然有最一流的人选择进入这个行业，而不是企业或者政府。

那么，好吧，这些零散的感想，都只能算是某个夜里对于无助感的自我安慰。以便用一种啰嗦的方式提醒自己，我们还没有进入最坏的时候。

（作者系南方人物周刊编辑，中山大学新闻传播系讲师）

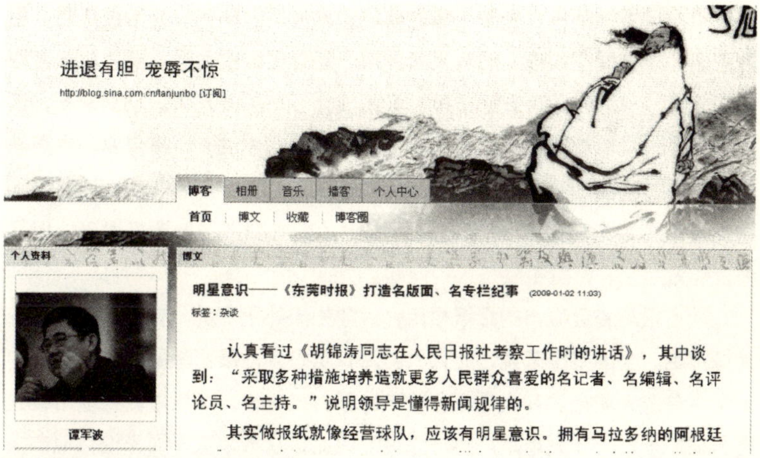

http://blog.sina.com.cn/tanjunbo

地市报最缺什么？

□谭军波

谭军波

冯小刚2004年作品《天下无贼》中“贼头”黎叔有句经典台词：21世纪什么最贵？人才！

如果有人问我：地市报最缺什么？我会毫不犹豫脱口而出：人才！

加盟东莞日报社，操盘地市都市报《东莞时报》，与圈子里的同行频繁接触，痛感人才瓶颈对地市报发展的制约。

正所谓事在人为，人是决定因素。选对了人就能保证做正确的事，保证团队的健康发展，保证事业的成功。选错了人，纵然拥有再先进的体制，再充足的资金，再优越的条件可能也白搭。

许多案例能证明我的观点。比如我参与了《南方都市报》的早期的创业。它的体制并不先进，连独立法人都不是，自主权较弱；投入更不足。因为创刊时正值南方日报社乱投入失利，建的药厂、水泥厂、陶瓷厂等亏损严重，相继关闭，报社囊空如洗，没有大笔钱用于新办报纸的发展，要靠自己慢慢去“化缘”。然而，《南方都市报》最终成功了，关键是人。创刊之初，该报聚集了一批有新闻理想的青年才俊，他们观念先进，行事专业，更充满激情。他们斗志顽强，愈挫愈勇，在相对困难的条件下也能冲杀出来。相反，杭州有家《青年时报》，体制与资金都比《南方都市报》要好得多，但最终没能做起来，感觉主要是人的问题。

地市报与省会城市的报纸相比，人才先天处于弱势。首先，人才都往大城市跑。全国范围来说，北京、上海肯定是人才最密集的，因为毕业的大学生首选大城市。其次是省会城市、副省级城市，然后才轮到地市级城市。在广东，人才高地是广州与深圳。因此，从人才选择面来说，地市报选择范围窄，先天不足；其次，地市报受行政干预程度肯定甚于大城市的报纸。在地级市，报社也算比较好的单位，许多领导会将自己的亲朋好友往里面塞，造成地市报“山中无老虎，猴子称霸王”的人才短板现象日积月累。由此带来的恶果便是地市报的产品质量差，经营水平低，改革意识弱，在与大报竞争中处于弱势。

地市报要改革求变，首先要解决人的问题。路径无非有两条：

一是不拘一格降人才。对于地市报缺乏的一些关键岗位，关键人才，要借助外力，招募有实力有经验者填补。《东莞日报》近几年改革比较到位，成为行业的标杆，与人才引进有很大的关系。该报在2006年至2007年之间，从南方日报社挖来了执行总编，执行副总编。从《新民晚报》找来了负责包装的视觉总监。从《晶报》引进了评论主笔，等等。而且，这些关键人物都比较年轻（均在30岁以内），比如执行总编就是1980年出生的。他们既有专业素质，又有活力，支撑着改革一步到位。

嘉兴日报社2005年引进视觉总监年薪30万，可谓大手笔。2007年1月5日，该报社同时在《人民日报》、《中国青年报》、《杂文报》上刊出招聘新闻评论部主任的启事，最终吸引到海南日报评论部一位副主任加盟，他还是一位博士。充分说明地市报对人才的吸附力。

二是自己培养人才。地市报可以采取加强培训，学习的方式。走出去，请进来，向优秀报社学习，向专业老师请教，提升现有员工素质，发现并提拔年轻有为者。有的报社采取各种刺激手段，让自己员工充电，拿文凭，考职称，值得鼓励；还有的报社采取与新闻学院办实习基地的模式，也值得借鉴。嘉兴日报、宁波日报都与复旦大学新闻学院合作建基地；东莞日报社2008年也与范以锦任院长的暨南大学新闻与传播学院共建地市报发展研究基地。

《东莞时报》创办之初，我们组织一次专业培训，由范院长物色授课老师，一批业界有真才实学的专家、操盘手为我们上课。许多员工反映，收获很大。如今，东莞日报大讲堂每月都开讲，各路专家、官员、高人为报社员工提供实实在在的专业知识，使大家更新了观念，开阔了视野，充分领略到学习的乐趣与成长的快乐。

（作者系东莞日报社副社长、东莞时报总编辑）

报料新闻的事实与结论

□彭春文

彭春文

2006年12月14日,《南方日报》A09版刊发了下列报料新闻(段首的阿拉伯数字是笔者所加,以示段落序号):

"购机返租还利"骗你交出3.8万元

——实豪公司经营多媒体机涉嫌非法传销被查

导语部分略。

【报料】购机返租销售引起质疑

1)投诉者邓女士、钟伯告诉记者,今年3月,实豪公司的业务员开始在东川路附近的药房、医院门口向过路的中老年人派发传单,招揽参加其健康座谈会,并称有礼品派发。数日后,两百多名老人慕名来到实豪公司参加座谈,席间公司业务人员邀请老人们喝茶吃点心并派发衬衣,还热情推销一种供路人投币下载音乐的超级音乐多媒体机。该公司人员称,该产品是从美国以1万多美金的价格引进。现在老人们只需一次性缴纳3.8万元即可购买这台机器,然后通过签订合同与实豪公司合作经营,老人出钱,公司出门面和铺位,买一台每个月会返还600元现金,买3台每个月返还800元。如果签合同时间越长,返还率还会更高。多媒体机日常经营的投币、广告收益仍然归购买者所有,这样最多4年就可以返本并盈利。投诉者称,从没有看到过该公司有关允许集资经营的相关证件。

【调查】仅有一台机且无人问津

2）多媒体机到底是何物？据实豪公司的宣传单显示："我们以手机判定有钱人，以MP3考量时尚族，在中国持手机MP3者其实就是全部商家苦苦寻求的主力、重度消费者。""超级音乐多媒体机一机拥有电视广告、网络广告、平面广告和MP3音乐下载。精准赚有钱人的钱。"另按每天有效使用率8%计算，每天每台多媒体机可以收益100元，一年36000元。

3）实豪公司的《招商手册》称：超级音乐多媒体机在宾馆、医院、超市、写字楼、学校、车站、机场、步行街……无处不在。投诉者称，除了在实豪公司有一台样机供顾客观看外，老人们要求查看多媒体机的经营店，公司人员均带他们去东川酒家门前观看。他们驻足等待了一个小时之久，也没有发现有路人使用这台多媒体机。至于其它机器到底在何处经营，也无从知晓。

4）日前，记者来到东川酒家门口，看到这款多媒体机藏匿在酒家的宣传招牌后面，其形状类似一米多高的柜式游戏机，由多媒体液晶广告屏幕、电脑显示屏、接口部分（包括蓝牙、红外线、读卡器、USB接口）3部分组成。当时，该机插头被拔出，并没有开动。酒家的咨客小姐告诉记者，这台机是实豪公司租用他们酒家的一小块地方放置的，放了近一年都没有看见有人来玩过。前几个月干脆不开了，一直闲置至今。

【暗访】记者摸上门见到执法调查

5）11月30日上午10时半，记者来到实豪公司意欲暗访，不料在15楼见到该公司经营部大门紧闭。在22楼的公司总部，4名警察已经将公司大门封锁，进门左边会议室内二三十个公司员工正坐在一起静候有关人员的调查。公司接待台前和办公室内有多名工商人员正在查阅该公司资料。调查人员称正在执行公务不方便透露情况。

6）昨日，越秀工商分局梅花村工商所的刘所长接受记者采访时表示，11月30日当天正是该所到实豪公司调查，目前仍在进一步调查取证，其"无货空售、购机返租"的经营手法一旦查实，将按非法传销行为对该公司进行查处。据了解，2005年6月5日，省工商局已作出过定性复函指出：根据国务院有关规定，像深圳飞镖机这种许诺支付高额租金的购机返租行为已构成变相传销。

【说法】购机返租经营是骗局

7）有法律界人士质疑：即使目前该公司能兑现每月给每位客户租费的

承诺，但从现状来看，这些多媒体机踪迹难寻，根本无法盈利，实豪公司只能用高额回报不断吸引投资者“钻套子”，用后来投资者的资金，去不断填补前面投资者的“租金”。

8）据悉，早在2002年，省消委会发布2002年第10号消费警示提出，所谓“购机返租”的经营方式是骗局，对于机主而言存在很大的投资风险，一旦公司经营不善，消费者将血本无归。

实豪公司认为上述报道严重失实，向广州市越秀区法院提起诉讼，要求南方日报社要求公开登报道歉并赔偿损失1分钱。

【律师观点】

原告律师：被告的报道未经调查核实，仅凭道听途说就妄下结论，称原告用“‘购机返租还利’骗你交出3.8万元”、“经营多媒体机涉嫌非法传销被查”等等。事实上，没有任何一个部门认定原告在多媒体机经营过程中存在欺骗行为，当时工商部门只是以无照经营为由到原告公司调查，从未以涉嫌传销为由对原告进行查处，被告的报道与事实严重不符。

被告律师：被告的报道是根据消费者的投诉，并在实地调查的基础上作出的，整篇文章没有对原告的行为下定论，主要内容基本属实，不构成侵权。结合文章内容和投诉者的投诉信可知，正标题“‘购机返租还利’骗你交出3.8万元”是转述投诉者对原告经营手段的看法，而非被告自己的看法。副标题中，被告特意使用了“涉嫌”一词，表明尚无最终的结论。还使用了“被查”，而没有使用“被查处”。原告自己也承认确实“被查”，当时又有众多的消费者投诉原告有非法传销的嫌疑，事后原告才提交证据证明被查处的案由是无照经营，并不能否认当时的案由就是非法传销。而且，在文章第6段，被告明确告诉读者“一旦查实，将按非法传销论处”，表明原告是否被查处，以何种案由被查处，尚无定论。至于第7段“骗局”、“钻套子”等内容，这是法律界人士的分析意见。这些提法虽然未必正确，但原告作为经营者，有义务容忍消费者、社会大众和新闻媒体的任何偏激观点。故被告的这些表述不应当认定为严重失实。

【法官观点】

一审法院经审理，虽然确认了1－5段除了小标题“仅有一台机”与事实不符外，主要内容基本属实，但仍然判决被告构成侵权。理由是：结合文章副标题，报道第6段的内容显然传达给读者这样的信息，原告是因涉嫌非法传销被调查，但这一信息并没有得到被采访者的确认，故该部分报道严重失实。结合文章正标题，被告在第7段以“法律界人士”这一模糊身份作出原告公司的经营是骗局的结论，没有相应的事实依据，亦属严重失实。

【彭律师总结和建议】

一审法官的判词明确告诉我们，被告不是输在所报道的具体事实的描述方面，而是输在报道概括事实的结论方面，只要报道所下的结论错误，同样是严重失实从而构成侵权。

报料类新闻是最容易引起侵权诉讼的新闻之一，其中一个重要原因，就是编辑记者可能出于匡扶正义之心，或者吸引眼球之需，喜欢充当社会法官在报道中下结论，对事实进行法律、道德或者某专业方面的定性。这种结论，通常表现为一种“行为＋性质”的肯定性判断句，多在标题、导读和结尾部分出现，构成整个报道的核心内容。实践证明，新闻报道所下的结论经常是错误的，并因此被判侵权。

为什么新闻报道下结论容易出错呢？因为任何结论实际上都很容易出错，受调查手段和时效限制的新闻调查所作的结论更容易犯错。根本的原因则是社会分工必然导致的权力分工，媒体对大部分客观事物没有下结论的权力，而只有公布客观事物的权力。媒体一旦越过这个权力边界代替其他社会组织下结论，就会造成对其他权力的挤压和冒犯，即使这个结论实质正确，也会被认定为不正确，法律上叫做程序正义。例如对某个行为是否属于犯罪、属于何种犯罪的结论，就属于法院的专门权力，新闻只能传达法院的判决结论，而不能代替法院来下结论。再如一些医疗事故等专业问题的认定，则是属于专业机构的权力范畴，法院和媒体均无权作出结论。

为什么新闻报道所作的结论一旦错误就容易构成侵权呢？因为媒体所作的结论，与社会个体所作的结论存在本质的区别。媒体是公器，具有公信力，除了被权威部门认定是假新闻外，社会大众可以无条件相信媒体所作的结论是正确的，并据此作出评价，从而广泛地影响报道对象的声誉。社会个体所作的结论；则仅仅代表其个人或者其所在的单位个体，一般不会对社会大众产生误导。

但是，如果新闻仅仅是摆出事实，没有自己的思想观点，那也是不现实的。因此，我们的问题是，如何在报料新闻中既避免下结论又能适当表达观点？我提三个建议：

第一，区分事实和结论，把结论转化为事实，用事实来表达观点。

事实是客观的，结论则是主观的，两者在理论上很容易区分，但实际操作起来难有清晰的界限。对媒体来说，结论完全可以转化为事实，事实完全可以用来表达观点。以上述报道为例说明如下：

小标题"记者摸上门见到执法调查"和第5、6两段，本来都是在叙述事实，但结合文章副标题，却又是报道者自己下了结论。如果把文章副标题改为"实豪公司正被工商部门调查"，那就是报道者纯粹的叙述事实，而不是下结论。通过这样的事实叙述，读者一看就能心领神会，报道者大可不必再画蛇添足地下一个结论。

第二，正确区分自己与他人，借他人表达自己，把自己融于他人。

报料新闻中的自己，指的是媒体自身，具体是指编辑和记者。他人则包括报料人、专业人士（或者有关部门）和社会大众。如前所述，媒体自身是不能轻易下结论的，但可以引用他人的观点来表达自己的看法。一句话来概括，叫做杀人不见血。仍以上述报道为例。

第 2、3、4 段都是在叙述事实，但小标题"仅有一台机且无人问津"却是报道者自己所下的结论，只要原告找出另一台机，这一内容就是失实的。实际上，这个结论是报料人所下的，但不论谁下的结论，都很容易被原告证明是错误的。面对这种情况，报道者不能以自己的口吻来下结论，而要引用报料人的观点或者把自己融于报料的事实中。办法有两个：一是在小标题上打上双引号并加上疑问号，这意味着报道者是在引述投诉者的话，虽然对投诉者来说是一个观点，但对报道者来说则是一个事实，只要报料人说过这样话，报道就是属实的，而不论报料人的观点是否正确。报道者通过引述这段话，实质上也向读者表达了自己的倾向性看法。二是可以把小标题改为"仅发现一台机且鲜见人问津"，则又变成了报道者在叙述一个事实，把记者的亲身经历融于报料人的叙述中，进一步印证报料人的结论具有可信度。

小标题"购机返租经营是骗局"是一个典型的结论，报道者试图直接揭穿实豪公司的真面目，结果打虎不成反被虎咬。因为，既然报道者自己下了如此明确的结论，自然要举证证明该结论是正确的。如前所述，这一点很难，错误是难免的。其实完全没有必要下这个结论，因为第 7、8 两段引述了专业人士的观点和类似的案例，对报道者来说，这是在叙述事实，并且在叙事中明显地表达了实豪公司很可能是骗局的观点。如果把小标题改为"购机返租分经营方式受质疑"，就完全变成了报道者对事实的叙述，同时达到了表达观点的目的。不论该观点正确与否，只要有人说过这样的观点，以及该案例确实存在，这部分内容就是属实的。

第三，正确区分公事与私事，于公可以尽量表达，于私则须谨慎。

对于公共事件，媒体可以下结论，典型的如对某个重大事件发布的社论。因为这个时候的媒体不仅是作为社会公器，还具有了与其他社会个体一样的身份，有权对公共事务发表任何看法。

对于私人事务，媒体的身份就只是社会公器，因为掌握了话语权，与报道对象存在实质上的不平等，应当保持客观中立，避免充当社会法官为当事人之间的纷争作出裁判（下结论）。因此，报道者自己下结论时，应当谨慎行事。

确保谨慎行事的一个最简洁办法是，在涉及主观评价时，尽量少用肯定性判断句，多用或然性疑问句。比如把“购机返租经营是骗局”改为“购机返租经营可能是骗局？”或者“类似案例提示可能有骗局”，效果就会好得多。

虽然本案经二审法官主持调解，被告实际上没有承担任何责任。但其中的教训很值得我们总结，非一篇文章所能穷尽。

（作者系南方报业传媒集团法律顾问、执业律师）

业界资讯

[2009.4-2009.5]

●南方报业

南方报业联手文广集团

4月18日，南方报业传媒集团与上海文广新闻传媒集团签订了战略合作框架协议，决定共同探索跨区域跨媒体合作。双方将发挥各自在品牌、渠道、人才、行业经验等方面的优势和特色，实现资源和优势互补，在宣传、经营、文化产品制作、品牌推广、资本运营、新媒体等各个方面进行合作。

南方日报西江日报从加盟合作走向资产合作

5月10日，南方日报社与西江日报社签订深化合作框架协议。双方在2006年开始加盟合作的基础上，再开省市两级党委机关报合作的先河，以资产合作的方式扩大在采编、广告、发行、文化产业等领域的全方位合作，共同探索党委机关报做大做强新路径。

南方报业成上海世博会合作媒体

4月18日，南方报业传媒集团与上海世博会事务协调局在沪签署战略合作协议，南方报业传媒集团正式成为“中国2010年上海世博会合作媒体”。据悉，上海世博局此前分别与新华社、新加坡新传媒集团签署了合作协议，南方报业是正式签约的国内第二家合作媒体机构。

《鞋包世界》创刊

5月4日，南方报业传媒集团新创刊杂志《鞋包世界》举行首发仪式。《鞋包世界》杂志是我国第一本由国家新闻出版总署批准出版的鞋包时尚与资讯类杂志。每月分《鞋包世界·时尚》和《鞋包世界·资讯》出版。

邝飚漫画“脱吧，到你了”获网络追捧

3月16日，南方都市报以《公民网上公布财产为公仆做榜样》为标题，报道网民天乙为回应两会期间某官员要求先公布百姓财产的要求，率先公布自己财产一事，同时配发了邝飚漫画《脱吧，到你了》。此后，该漫画在网络上走红，被4000多个网站转载，其中凯迪的帖子9天时间里点击超过78万，回帖6万余人次。印有漫画《脱吧，到你了》的T恤衫也在网上引起热销。

●新兴媒体

流媒体将成为3G时代运营商的决胜牌之一

5月17日，移动、电信、联通三大全业务运营商的3G业务正式推出。三家运营商3G核心业务均包括手机电视、视频通话和无线上网。融合了语音、文字、图像等多种形态，为用户提供有声有色的手机电视、视频点播等移动流媒体业务，已成为移动增值业务发展的必然趋势，而且这也将是运营商收入的重要来源。

深圳移动携手广电开展无线数据全业务

5月14日，广东移动深圳分公司与深圳广播电影电视集团签署了战略合作框架协议。双方的合作范围将包括：尝试“移动通信＋宽带接入＋无线上网＋数字电视”的全业务方案；合作建设基础网络设施；在我国自主知识产权 TD－SCDMA 网络（也即 3G 网）基础上，开展多媒体手机报、视频增值业务等数字媒体业务；开展跨行业的多业务套餐营销；发展深圳移动多媒体广播 CMMB 和建设多媒体新闻报料平台；开展无线数据业务和宽带业务等。

一季度网络广告环比下降同比增长

易观国际 4 月 27 日发布《2009 年第 1 季度中国互联网广告市场季度监测》报告，报告显示，2009 年第 1 季度，网络广告运营商市场规模为 29.8 亿元，环比下降 16%，同比增长 41%。

MySpace.cn 启用新域名进军微博客市场

从 5 月 18 日起，聚友网（MySpace.cn）的用户状态更新产品低调升级为“99·11 小字报”，同时启用域名 99·11.com，推广其微博客产品“小字报”。这意味着 MySpace.cn 已把微博客提升到新的战略高度。

09 年第一份视频网站调研报告出炉

2009 年 5 月，艾瑞咨询与大度咨询联合发布了 2009 年第一份视频网站调查报告。该报告表示，视频分享浏览时间第一季度涨幅较大，已攀升至网络服务第二位。并且根据多项调研内容指出，优酷（youku.com），土豆（tudou.com），56 网（56.com）仍稳居国内视频网站的第一阵营。

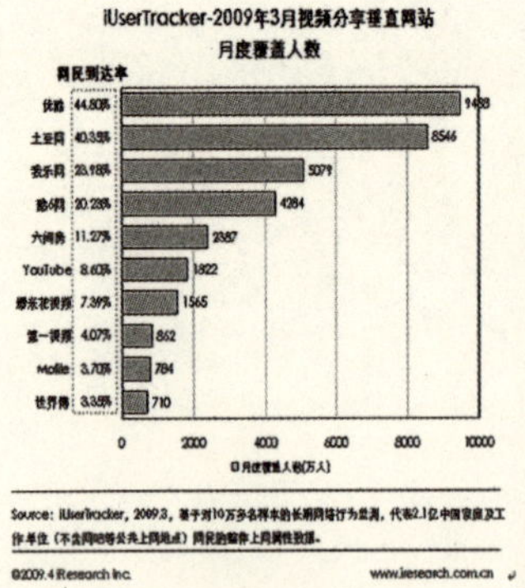

Hulu4 月流量同比增长 490.4%

据 Nielsen Online 关于网络视频最新统计数据显示，2009 年 4 月，Hulu 延续了其流量的快速

增长，由08年4月的0.63亿增长到09年4月的3.73亿，增长率为490.4%，以Hulu为代表的提供专业视频的网站的崛起，将会为视频网站的发展开辟一条崭新的道路。

国内第一家体育资讯网络电台开播

国内第一家体育资讯网络电台——中国国际广播电台巅峰体坛网络电台（radio.cri.cn）5月18日正式开播。中国国际广播电台倾力打造的这一具有创新性意义的全新媒体形式，是中国国际广播电台现阶段的战略目标，欲从大力发展多样化、多选择、交互性强的网络电台做起。

广州中山路户外广告将砍掉四成

广州日报5月8日报道，中山路被列为广州首批户外广告整治路段。根据《广州市中山路户外广告设置详细规划》初审稿，整改后，中山路户外广告位总量将比现在大幅减少约4成。

●传统媒体

央视台长易人中宣部副部长焦利接任

5月16日，中央电视台通报了关于台长的人事任免，赵化勇去职，原中宣部副部长焦利担任央视台长。据《财经》杂志报道，赵化勇本应在2008年10月，按副部级到龄的规定按期退休。但因央视新址工程未完成，其计划于今年10月新台竣工入驻后再退休。

《中国周刊》5月5日创刊

由共青团中央主管、中华儿女报刊社主办的综合性新闻周刊《中国周刊》在资深媒体人朱德付、朱学东等的筹备下于5月5日全国统一发行。朱德付任中国周刊执行社长、总编辑，朱学东任执行总编辑。第一期发刊词为“相信中国”。

人民日报社拟整合子报子刊

据中国媒介经济研究网5月19日报道，人民日报社拟整合旗下20余家子报子刊成立金台传媒集团公司。该方案已获中央领导以及主管部门的批准。据悉，人民日报社旗下子报子刊并入集团的包括《京华时报》、《环球时报》、《中国汽车报》等。上述媒体在各自的市场领域都占有重要的市场地位。

中华工商联合出版社有限公司成立

4月17日，中华工商联合出版社和吉林出版集团合作成立了中华工商联合出版社有限责任公司。新闻出版总署署长柳斌杰表示，该公司的成立，是新闻出版行业改革的标志性事件。双方的合作实现了跨地区、跨部门的资金、人才以及出版资源的有效整合，实现了出版单位的兼并重组，提高了竞争力。

美《读者文摘》为中国变“大”脸

4月，美国《读者文摘》历史上第一个加大新装版在中国市场上市，尺寸由原来全球统一的185mm×135mm 加大至255mm×185mm。此为美国《读者文摘》87年历史上第一个加大新装版。出版方认为，此举标志着《读者文摘》在中国市场又向前迈进了一大步。

央视成2010年亚运会内地唯一转播商

5月20日，中央电视台与第16届亚运会组委会在广州正式签约，成为广州2010年亚运会中国内地唯一持权转播商。

四川电视台因地震报道获美国广播电视文化奖

四川电视台因及时报道汶川大地震而获得第

68 届美国广播电视文化奖。

深圳法制报原总编辑被判刑 10 年

新华网 4 月 17 日电，深圳法制报原总编辑苏宏宇贪污、受贿 80 余万元，并涉及故意伤人，近日被深圳市中级人民法院一审判处有期徒刑 10 年 6 个月。

西方报纸版面改革七个趋向

新闻记者 2009 第 4 期刊登了上海大学影视学院教授许正林《延续报纸生命 西方报纸版面改革七个趋向》的文章，作者认为当前西方报纸进行版面革新有七个必然趋势：一、强化信息数量与质量；二、追求“纯净版面”；三、强调视觉冲击；四、专刊多元，活泼美观；五、开张小型化；六、扩大广告版面空间；七、体现报网互动。

●新闻管理

杭州网络论坛实名制遭质疑

杭州市《杭州市计算机信息网络安全保护管理条例》于 2009 年 5 月 1 日起施行。这是中国第一个要求“网络实名制”地方性法规。《条例》规定：从今年 5 月 1 日起，发帖、写博、网游要提供有效身份证明。不但要求“网络论坛实行实名制”，并且“严禁恶意评论”。此规定受到了很多网友的质疑。据了解，近一个月时间过去，这部法律依旧被束之高阁，当地还没有采取实质性的措施。

深圳引入新闻发布问责制

广州日报 5 月 14 日报道，深圳市政府审议日前通过《深圳市人民政府新闻发布工作办法》，由此深圳成为全国第一个实行“新闻发布问责制”的城市。按照该办法，若政府官员在新闻发布时出现“三不”，即不积极作为、不及时、不规范将面临“问责”。

新闻出版业开辟三条融资渠道

新闻出版总署署长柳斌杰4月17日做客央视经济频道《对话》栏目时透露，新闻出版行业改革要在融资政策上有所突破，为大型传媒单位开辟三条融资通道：一是通过上市筹集社会资本；二是吸收大型国有企业资本，打造大型传媒集团，解决这个行业长期发展资本不足的问题；三是要和民营资本连接，发挥民营资本的市场敏感度、策划能力和危机处理能力等优势。

上海新闻出版局公布报刊质检结果

4月21日，上海新闻出版局首次公布了对上海市607种期刊和97种报纸展开的编校质量检查结果。结果显示，上海优秀报纸的比例仅为27%，差等报纸的比例却达到了33%。调查发现，错别字、标点差错、病句、词语不当等质量问题普遍存在。

●海外媒体

美国政府不救报业

美国白宫发言人罗伯特·吉布斯5月4日说，政府现阶段没有计划援助处于困境中的报纸行业。

按照他的说法，一些报纸被迫停止发行或者身陷困顿，这种情况“令人关注”、“令人伤感”。吉布斯说，总统贝拉克·奥巴马认为，美国应该维持强大的媒体，“但诚实地说，我也不知道政府能做些什么”。

美国22%网民完全放弃订阅报纸

美国南加州大学安南堡通信学院4月30日发

布的最新调查报告显示，由于很容易在互联网上找到各种新闻内容，22% 美国网民已不再进行任何报纸订阅活动。

《纽约时报》整合版面以削减成本

5月24日起，《纽约时报》启用新的“星期日特别版”取代之前的纽约市和其它地区专版。同时，《纽约时报》还将它的“Escapes”旅游版整合到每周五的“周末专版”。版面整合后，《纽约时报》可节省数百万美元，避免进一步裁员或减薪。据悉，今年以来，纽约时报公司在纽交所上市的股票已下跌了19%。据公司财报显示，该公司今年第一季度亏损7450万美元，销售收入为6亿美元，同比减少19%。

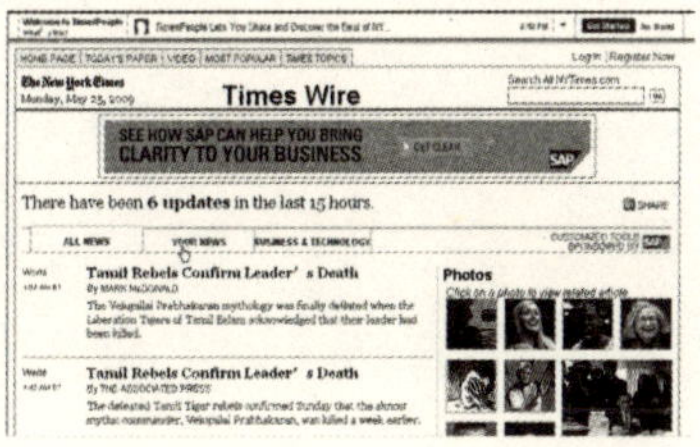

《纽约时报》推出实时新闻阅读产品

5月13日新浪科技消息，《纽约时报》日前又推出了一款网络新闻阅读产品，这款产品名为Times Wire，目标是成为实时的“新闻河”(river of news)。这个网站被称为“《纽约时报》新闻按照时间顺序打造的新布局。”它利用NYTimes.com网站的新闻和博客信息，向用户提供最新的新闻内容。

《纽约时报》调高报纸零售价格

6月1日起，面对广告收入锐减和收支连番赤字的美国《纽约时报》宣布调高报纸零售价格，涨幅从20%到33%不等。周一到周六的《纽约时报》零售价从1.5美元调涨到2美元。星期日版报纸在纽约地区的零售价从4美元涨到5美元，其他地区的价格则从5美元涨到6美元。

美联社下调新闻订费挽留报纸用户

美联社董事会主席在4月6日召开的美国报

业协会年会上表示，为了帮助美国报纸渡过眼下的经济困难时期，在与报社、电台、电视台等主要订户协商后，美联社将推出报纸用户新闻订费下调计划。各报纸具体降幅依据所订内容数量多少各有不同，总体降价幅度在20%左右。

美国新添两家百年老报停止纸质版发行

新华网5月16日报道，美国两家老报纸《塔克森市民报》和《安阿伯新闻报》日前宣布最后一期纸质报纸出版日期，加入从纸媒转向网络经营的报纸行列。《塔克森市民报》1870年创刊，在5月16日发行最后一期印刷版报纸停印。该报现属美国最大报业集团甘尼特。《安阿伯新闻报》将于7月23日结束174年发行印刷版报纸历史。安阿伯网站媒体公司会取代这份密歇根州纸媒老报，每周四和周日发行网络新闻。

美报纸类网站单月独立访问用户增长10.5%

市场研究公司尼尔森4月24日表示，今年第一季度每月报纸网站独立访问用户平均为7330万，同比增长了10.5%。NAA称这两个数字表明报纸业前景光明，以及报纸在新闻报道方面的地位。

英国《卫报》将在Twitter上发行

一向在新媒体技术上引领潮流的英国《卫报》4月2日宣布，该报将成为世界上首家在社交网站Twitter上发行的报纸。此举被媒体评论者称为“具有跨时代意义”。《卫报》的所有内容将按照Twitter的格式量身定做，每篇文章被限制在140个字符以内，且大量使用网络语言。

除此之外，《卫报》还计划将从1821年开始的报纸旧档案搬到Twitter上，这是一项十分庞大的工程。

美国涌现社区新闻网靠博客提供消息来源

搜狐IT 4月14日报道，美国目前涌现了大批超本地化（Hyperlocal）社区网站，它们主要依靠社区博客提供新闻来源，因此报业破产对它们影响并不大。部分社区网站还通过出售广告获得收入。

2009年普利策奖揭晓

美国新闻报道最高荣誉的奖项之一普利策奖，2009年得主名单于4月20日揭晓，美国《纽约时报》夺下5项大奖。该报以报道前纽约州州长斯皮策在担任州长期间，传召娼妓丑闻而夺得最新消息报道奖。此一丑闻也导致斯皮策后来黯然下台。拉斯维加斯《太阳报》以报道当地赌城区建筑工人超高死亡率夺得公共报道奖。今年的普利策新闻奖首次允许互联网新闻网站参与角逐，政治新闻网得以入围，但没有赢得奖项。

亚马逊推出大屏幕阅读器开拓报业市场

据英国《金融时报》5月6日报道，亚马逊为开拓报业市场，推出适应报纸和杂志阅读需要的新版"Kindle DX"阅读器。《纽约时报》、《波士顿环球报》和《华盛顿邮报》已将其新闻内容出售给新版的大屏幕Kindle阅读器。通过Kindle阅读器获得的订阅费收入的70%归亚马逊，同时亚马逊获得在其他便携设备上刊登报道的权利，这种收费模式也遭到了美国多家报纸的抵制。

华尔街日报推出 iPhone 客户端

据搜狐网4月18日报道，美国《华尔街日报》日前推出了针对iPhone的客户端程序，允许iPhone网民免费阅读新闻。该客户端还提供视频服务以及WSJ电台等内容。据悉，到目前为止，彭博社、美国广播公司、芝加哥论坛报、今日美国报等也推出了针对 iPhone 的客户端。

Google 将推 Wave 或成下一代通讯平台

5 月 28 日，Google 工程副总裁维克·甘多特拉介绍了 Google 新型网络通讯产品 Google Wave。Wave 将 email 和即时通讯有机结合起来，并准备进行开源。Wave 将是 Google 力推的产品，几乎一切内容都可以通过 Wave 进行共享、交互。有可能成为下一代具有深远影响力的互联网通讯平台。

微软推全球搜索品牌 Bing

微软 5 月 29 日宣布全球同步推出搜索品牌“Bing”，中文名称定为“必应”。中国用户自 6 月 2 日起可以通过访问 bing.com.cn 体验这一全新搜索产品。

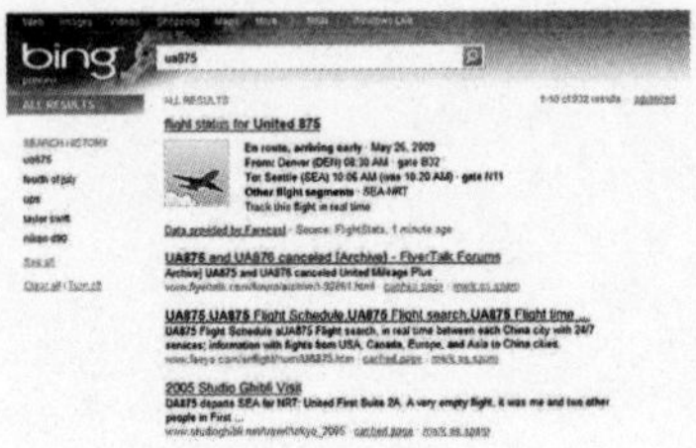

奥巴马把网络安全提上政府议程

5 月 29 日，美国总统巴拉克·奥巴马将网络安全问题提上政府议程。他承诺将任命一位白宫协调人，负责相关政策，并对联邦政府、企业以及私人通信网络受到的威胁做出有效回应。

巴西外交部在 YouTube 网站上“安家”

巴西外交部 5 月 12 日宣布，网民可在 YouTube 上观看巴西一些外事活动的视频。巴西外交部表示，向 YouTube 网站上传外事活动视频，目的是“让记者、研究人员和公众有更多的机会和渠道了解巴西外交部的活动”。

图书在版编目（CIP）数据

南方传媒研究 · 第十八辑：灾难新闻Ⅱ / 南方报业传媒集团新闻研究所主编 .—广州：南方日报出版社，2009.6

ISBN 978-7-80652-866-2

Ⅰ. 南… Ⅱ. 南… Ⅲ. ①传播媒介—中国—文集②抗震救灾—新闻工作—中国—文集 Ⅳ. G219.2-53

中国版本图书馆 CIP 数据核字（2009）第 090510 号

南方传媒研究

第十八辑：灾难新闻Ⅱ

南方报业传媒集团新闻研究所 主编

出版发行 南方日报出版社
地　　址 广州市广州大道中 289 号
电　　话 （020）87373998-8502
经　　销 全国新华书店
印　　刷 广州市怡升印刷有限公司
开　　本 787mm×1092mm 1/16
印　　张 14.5 彩插 0.5
字　　数 230 千字
版　　次 2009 年 6 月第 1 版
印　　次 2009 年 6 月第 1 次印刷
定　　价 28.00 元

投稿热线：（020）87373998-8503 读者热线：（020）87373998-8502
网址：http://www.nanfangdaily.com.cn/press http://www.southcn.com/ebook